周蓓　主編

『民國專題史』叢書

孟雲橋　編著

河南人民出版社

西洋政治思想史

叙述了自古希臘起西方政治思想的發展及古今各大政治思想家之學説體系，内容豐富，涉及面較爲寬廣，有政治制度，有思想流變，有政治思想代表人物等

圖書在版編目(CIP)數據

西洋政治思想史 / 孟雲橋編著. —鄭州 : 河南人民出版社, 2016. 4(2017. 1 重印)
(民國專題史叢書 / 周蓓主編)
ISBN 978-7-215-10050-3

Ⅰ. ①西… Ⅱ. ①孟… Ⅲ. ①政治思想史-西方國家 Ⅳ. ①D091

中國版本圖書館 CIP 數據核字(2016)第 079716 號

河南人民出版社出版發行
(地址 : 鄭州市經五路 66 號　郵政編碼 : 450002　電話 : 65788063)
新華書店經銷　河南新華印刷集團有限公司印刷
開本 710 毫米×1000 毫米　1/16　印張 20.25
字數 300 千字
2016 年 4 月第 1 版　2017 年 1 月第 3 次印刷

定價 : 130.00 圓

出版前言

中國現代學術體系是在晚清西學東漸的大潮中逐步形成的。至民國初建，中央政治權威進一步分散和削弱，加之新文化運動帶給國人思想上的空前解放，新學的啓蒙，新知識分子的産生，民國學術如草長鶯飛，進入一個自由而蓬勃的時代。中國傳統學科乃中國學術之根基與菁華所在，民國學人采用『取今復古，别立新宗』之方法，引入西方的學術觀念，積極改造，使史學、文學等學科向現代學術方向轉型。此外，大力推介西方社會科學的新學科和自然科學，在學習、借鑒乃至移植西方現代學術話語和研究範式的過程中，逐漸建立中國現代學科，使中國的學科門類迅速擴展。一時間，新舊更迭，中西交流，百花齊放，萬壑争流，開創了中國現代學術的源頭。

伴隨知識轉型和研究範式轉换而來的，還有學術著作撰寫方式的創新。中國古代的著作向來以單篇流傳，經後人整理匯編後，方以成册成集的面目出現并持續傳播。直到十九世紀末，東西方的歷史編撰體裁不外乎多卷本的編年體、紀傳體和紀事本末體等，章節體的出現標志着近代西方學術規範的産生和新史學的興起。章節體具有依時間順序，按章節編排；因事立題，分篇綜論；既分門别類，又綜合通貫的特點。以章、節搭建起論述之框架，結構分明，邏輯清晰，較傳統的撰寫體裁容量大、系統性强。它的傳入，使中國現代學術體系從内容到形式被納入了全球化的軌道。民國時期專題史的研究、譯介、編纂、出版恰恰是在這樣的背景下欣欣而發，是學術的實驗場，也是歷史的記録儀。編選『民國專題史』叢書的初衷正是爲了從一個側面展示中國學術從傳統向現代過渡的歷史進程。

專題史是對一個學科歷史的總結，是學科入門的必備和學科研究的基礎，也是對一個時代艱深新鋭問題的解答，是學術研究的高點。民國專題史著作中，既包含通論某一學科全部或一時代（區域、國别）的變化過程的，又囊括對一時代或一問題作特殊研究的，還有少部分是對某一專題的史料進行收集的。原創與翻譯并重，翻譯的底本大多選擇該學科的代表著作或歐美大學普及教本，兼顧權威性和流行性，其中日本學者的論著占據了相當比重。日本與中國同屬東亞儒家文化圈，他們在接納西方學術思想和研究模式時，已作了某種消化與調適，從思維轉换的角度看，更便于中國借鑒和利用，他們的著作因而被時人廣泛引進。

與當代學術研究日趨專業化、專門化、專家化的『窄化』道路迥乎不同的是，中國傳統學術崇尚『學問主通不主專，貴通人不尚專家』的通識型治學門徑，處于過渡轉型期的民國學術在不同程度上保留了這種特徵。民國學術大師諸學科貫通一脉，上千年縱横捭闔之功力自不待冗言，外交家著倫理政治史、文學家著哲學史、化學家著戰争史等亦不乏其人，民國專題史研究呈現出開放、融通、跨界撰述的特點。與此同時必須看到，自晚清以來，中國的命運就在外侮屢犯、内亂頻仍的窘境中跌宕彷徨，民族存亡仿若命懸一綫。這股以創建學科、總結經驗、解决問題爲指歸的專題史出版風潮背後，包裹着民國學人企望以西學爲工具拯民族于衰微的探索精神，及以學術救亡的愛國之心。梁任公曾言：『史學者，學問之最博大而最切要者也，國民之明鏡也，愛國心之源泉也。』這種位卑未敢忘憂國的歷史使命感和國民意識是今人無法漠視和遺忘的。

『民國專題史』叢書收録的範圍包括現代各個學科，不僅限于人文社會科學，學科分類以《民國總書目》的分科爲標準，計有哲學、宗教、社會、政治、法律、軍事、經濟、文化、藝術、教育、語言文字、中國文學、外國文學、中國歷史、西方史、自然科學、醫學、工業、交通共19個學科門類。本叢書分輯整理出版，内不分科，單本發行，方便讀者按需索驥。既可作爲大專院校圖書館、學術研究機構館藏之必備資源，也可滿足個人研讀或興趣之收藏。

與目前市場已有的一些專題史叢書相比，『民國專題史』叢書具有規模大、學科全、選本精、原版影印的特點。本叢書選目首重作者的首創、權威和著作影響力，尤其注重選本的稀見性。所謂稀見，即建國後没有再版，且多數圖書館没有收藏，或即便有收藏，也是歸于非公開的珍本之列予以保存，普通讀者難以借閲。部分圖書雖有電子版，但作爲學術研究的經典原著讀本，紙質版本更利于記憶和研究之用。本叢書精揀版本最早、品相最佳的原版圖書作爲底本，因而還具有很高的版本收藏價值。

『民國專題史』的著作是民國學者對于那個時代諸問題之探究，往往有獨到之處，無論其資料、觀點短長得失如何，要之在中國現代學術史的構建與發展進程中，自有其開宗立論之地位。

序

余在國立中央大學教授西洋政治思想史有年於民國二十七年作成此書。嗣後每年教授皆有增損，至今已垂三年，目下自度似無可大損益者；故以之付印。茲舉凡例數條如下：

一、本書以敍述西洋政治思想之發展，及古今各大政治思想家之學說體系爲目的並附有作者對於各家學說之簡略批評，藉以使讀者得一政治理論上之概括知識。

二、本書擬使學者與古今名家之政治思想相接觸，藉以訓練思想並由各名家之著作中，得覩政治理論之各方面，以求得一比較正確之判斷。故只選擇西洋政治思想史上最著名之大思想家，而詳討論之。非如坊間一般之政治思想史教科書上之列舉無數人名，對於各家學說，則皆語焉不詳，徒成一政治思想彙書者。

三、本書並非西洋政治社會史，故對於西洋之政治及社會變遷，不能詳加敍述，而特注意於各大思想家學說之研究與批評，蓋以別於政治社會史也。但作者並非否認實際政治社會之變遷，足以影響政治思想；並承認許多大政治思想家之學說，亦多有爲其當時之政治社會情形之反映者。

四、本書雖分上下二卷但章目則爲一貫，蓋以政治思想上之發展變遷，乃一繼續不斷之歷程，非可截然而分爲若干段落也。讀本書之後，對於西洋政治思想上之繼續進展，自可一目瞭然。

五、本書對於古希臘之政治思想，敍述較詳；蓋此爲西洋政治思想之開始時期，思想家不受傳統成見之支配，易於覩政治問題之全豹，不似後世之自縛於一域者，而其對於後世之影響亦最大也。略於中世紀之千餘年，蓋中世紀之思想，爲基督教所支配，終千餘年，在政治理想上並無新異之大貢獻也。對於近代，敍述較詳，而且愈至現代亦愈詳，蓋以其對於吾人之關係更密切也。

六、本書於敍述各名家學說之際，多摘錄原文，並註明原文出處，以使讀者明瞭大思想家原著之眞相，並可引起讀者參閱原著之興趣。每章之最重要參考書，卽爲作者所徵引之原著，故於每章之後，不另附參考書目。

七、本書之參考書目，概附於全書之末，並略加解釋，以作讀者深造之指南。除入門書目，及最近之數大名著外，其餘書目皆按時代次序而列舉。蓋以常有一書而爲許多章之參考書者，若每章之後列一書目，則未免重複互見，而多費紙墨也。

民國三十年十二月二日孟雲橋識

目次

下卷　近代……………………………………………………………………………………一一三

緒論

一、政治原理與實際政治——有人把科學分爲二種曰自然科學與社會科學，研究自然科學的人們，可以說有兩種目的，一在研求自然現象的眞相二在研究如何利用自然現象以達到人類的功利目的；換句話說，就是瞭解自然與駕馭自然。研究社會科學的人們也有兩方面的情形：第一在研求人類社會活動的事實眞相，第二在追究人類到底應當如何活動。政治學是研究人類社會活動的一種科學，所以學者也必須注意這兩方面一方面是事實的眞實情形如何（What it is.），一方面是我們應當如何行爲或應當作些什麼（What it ought to be.）。學政治的人們必須把「事實」與「應當」分得清楚。通常事實上出現的種種現象，未必就是我們應當作的，也許我們應當作的事情未能在事實上出現。當如在某種惡劣的政治社會上，說不定貪污徇私是數見不鮮的現象，然而無論這種現象如何普徧，也不能證明我們每人都是應當如此的。大家通常把政治學分爲「理論」與「制度」兩方面。政治理論主要地在研究人類應當作些什麼政治活動；換言之就是爲什麼要有國家與政府，政府的當局應當作些什麼，人民爲什麼應當服從國家，在什麼限制之內應當服從。學者必須把握着了這種基本原理之後，再去研究政治制度或從事於實際政治活動，然後纔可以有個固定的方針，不至於無目的地盲動。所謂政治制度者，就是我們先有了基本原理，然後再研究如何達到我們的目的之最好方法。所以研究政治學的人們，須先把握着了基本原理，然後纔可以有標準批評現行的及以往的政治制度，並可以按照某社會的實際情形而研求用什麼制度以達到我們所理想的政治目的。政治制度不過是達到人類政治目的些方法或工具，若想澈底瞭解方法或工具的所以然時，就必須先把握着政治的基本原理；若想運用或創造方法與工具時，也必須先把握着了政治的基本原理。

二、政治理論與倫理學及法理學的關係——柏拉圖(Plato)的政治學及倫理學的精粹，皆在他的理想國(Repudlic)一書中，他根本把政治學與倫理學視爲一物，他以爲道德哲學和社會哲學是一貫的。亞里斯多德(Aristotle)雖把政治學與倫理學分爲二書，但他曾明言此二書乃連續地討論一個問題。他並且說他的政治學是繼續着他的倫理學而作的。倫理學上所主要討論的問題是：何爲善的行爲？何爲惡的？人類應當作什麼，不應當作什麼？換句話說，就是我對他人應盡的義務是什麼，我應當享受什麼權利？政治理論上所討論的主要問題是；人類爲什麼要有國家與政府？政府應當作些什麼事，人民爲什麼應當服從政府？換句話說，就是政府與人民之間，彼此應當履行的義務是什麼？應當享受的權利是什麼？嚴格地說來，我們不應當說政府的權利與義務，因爲所謂政府的權利與義務者，分析到最後，仍然是那些負政府責任的許多個人，對於其他的許多個人或人民所應當履行的義務，與所應當享受的權利，倘若我們已經澈底明瞭了道德哲學（倫理學）。曉得行爲上的善惡標準，並且曉得在某種環境中我們應當作些什麼之後，那麼我們自然應當曉得假若我們自己立於政府當局的地位時，應當作些什麼；假若我們自己立於人民的地位時，應當作些什麼了。由此說來，道德哲學是研究人類各個人一般的義務與權利的，政治哲學不過是研究每個人某種特殊的義務與權利而已。這種所謂特殊的義務與權利，就是因有國家這種組織而產生的，換句話說，就是以政府與人民互相對待而發生的彼此間權利與義務。這樣說來，政治哲學也不過是道德哲學的一部分而已。所以柏拉圖之所以視道德哲學與政治哲學為一體，亞里斯多德之所以認為倫理學與政治學是連續地討論一個問題，是不無他們的道理的。我們現在講政治理論，其中自然有一大部分是所謂道德哲學。

倫理學與政治學理論上所講的，都是人類應當如何行為，即在某種環境中何者為我們應當履行的義務與應當享受的權利；而國家的法律則是具體地規定人類應當如何行為，凡違背這些具體的規律者必受懲罰。法律的實施，只在解釋既經規定了的條文，看某人的行為是否違反條文的規定。但法理學（Jurisprudence）或立法原理上所講的，卻是人類應當如何行為，政府應當如何立法等；那些詳細的條文（即所謂法律）就是根據着這些原理而來的，至少「應當」根據着這些原理而來。實際上，法理學或立法原理與倫理學及政治哲學所講的主要問題都是相同的，不過從些許不同的眼光去看而已。法理學的核心即是講國家應當立些什麼規律（rules or laws），那就是說，規定大衆應當如何行為；這當然也是倫理與政治理論上所討論的主要問題。

但因爲法理學的着眼點是在立定行爲的規則，所以生了些法理學上所事講的問題，如古今各社會上所存在的習慣法與成文法如何？誰應當作立法者？以及立法者權限如何；法律的性質，效用與範圍如何等等。

總而言之，政治理論實際上包括三種成分：(一)道德哲學，(二)政治哲學，(三)立法原理。

三、爲什麼研究政治思想史——假若政治理論是有研究的必要的話，有人或者要問，我們爲什麼不只研究現代的政治理論或學說呢？這些理論不更適合於我們現在的環境麼？何必再去研究幾千年或幾百年以前的那些思想家呢？現在已經時過境遷了，不白費工夫麼？其實這都是些膚淺之見。無論何時何地的大思想家的政治學說，除了很少的一點事實與吾人今日所處的世界不同之外，其學說的要義都是有永久性的。哲學家們以及他們所處的環境雖然不能盡同，但他們都是研究人類社會的事情，並且想提供一種最好的或最合理的處置。人性是古今一致的；人類都有好善之心，也是古今一致的。所以歷代的大思想家們所提供的意見都是根據於永久不變的人性而立論的，他們的學說的精義是有永久價值的。讀古人的書時，必須知其精義之所在，不可因某些事實的枝節敍述不合現代而遽吐棄之。歷史上有數的幾個大思想家，都是稀世之才，他們用那種精密的思想所得之結果，都是人類文化上最有價值的至寶。

我們研究西洋政治思想史時，應當特別注意的有三點：第一，當讀政治思想史時，我們可以常常想着現代民族國家與世界政治上的諸問題，借着許多大思想家在過去的經驗與思辨，而尋出解決現代政治問題的途徑。中外解釋古籍的大學者，考其所以能成轟動一時的名家，通常並非在嚴守章句以解釋古人的原文，大概都是從古人的思想中尋出些針對現代問題的解決方法。這卽是所謂活讀古書。

第二，我們可以從各大思想家不同的學說中得以明瞭國家的各方面，使我們能把政治的各方面都看到，並且從各種不同的學說中，知某某思想家之所長，某某之所短，最後自己求得政治理論上的眞理。政治哲學上的眞理，並不是憑一個人偶然臆想而得的；因爲受着經驗的限制及感情衝動的影響，我們的思想常常只見到一方面而忽略了其他各方面。普通人求得眞理的方法，必須對某問題的各種提議及駁辯都讀過之後，才能漸漸地得到一種漸近眞理的學說。

第三，從研究過去各大思想家的學說與思辨中，可以澄淸我們自己的思路，訓練自己的思想方法。一位中才的人想作思想家時，必須經過長期的嚴格訓練。未受過長期訓練的木匠，不能運斤自如，正中要害之處。思想也是如此，普通人非精讀大思想家之名著，並且得大師的指導與批評，以及嚴格的訓練之後，不足以成大思想家。

四、本書的目的及內容——許多講政治思想史的人們，想在一本書裏邊把歷代有關於政治思想的東西都講完，結果就把他們的政治思想史弄成了一部政治思想辭典；每一種社會現象，以及每一個曾經講過政治理論的人物，都約略地講一點，但任何一種學說都弄不淸楚。另外許多人講政治思想史注重在社會史及政治史上的變遷，把歷代大思想家的政治理論當作次要的東西。我自己認爲，政治思想史雖然與政治史有關，但它終究與政治史有別。政治理論家大概都受他們當時的實際政治的影響，任何時代的實際政治大概也多少受其時代的大政治思想家的學說的影響。不過所謂政治理論大概都是想離開實際政治上的偶然現象，而想求得政治社會上的普徧原理的。他們冥想國家的存在，以及政治行爲的目的，並且思想用什麼方法可以達到那種目的；他們思索我們每個人在某種環境之中的政治義務是什麼，應當享受的權利是什麼。假若他們這些思辨不免受其時代社會政治的影響時，但至少他們是想要得到一些普徧原理原則的，所以歷代大思想家的學說皆有多少的普徧性。我在本書中並不想作成一本政治思想辭典，所以不能把歷代對於政治思想有貢獻的一切思想家都講遍。我只把歷代最著名的最大政治思想家，扼要地講述及批評一番，目的在使學者得到幾位大哲學家的政治思想的精義，曉得如何去讀他們的名著，使讀者對於政治理論上的問題各方面都看到，然後自己再沈思一種最合理的解決。讀政治思想史的人們，記得許多人名書名，以及甲如何說，乙如何主張，都是次要的問題。最重要的，在從古人的學說中尋求眞理，使自己能作精密的思考，下正確的判斷。本書的內容，對於中古部分比較簡略些，因爲在千餘年的所謂黑暗時代中思想界委實有點單調；古代中對於柏拉圖及亞里斯多德較詳，因爲這是西洋政治思想的母親；自文藝復興以後（即所謂近代）比較更詳細些，因爲這些學說與我們現代政治的關係更密切些。

上卷　古代及中世紀

第一章　古希臘的城市國

一、希臘的地理及人情——希臘位於地中海的巴爾幹半島上，為海洋及大陸參半的地方，氣候溫和，天氣晴朗。巴爾幹半島上多山，交通非常困難，自然把半島劃成了許多區域，這就是所謂城市國（city-state），其中著名的如雅典（Athens）斯巴達（Sparta）塞布斯（Thebes）等。所謂城市國者並非一國即只一城市而已，乃一小區域內的全體居民之總稱。每一個小區域中大概都有一個中心的大城市，國家通常即以此城市名，人民半居於城市中，半居於鄉間。古希臘是農業社會，地產穀類甚多，尤富於橄欖。古希臘人不吃牛乳，以橄欖作成的種種東西為最重要的滋養品；正如中國古代的利用大豆，歐洲各國的利用牛乳。希臘人頗有社會性，很喜歡逢人閒談，因為天氣晴朗，人民通常都在露天裏工作，所以在一個小區域內（即一個城市國）幾乎人人都互相認識。古希臘城市國的政治，就如中國現在一鄉或一區的政治，凡事都與人民息息相關，人人大概都知道一鄉或一區中的事情，所以討論政治是希臘人閒談的主要資料。天晴的時候在樹下道旁坐談，天雨的時候在走廊裏坐談。

二、希臘的社會階級——古希臘是奴隸制度的社會，普通的城市國大概可分為三個階級：(一)奴隸，(二)外僑，(三)公民奴隸階級是社會的最下層，任勞力的工作。例如雅典共有人口三十萬至四十萬（包括三階級及其妻子）內公民約四萬人，而奴隸則有男女約八萬人。奴隸當然不得過問政治。因古希臘有奴隸任勞作，所以使少數人可得餘暇以從事於談天思想及藝術等；有人說古希臘的文化是建築在奴隸制度上的，這也未必全無理由。按數字看似乎每一個雅典的公民即有兩個奴隸使用，但事實上並不如此。雅典的政府即傭用着大批的奴隸以作警衛及辦事的工作；銀鑛上約用奴隸兩萬人，另有許多奴隸用於農工職業，最富的雅典人也常傭用着許多奴隸。所以雅典的公民中儘有許多是自食其力的，並非人人皆有奴隸使用。奴隸在古希臘社會上的地位，並非如我們所想像的那麼痛苦，奴隸與公民的衣履並無分別，也是家庭的一個成員。奴隸雖無法律上的保障，但彼等皆有能力自衛，所以主人也不能隨意虐待他們。亞里斯多德認為奴隸是合理的制度，可以使自由人得暇從事於社會及文化事業，可以使低能的人們僅作粗糙的勞力工作，而得主人的保護。這種主張，在現在看來似乎有點荒謬，但以當時的希臘的社會情形而論，似乎也並非絕對沒有理由。

僑民在希臘的城市中很多，多數從事於工商業。希臘沒有法定入籍的辦法，故有僑民居於外國數世而仍為奴民者。奴民在一切社會上與公民無異，不過沒有參加政治活動的權利而已，公民都是那些從事政治活動的居民，這種公民的權利是世襲的，父親若是公民，他的子孫也是公民。公民有權利參預政治，最低限度可以出席最高立法機關的公民大會(assembly or ecclesia)，可以被選為法庭上的陪審員(jury)。

三、希臘政治思想發達的原因——希臘文化的發源甚古，至蘇格拉底(Socrates)柏拉圖時代就是古希臘文化的極盛時期，希臘各城市國的政治發展史大概都循着一種次序演化，由君主政治(monarchy)變為貴族政治(aristocracy)，由貴族政治變為專制政治(tyranny)，由專制政治變為民主政治(democracy)。其中惟有斯巴達是始終不變的貴族政治。希臘有政治變遷的歷史，所以希臘人能思想到政治及政府的問題。加以希臘為小國林立，各國都有他們特殊的政治情形；因有許多不同的政治制度，自然使人發生比較與批評。最後，因為希臘處於地中海的沿岸，水路交通頗便，人民常常因貿易而東至小亞細亞，西至西西里島，南至埃及；這些地方的許多國家，都有他們的特殊制度。因為以上種種的原因，希臘人至蘇格拉底時已有種種形式的國家與政府組織的知識，所以能引起他們比較及討論政治的興趣，他們自然會發生以下的問題：什麼是最好的國家呢？現存的許多國家中那一個近於最完美的理想呢？現存的許多國家距最理想的標準相差幾何呢？因為要解答這些問題，所以就生出了蓬勃的政治思想。

四、斯巴達的政治——古希臘的城市國中，最重要的為斯巴達及雅典，這兩國對於希臘政治思想上的影響也最大。斯巴達是著名的貴族政治，始終無大變化。斯巴達的人民大略可以分爲三階級：(一)斯巴達人(Spartan)，(二)中等階級 (Perioikoi)，(三)農奴階級 (Helots)。農奴與奴隸占人口的最多數，他們以勞力供給全社會的物質需要，有時可被徵服兵役，農奴沒有法律上規定的權利，亦不得參預地方或中央的政治。中等階級大概業農工商，有法律上應享的權利，亦可以參預地方政治，惟無參預中央政治之權耳。斯巴達人爲史前時代占據皮羅旁內薩斯 (Peloponnesus) 的一部分竇利安人 (Darians)，人數甚少，但自從他們征服了此地之後，即壟斷斯巴達的政治，而成爲一種特殊的貴族，終古希臘之世而無變化。斯巴達人都不事生產，專作政治及軍事工作，他們的物質生活完全仰給於農奴階級的供給。斯巴達的兒童七歲即離其父母，在政府管理之下受嚴格的體育訓練，稍長則受軍事訓練，成人之後即服役軍隊，老年則爲行政官吏。凡在同一區域內的斯巴達人，必須在地方官 (magistrate) 的監視之下共食於一堂 (public mess)，飲食儉約而一律平等。國家無成文法，一切皆聽地方官的判斷。

斯巴達的政府組織，最高的有國王二人，彼此權限完全相等。其次爲元老院 (Senate)，其有議員二十八人，皆終身職。第三爲斯巴達人之全體大會，這種全體大會並不常舉行。另有全斯巴達人每年改選一次的常務委員會 (Ephorate)，有常務委員五人，名曰 Ephors。國王雖名爲政府軍事宗教的最高長官，但其實並無大權。元老院的二十八人掌行政及司法之權。全斯巴達人所選的五個常務委員，是監督政府的重要機關；其後這個常務委員會的勢力日大，就變成了決定國家政策及行政的最高機關。實際上參預政治的斯巴達人亦占少數，因斯巴達人的公共食堂是各人繳錢供給的，若有人不能付錢時，並不剝奪他的食飯權，而剝奪他的參政權；所以幾後能過問政治的斯巴達人也就逐漸減少了。

五、雅典的政治——雅典的政治幾乎完全與斯巴達相反，雅典的政治史是經過了君主政治，貴族政治，專制政治而至民主的。雅典文化的極盛時代就是民主政治，茲將其民主政治的制度略述如下。雅典政府的最高權力機關是公民全體大會（assembly or ecclesia），凡雅典的公民子弟十八歲即登記為公民，二十歲者皆可參加公民全體大會。大會每年開常會十次，如遇緊急事件得由政治會議（council）召集臨時大會，公民大會並非重要的立法及決定政策的機關，通常不過只討論及通過政治會議的提案而已。有這種公民大會的存在，可以使政府的行政及司法官吏對全體公民直接負責任。日常負實際政治責任的機關有三：（一）政治會議，（二）法庭；（三）將領。

雅典日常負行政責任的最高機關為五百人組成的政治會議，雅典共分十區（demes）每區各選議員五十人，而組織成政治會議。通常議員的任期為一年，五百人會議討論政治自為難事，故又有十區輪流司行政的制度，每區司每年的十分之一，其辦法即某區的五十位議員與其他九區中的議員各一人組織成一種常務會議，司全國行政之責，此常務會議的主席就是國家的最高元首，是由議員輪流擔任的，每人只能擔任一日，目的在使大家都有享受這種最高榮譽的機會。法庭的司法官也多數受這個常務會議的支配，雅典中央官吏的選舉法爲推選及抽籤並用各區按人數之多寡選出候補人之後再以抽籤的方法決定之。雅典人認爲抽籤是最公道的辦法。

雅典的法庭，爲法官十人及大批的陪審員組織而成的。法官每區選舉一人，不得連任；陪審員亦由各區推薦，每年爲六千人用抽籤法決定何人出席何法庭陪審通常的法庭上至少有二百零一人，常有多至五百零一人者，判決時卽以投票決定之法官也是每區先選舉候選人，然後以抽籤決定。但若被他人告發其不合格時，也可以更換。法官任期已滿時，必須在法庭上報告本屆處理的案件及賬簿，經法庭批准。

雅典有十區中直接選出的將領 (generals) 十人，不抽籤，可連選連任。十將領專管軍事，是離政治會議及法庭而獨立的。通常將領實握有雅典政治的大權，雅典最著名的大政治家皮瑞克爾斯 (Pericles) 曾掌握雅典的政治多年，就是一個重要的將領。他可以建議於政治會議，在公民大會上提出議案。

現在我們已經略知古代希臘的社會及政治情形了，下邊我們詳細討論希臘的兩個最大的政治思想家柏拉圖與亞里斯多德。

第二章　柏拉圖的理想國(註)——(一)對於通俗的正義觀的批駁

希臘的政治思想並非始於蘇格拉底及柏拉圖，蘇格拉底以前的荷馬(Homer)、黑賽亞特(Hesiod)、梭倫(Solon)、彼塔高洛(Pathagoras)、赫拉克里圖斯(Heracletus)、安那則門德(Anaximander)、愛森諾芬斯(Xenophanes)、特里斯(Thales)、帕門德斯(Parmenides)、則諾(Zeno)等都有他們對於政治上的主張；與蘇格拉底同時的許多詭辯學家(Sophists)，如蒲拉塔哥拉斯(Protagoras)等，更有比較詳細的政治見解。但古希臘以求眞理為目的的最大思想家，大家都公認為蘇格拉底、柏拉圖及亞里斯多德。蘇格拉底沒有成系統的著作傳世，他的主張多見於他的高足弟子柏拉圖的著作中；但柏拉圖的許多對話，雖名為蘇格拉底的主張，實在都雜有柏拉圖自己的意見，所以現在我們不講蘇格拉底的政治思想，而逕講柏拉圖的理想國。據波奈特教授(Prof. Burnet)在他的希臘哲學(Greek Philosophy)一書裏的考證，說理想國中的政治思想大部分是蘇格拉底的主張。我們最好不管歷史上這些考證問題，簡直講柏拉圖的理想國一書的本身。柏拉圖一生所作成的對話(dialogues)甚多，論政治的對話，除了理想國以外，還有他老年作的政治家(Statesman 或 Politicus)與法律(Laws)二書。理想國大概是柏拉圖四十餘歲時的著作，可以說是他的政治思想的精心結撰之作，通常都以理想國代表蘇格拉底及柏拉圖的政治思想。現在我們專研究柏拉圖的理想國。

理想國的原名為 Πολιτεια，拉丁文譯為 Respublica，都是國家的意思。英文從拉丁文譯為 Republic，中文大概都譯為「共和國」。其實柏拉圖的理想國內所講的政體並非共和政體，而是君主政體。學者不要因為譯名的不當而發生誤會。

柏拉圖理想國的原名是國家或正義論 (The State or Concerning Justice)，只一看這本書自古相傳的複名，就可以曉得理想國是討論何為正義的問題。Justice 通常應譯作「公道」，但此字在柏拉圖的理想國中似乎意義尚廣，含有 righteousness 的意思，所以我譯作「正義」。柏拉圖自己有一個正義的觀念，但在未敍述他自己的主張以前，必先批評流俗的正義觀，由淺入深，最後達到他解釋自己的正義觀念之目的。

一、塞菲羅斯 (Cephalus) 及其子波利馬徹斯 (Polemarchus) 的傳統正義觀——理想國對話的開始，是蘇格拉底在塞菲羅斯家和數人談話。塞菲羅斯講他老年的心情時，便說人到老年即以作正義之事及對人無欺為無上的幸福。蘇格拉底因問何為正義。塞菲羅斯即因循流俗之說，似乎以說眞話及還欠債 (To tell the truth and to pay your debt.) 為正義。剛露出了這個全書裏的中心問題之後，塞菲羅斯即因去看祭品而退席，命其子波利馬徹斯代替他繼續討論。波利馬徹斯最初仍繼其父之意，以說眞話與還欠債為正義。這種正義的定義當然有例外，最容易攻破。蘇格拉底說：假如當友人精神常態的時候，我曾借過他一種武器，但在他精神失常的時候要討還，我是否應當還他呢？波利馬徹斯說，這自然不是正義。但他仍堅持「正義就是給每人以其應得的東西」(Justice in the giving to each what is proper to him.)他們的辯論漸由還債的問題轉到了許多別的例證，如醫生應給什麼東西，自然應給病人以藥餌。於是從「應給」與「應得」的問題，歸結到正義是一種技藝(Justice is an art.)。技藝是使人能作事的，那麼正義是使人能作什麼事呢？波利馬徹斯第二步的辯論，仍然是當時希臘流行的主張，認正義就是作有利於朋友，有害於敵人的事 (To do good to friend and harm to enemy.)。蘇格拉底辯駁這種流行的正義觀，約略可分為三層。第一，有所謂真朋友與假朋友的問題，貌似朋友者，焉知實際上非仇敵？貌似仇敵者焉知實際上非真朋友呢？我們應當作事有利於貌似朋友者，有害於貌似仇敵者麼？第二，加害於仇敵的意思，就是損壞他人，將好人弄成殘廢，那就是把原來的人弄得更壞些；無論如何正義總是人類的美德，若說正義是把他人弄得更壞些，那不等於說熱能把我們弄得更冷些了麼？第三正義要顧到社會的全體，並非只是個人對個人的問題而已。譬如一羣強盜中彼此亦有所謂正義，彼此可以作有利於朋友，害於仇敵的事情；但他們彼此愈有此種正義，則其作惡的能力亦愈大，對社會全體說，能算正義麼？

二、剌拉塞馬徹斯(Thrasymachus)的過激派的正義觀——剌拉塞馬徹斯代表當時許多詭辯家的過激思想，他以為所謂正義者就是強者的利益(Justice is the interest of the stronger.)，換句話說，就是強權即公理(Might is right.)。蘇格拉底在進行辯論時，第一步當然須先把「強者」的意義弄清楚，經幾度討論之後，纔明白了刺拉塞馬徹斯所謂「強者」是指一國的政府（統治者）而言。一國中的最強者當然是政府，因爲凡政府都有武力爲後盾，若政府在一國中並非最強有力的機關，那就根本不能成其爲實際的政府了。刺拉塞馬徹斯以爲凡統治者都在謀他自己的利益，所以統治者所立的法律都是爲謀他們自己的利益的，通常所謂人民的正義行爲，就是人民應當遵從統治者的意志，捨了自己的利益，而謀他人的利益。但爲什麽統治者謀自己的利益就算正義，人民謀自己的利益就不算正義呢？因此他斷定，通常之所謂正義者，就是強者的利益。刺拉塞馬徹斯繼而又提出了一種積極的主張，他以爲人類行爲的眞正標準，就是每人追求自己的利益，世俗之所謂不義者，其實是人類的德性，是聰明人應當作的事，所以不義倒是比正義好些，不義的人都是比較聰明的。最聰明的人，在不得不作正義（即謀統治者的利益）之行爲時，即作滿足統治者的要求的事，但一有機會可以避免懲罰時，就謀自己的私利。

蘇格拉底反駁這種過激派的正義論的方法，可以分爲兩部分：（一）政府是否爲謀自己的利益而統治；（二）不正義的人們是否更快樂些。

第一步，蘇格拉底先使刺拉塞馬徹斯承認政治是一種技藝（Art）。凡一切技藝都想把他實施技藝的對象（subject-matter）弄好，把不完善的對象弄得更完善些。譬如醫生想把不完善的人（病人）醫成健全的，教師想把不完善的學生培養成完善的人材，同樣，統治者也想把他所治理的國家與人民弄到好處。從另一方面說，每一種技藝都是要作事的，每種技藝本身的目的就是把某種事情作得最好，人類若利用技藝而賺工資，那就是技藝本身以外的目的了。假若政治是一種技藝的話，統治者自然統治得好，換句話說，就是毫無私心地謀被統治者的利益。蘇格拉底從政府及技藝這兩個概念的分析上，證明了眞的統治者並非謀自己的利益，倒是謀被統治者之利益的。

第二步，他就證明究竟是正義的人更聰明些，更有力量，更快樂些呢，還是不義的人呢？第一，蘇格拉底以爲正義的人是知道是非善惡曉得作事的限度與標準的，完全不義的人，按照剌拉塞馬徹斯的意見就是貪得無饜，爲所欲爲的，那就是毫無行爲的限度與標準。譬如一位好音樂家曉得音樂的原理，奏樂器時知道音節的標準與限度；另外又有一位無知的音樂家不明樂理，漫無規律，不知把樂器調到何處纔是限度；那麼這兩位音樂家到底那一位較好些，較聰明些呢？當然是前者。這種例子引用到人生上也是如此：正義的人以達到人生的「至善」(absolute excellence) 爲限度與標準，有一定的原則以衡量是非善惡，總比那種爲所欲爲，貪得無饜，漫無限度與標準的人們更好些，更聰明些，其次，蘇格拉底又證明到底正義更有力量呢，還是不義更有力量呢？人類作事成功的力量全靠大家能聯合一致，通力合作。無論那一種團體（連強盜的團體在內）都有他們共同默認的正義標準，然後纔可以彼此相安無事，通力合作。不義的人是貪得無饜，毫無原則的，那麼就根本不能與他人結成團體以通力合作，甚而言之，連他自己的行爲都互相衝突矛盾。試問究竟那一種人更有力量些呢？

最後的一個問題，就是行不義的人是否更快樂些呢？蘇格拉底對於這個問題的辯論如下：凡有功能(Function)的東西，都有他們的至德(virtue or excellence)。譬如刀有割物的功能，它的至德就是銳利善割；目司視，耳司聽，它們的至德就是看得明白，聽得清楚。靈魂的功能大體說來是司生活，靈魂的至德必定是能使它過美滿的生活。假若我們已經承認了正義是靈魂的至德時，那麼正義的人就可以得到好生活，就是可以得到快樂，不正義的人就不會快樂。

三、葛若康(Glaucon)的實用主義的正義觀——葛若康繼續剌拉塞馬徹斯的辯論，開首便把世間的所謂好(good)分爲三類：(一)事物本身是好的(goods desirable in themselves)；(二)事物本身及其本身之外的結果都是好的(goods desirable in themselves and for their result)；(三)事物之所以好完全在他的結果上(goods desirable for their result only)。他問蘇格拉底正義之所以好者到底屬於那一類呢？蘇格拉底回答說屬於第二類。但葛若康則以爲屬於第三類，就是說正義的本身並無價值，正義之所以好，完全因爲它可以使人達到有用的後果。葛若康的辯論可以分爲三層：第一，他講正義的起源；第二，他證明人類並非喜歡正義，乃因畏懼懲罰而守正義的；第三，聰明的不義者總可以得到最大的利益。他的辯論如下：

所謂作不義之事而侵害他人，是對自己有利的；但若他人亦作不義之事而侵犯我的時候，那就是對自己有害的了，據人們的經驗，在大家毫無拘束互相侵害的環境之中，委實是害大而利小；於是乃大家相互立約，彼此不相侵害，彼此都不作不義之事；這種大家習慣上公認的條件就是所謂「正義」。人類之所以守正義者，並非以正義的自身為好，乃是畏懼他人的報復及社會的懲罰。所以有些最聰明的人們，表面上作出正義的樣子來，而暗中實行自私自利，這種人結果必定飛黃騰達，甚或為一國的統治者，可以安富尊榮，為所欲為。那種始終真實正義的人，反倒到處碰壁吃苦哩；黑賽奧特（Hesiod）曾說過：「德性是高貴的，但很困難；惡德既容易又可得到利益」（Virtue is honorable but difficult, vice is easy and profitable.）假若作正義的人不受懲罰時，但卻也沒有其他的報酬；假若作惡的人受懲罰時，他就已經得到實際的利益了。

蘇格拉底聽了之後，闡揚葛若康這樣的辯論，更讚揚他雖然口頭上如此辯論，但在行為上卻很合正義。柏拉圖認為塞非露斯、剌拉塞馬徵斯、葛若康等，有一個共同的錯誤，即認為正義是外來的東西，完全受外界的條件所左右，如習慣法律及利害等。柏拉圖認為，正義並非倚恃外力以維持的東西，而是人類心靈中自然有的狀態，合於人類有理性的天性之自然。柏拉圖想用比較明顯的方法說明他的主張，於是就舉了個極粗淺的例子。他說，假若一本書有二種版本，一為大字版，一為小字版，我們一定願意讀大字的，因為大字可以看得更清楚些。現在正義亦有大字與小字二層，前者為國家，後者為個人。我們先從國家着手去認識正義，是比較清楚明白的。以下柏拉圖就從事於搆想他的理想國，

（註一）理想國的著者爲柏拉圖，但書中對話的主人則爲蘇格拉底，故理想國一書，可以說是蘇格拉底的主張，也可以說是柏拉圖的主張。本文中敘述時，蘇格拉底與柏拉圖二名互見，此係完全爲敘述上的便利，並非此處爲前者的主張，彼處爲後者的主張。

第三章　柏拉圖的理想國（二）——理想國的構造

柏拉圖把他的理想國裏的人分爲三個階級。他說上帝用黃金（Gold）造成人間的統治者，用白銀（sil-ver）造成輔助統治者（auxiliaries），用銅鐵（brass and iron）造成農工商人（husbandmen and craftsmen）。黃金階級偏重於理智，白銀階級偏重於感情（或精神），銅鐵階級偏重於慾望。因爲各階級的子孫都賢與不肖的，所以黃金階級的後裔或可降爲銅鐵階級，銅鐵階級的後裔或可升爲黃金階級。柏拉圖雖主張階級社會，但這種階級可是按各人的能力而分的。現在我們先把理想國的三個階級分述之。

一、關於銅鐵階級，柏拉圖講的比較很少，但他却未忽略了它的重要性。在他開始思想國家的起源時，他就注意到社會的經濟組織是國家的基礎，所謂銅鐵階級是司社會的經濟生產與交易的。柏拉圖以爲，我們每一個單獨的個人都是不能獨立的，至少一個社會裏必須有農夫、建築匠、成衣匠、鞋匠等，彼此分工合作，以有易無，互相依輔以爲生。但柏拉圖以爲這些農工商人大半都是私慾發達，幾乎人人都想得利益享幸福，若非有聖明的統治者，社會上必定彼此爭奪欺壓，弄成一種混亂社會。所以柏拉圖以爲，一個國家最好有一位哲學家的國王，純以理智思想籌劃最好的立法與行政又必須有一部分人輔助國王，以執行國王的計劃與命令。國王及其輔助者也和鞋匠等相似皆為專門技藝，必須受長期的專門訓練方可並非如一般主張民主的人們所想像的，人人都可參預政治。

二、衛士或輔助者(guardians or auxiliaries)應當宿於高地的帳蓬中以禦外侮，以定內亂。他們絕對不能有自私心，必須完全以人民的利害為利害。他們在一國裏的職務，正如家庭中的看家狗，對於主人忠愛，對於外人兇猛，假若這些衛士們存着自私心，而又掌握着國家的大權時，他們立刻就會變成了些餓狼與暴主(tyrant)。所以柏拉圖以為，衛士不應保有私產，他們的報酬只夠日用足矣，應當在公共飯廳吃同一的飯，過飯當然應當儉樸。假若容許衛士們置私產時，他們自然就會自私自利，不但不能衛護及領導人民，反而變成人民的仇敵了。

柏拉圖主張男女應當平等，他說男子所能作的事，女子都可以作，甚或有的女子還可以比男子作得好些；工作的好壞，普通是個人間的差異，並非男女性別上的差異。女子與男子唯一不同之點，一般說來，不過女子略弱一點而已，但仍可以作男子的工作。所以上帝選製衛士的時候，並不分男女，因為女子與男子有同樣的義務，可作同樣的職守。國家的統治者應當同樣地揀選些女衛士，與男衛士同住同食，並且立法曰：「衛士們是共妻共子的，不可使父母認識他們的子女，也不可使子女認識他們的父母。」因為家庭及私產足以使統治者營私肆縱，把國家的政治弄壞了。

蘇格拉底說，爲着要善畜鳥獸，須有對於鳥獸善種的經驗，爲什麼人類不應當善種呢？柏拉圖主張，聰明勇敢的男女應當讓他們盡量地多生育，低能者盡量地減少生育；前者應善爲養育，後者可以棄之。凡對於國家有特別功勳的人們，除了報酬之外，應使其多有生育的機會，但亦絕不能讓這些男女衛士們亂交。統治者必須按自然的需要而規定男女相會的時期。統治者可以參考着國內人口的增減，而規定按時舉行的婚媾節（Hymeneal Festivals）。統治者應該發明一種奇妙的方法，使聰明勇敢的男子與聰明勇敢的女子相配，使低能的男子與低能的女子相配。前者的子女應當公育，放在嬰兒保育所中僱女看護養育之。產後的女子可以按時到保育所哺乳，但時間不得太長，不應使其認識出自己的嬰兒。男女的生育時期，男子三十年，自二十五歲至五十五歲；女子二十年，自二十歲至四十歲。

三、最高的統治者國王——國王就是一個最完善的衛士，其他的衛士們統名之曰輔助者。國王除受普通衛士的訓練以外，還須再受多少年的實際訓練，此問題將俟下一章講教育論時再詳細討論。柏拉圖相信：「除非國王即是哲學家或哲學家即是國王，國家是不會完善的，我們絕不能達到理想的國家。」柏拉圖的理想國自然是以哲學家爲國王的。哲學家有極發達的理知作用，愛好並且瞭解「眞善美」的本身，超脫了一切爲利（如農工階級）爲名（如軍人階級）的思想與習慣，完全以追求「眞善美」及實現其理想的完美國家爲職志。爲什麼國王應當是哲學家呢？我們在這裏必須講一下柏拉圖的「形式」(forms）或觀念(ideas)或原理(principles）的概念。柏拉圖分辨意見(opinion)與知識(knowledge)的區別，他以爲普通人只有意見而沒有知識。每人的經驗上都可以接觸及認識種種個別的事物，對於個別具體的事物有意見，如此物或此聲色爲美或醜，此爲正義之行爲，或此物爲重的等，但不知何爲「美、」「正義、」及「重」的觀念之自身，即不知「美、」「正義」「重」等的抽象形式或原理。其實某種美麗的顏色若與另外許多顏色配合之後，也許會變成醜的了；某種正義的行爲也許包含着不義的成分在內；某種很重的東西若與另外更重的東西相較，也許會變成較輕的了。所以我們對於個別具體的事物的片斷意見，都是相對的，不能稱爲真知識，不過是一些片斷的信仰(faith or belief)而已。哲學家能運用他的理知從種種紛歧的具體事物中能得到紛歧之中的同一原理與形式，譬如從各種美的東西中能得到美的觀念(the idea of beauty)之自身，從各種正義的行爲中，能瞭解正義觀念(the idea of justice)之自身。在一切觀念之中，那種最後最高的觀念，就是好的觀念(the idea of good)。這個世界即是所謂觀念或形式的世界(the World of ideas or forms)，這種觀念世界裏的種種觀念，與種種具體的行爲及物體互相交通，在具體的事物上表見。哲學家於普通人們的意見以外，還能瞭解種種的觀念之自身，造詣最高的哲學家始能把握着「好的絕對觀念」，這種哲學家就可以作國王。爲什麼呢？因爲柏拉圖以爲，凡管理某一件事的人們必須對於其事有洞澈的見解，管理一國的法律制度，並且可以不時改良法律制度的人，當然必須深明正義及權宜的基本原則，然後纔有統治及改良社會的標準；所以統治者必須胸中先有正確的原理原則，然後纔有實現理想的好國家的可能。有人或者要說世界上的哲學家們，大概都是些奇僻怪誕的人物，如何可以使他們作國王呢？這正是柏拉圖假艾狄曼特斯(Adeimantus)之口而提出來的問題。柏拉圖以為許多標新立異的詭辯者，皆竊取哲學家之名，無怪世人都仇視哲學哩。真的哲學家，不但有理論的知識，而且還有統治的技巧；正如一個好的掌舵者，不但有航海的知識，且應有駕船的技術一樣。可惜那些既有知識且有技巧的航行家，卻被別人目為只會看星象；這也是哲學家不能用世的原因之一。

四、階級劃分的心理學根據——柏拉圖的理想國的構造，分全社會的人為三個階級，乃是根據於他的心理學，也可以說是根據於人性之自然。柏拉圖的心理學，以為人類心靈包含着三種成分：(一)欲望(Desire)或嗜欲(appetite)；(二)感情(passion)或精神(spirit)；(三)理智(reason)。

欲望的特徵，是愛金錢，爭逐物質上的利益與享受，以致貪得無厭；凡飲食男女之類皆屬之；欲望發達的人們宜於作生產事業。精神或感情的特徵，是見義勇為（勇敢），愛名譽，有野心，擁護其黨派等；這是義俠者的天性，宜於戰爭。理智的特徵有兩方面，一為渴於求知識及求真理，二為愛好真理及正義等，不愛名亦不愛利。理智發達的人們宜於作統治者。這三種成分，是每人的心靈裏都有的；但一個健全完美的個人，必須把這三種成分調劑的得宜；不然，當理智與欲望或感情衝突的時候，不就不得解決了麼？所以每人心靈裏不同的成分，必須有個統一（unity）的辦法纔可以。柏拉圖以爲，心靈上這三種成分都是不可缺的，但必須使理智居於最高的統馭地位，駕馭感情的奮勵，調劑欲望的滿足。假若一個人把這三種心靈的成分，調劑得各得其宜時，那麽這就是一個正義的人。

一國全體人民的天性，大體說來也有這三種偏重的形勢，有的人欲望特別發達，有人的感情特別發達，也有理智特別發達的人。所以柏拉圖主張按各人天性的不同，分社會爲三階級。欲望比較發達的人們，應作社會上的生產階級，但若任聽許多人爭逐嗜欲時，必定形成一個互相刼奪攻殺的社會。精神或感情充足的人們，應作軍人以維持秩序，捍衞國家，但若任聽他們的意氣用事時，社會必大混亂。所以柏拉圖以爲，必須使理智最發達的國王統制全國，使勇敢的輔助者們執行國王的命令，然後才可以使全社會的各個人都各得其所，互相爲用，成一個正義的國家。我覺得柏拉圖的理想國的構造，頗像我們一個人的整個身體。我們似乎也可以利用現代生理學的知識，把人體分爲三部分：(一)大腦(二)小腦脊髓及末梢神經；(三)筋肉骨骼。大腦在人身體上的作用如國王，小腦脊髓等如理想國裏的輔助者，筋肉骨骼如理想國裏的經濟生產階級。若全身的各器管皆受大腦的支配而各盡其職守時，自然可以成一個健全的有機體；若大腦一失常，無論其他的部分如何健康，都不免弄成一個倒行逆施的瘋人。

五、何謂正義——最後，我們歸到柏拉圖的理想國所要解決的問題，何謂正義？柏拉圖認爲人類有四種德性：（一）智慧（wisdom）；（二）勇敢（courage）；（三）節制（temperance）；（四）正義（justice）。智慧是統治者的重要德性，因爲他必須以理性（reason）統治全國。勇敢是軍人的重要德性。節制是生產階級軍人及統治者所應共有的德性；因爲節制是一種自制力（self-control），使個人（或國家）的全體可以得到調和。社會的正義，就是把全社會的個人因其天性及能力的不同分爲三個階級，各個人皆得其所，皆忠其事，以造成一個極調和的社會有機體。正義表現在個人身上的，亦復如是：即每人靈魂上的三部分——理智、感情、欲望——皆受理性的統馭，使全身的各機關都各得其所，各盡其能，以造成一個調和的個人。

此地我們應該注意的，即是柏拉圖之所謂正義，並非法律上之所謂正義與公道。羅馬之所謂正義與公道（jus），多含有法律上的權利義務關係的意味，即盡法律上所規定之義務者爲正義，不然則爲不義。柏拉圖乃注意於正義之道德原理，亦即立法的根本原理。柏拉圖的理想國裏，根本沒有法律這種東西；因爲他認爲醫藥是療治身體之疾病的，法律及法庭是懲罰精神之疾病的，理想國裏的教育自兒童的幼年即注意體育與音樂（下章當詳論），前者使人民有強健的身體，後者使人民有健康的精神，所以理想國裏用不到醫藥與法律。哲學家的國王，按照其最合理的理想統治全國，國王所主張的就是全國人民依其合理的思想所必然贊成的，所以國王是最高的統治者，亦即經常的立法者。在柏拉圖老年的著作法律（Laws）一部對話上，意見就頗有不同了。在他的法律上，他承認在實際的社會上法律之重要，並且承認統治者與人民皆應當遵守法律，乍看起來，好像柏拉圖前後主張自相矛盾，其實並不然。理想國所描寫的是最理想的國家，統治者必須受幾十年的嚴格訓練與陶冶始能作國王；國家若能達到這種程度，那當然是最理想的。不得已而求其次時，就是法律一書中所描寫的國家，即在通常的國家裏最好使法律居於最高的地位，統治者與人民都遵守法律，就是所謂法治。

第四章 柏拉圖的理想國(三)——理想國的教育

一、緒論——世界上大多數的大政治思想家，都有他們的教育主張，因為欲達到理想的國家，必須有理想的人民。柏拉圖的理想國欲改變希臘的舊社會而建立一個新國家；但人民皆受習慣及環境的支配，不能遽爾適合於他的理想國，所以他必須想出一種新教育來造成他的理想國的國民。現在曾經起過社會革命或政治革命的新國家如蘇俄、義大利、德國，亦頗知僅憑武力與立法不足以長久地統治一個國家，所以都注意教育文化的統制，以造成他們所理想的國民。

近世最大的政治及教育思想家盧梭(Rousseau)曾說：「柏拉圖的理想國，是亙古以來第一部好教育書」(the finest treatise of education that ever written)。柏拉圖的理想國把政治與教育連合成一起，從教育系統裏揀選出來的人材管理政治，政治的一大工作即是管理教育。

一個人的性格的造成，大體說來，一方靠天性(nature)，一方而靠教養(nurture)，這兩者缺一都不可。柏拉圖的教育原理，認為教育並非把知識硬灌輸到學生的心靈裏，教育是啟發學生心靈中已有的潛能，把心靈中已具有的能力引導到一個光明而正確的方向而已。柏拉圖認為人類的心靈是善於模仿的；假若我們想造成國民的高尚及正確的思想與習慣，我們必須處處布置出一種適合於我們的理想的環境，使人民自幼年即生息於那種環境中，耳濡目染，潛移默化，迨其長成之後，可以自然行動，隨心所欲，不踰矩。柏拉圖所理想的教育制度，大概可以分為兩個階段：(一)普通教育，訓練一般的衞士或輔助者。這一階段所教的科目，主要的就是體育與音樂，前者在訓練身體，後者在陶冶心靈。自十八歲以後受二年的軍事訓練，至二十歲即算普通教育之終結。(二)高等教育，訓練負重要責任的衞士、哲學家、及最完善的衞士(即國王)。此階段注重科學與哲學。自二十歲至三十歲之十年中，學習算學、幾何學、天文學及和聲學；自三十歲至三十五歲學辯證法(Dialectic)，即哲學。柏拉圖認為教育的最高目的，在使學者瞭解「善的觀念」(The idea of good)。「善」可以由各種不同的方式表現，最易於瞭解的形式就是美的東西，由欣賞美的東西而逐漸瞭解「美的觀念」(the idea of eauty)。柏拉圖在普通教育階段中所講的音樂，並非現在我們之所謂音樂，他之所謂音樂，乃包括小說詩歌造形美術及我們現在之所謂音樂，所以普通教育之訓練，在使學生瞭解美為何物，及愛好美的東西。真(truth)也是善的一種形式，但比美之為善更抽象些。柏拉圖的理想中的高等教育，主要地在從科學的訓練中使學生瞭解真理，及愛好真理，迨至最後學習辯證法或哲學的階段時，即可使學生瞭解「善的觀念」之自身。

柏拉圖好像只講了些訓練衛士的方法，普通教育乃訓練普通的衛士者，高等教育乃訓練高級衛士及國王者，但從未談到第三階級（即生產階級）的教育設施，不知按柏拉圖之意，生產階級倘受教育否？當柏拉圖初分社會為三種階級的時候，他曾說階級應按個人的能力而分，各階級的子孫都可以互有升降，但假若第三階級根本即無教育設置時，他們的子孫將用什麼方法升為衛士呢？又當柏拉圖討論衛士階級共妻共子的辦法時，他似乎僅有衛士的子孫始能作衛士的意思。關於這點，近人有許多批評及揣測，有人謂柏拉圖滿腹貴族思想，不顧勞動階級者；有謂柏拉圖的理想國雖然只是理想，但仍根據於當時希臘社會的實際情形，並未希望全國的人民都受教育，故只講到統治階級的教育，以便實施於當時的希臘者。我們現在姑且不討論這些問題，且看柏拉圖所想像的每階段教育的實施如何。

二、普通教育——普通教育如我們以前曾說過的，是訓練一般衛士的，畢業以後的主要職務在服役於軍隊。雅典本來的初級教育即包括體育、文字、及音樂三科；柏拉圖的理想國中改為體育與音樂二種，但柏拉圖所講的體育及音樂都是廣義的。體育包括衛生飲食及身體鍛鍊，總而言之，就是注意整個身體的健康。音樂包括一切解釋人生的藝術，不論其為用語言文字者（即所謂文藝），用聲音表演者（即所謂歌舞），或用圖形者（即所謂造型美術），皆包含在內，總而言之，就是我們現在所謂之藝術。

1 體育在教育中的位置　柏拉圖在普通教育中分體育與音樂二科，他最初採取了一般流行的見解，認為前者訓練身體，後者陶冶心靈，但以後他又矯正這種意見，認為體育及音樂都足以陶冶心靈，不過用不同的方法以訓練心靈的不同的部分而已。體育與音樂二者，對青年皆含有道德訓練的意義，目的皆在鑄成完美健全的人格。體育的訓練也能改造青年的心靈，譬如可以練習青年的忍耐力、勇敢心、社會性以及活潑健全的氣質。古希臘的體育，大概包括種種舞蹈及軍事訓練。舞蹈通常都是表演一種故事，借以陶冶青年的性情，而鑄成他們的道德人格。服役軍隊是希臘公民的重要義務，軍事訓練就是造成將來的士兵的預備。柏拉圖的理想國裏主張青年於二十歲以前，必須受二年的專門軍事訓練，以便畢業後作衛士。

2 音樂在教育中的位置。 假若體育是以訓練身體為手段而達到訓練心靈的目的時，音樂更是直接訓練心靈陶冶性情的東西了。我曾說過，柏拉圖分人類的知識為「知識」(knowledge) 與「意見」(opinion) 二種，在普通教育中，主張的目的在養成青年的正確意見；真知識須至高等教育的階段中始可獲得。柏拉圖知道，實際操縱人類之行為的，並非全靠純理智上的知識，乃是從潛移默化中所養成的身心習慣。這種習慣的養成，即賴高尚正確的藝術薰陶，詩歌的節律，故事的情趣，樂器的節律與音調，以及造型美術的形體與顏色。這些東西都能直接嵌入青年的心靈，經久陶冶之後，自然可於不知不覺中養成一種正確的意見，雖然他們自己也許還不知其所以然。

因為藝術在國家統制的教育中佔着如此重要的地位，所以柏拉圖認為國家不應該讓他們隨便發展，必須經國家的統制，使其合於終極之「好」的目的。我們曉得，古代的各種藝術都與宗教有關；文學詩歌中大都講些神話及神的故事，音樂跳舞也是祭神時以悅神的東西。所以柏拉圖的理想國中不但統制藝術，並且統制宗教。他認為荷馬(Homer)黑蕊亞特(Hesiod)及其他的許多作家，有許多地方誤敍了神的性格，給青年一種不良的影響；所以在他的理想國中他用了許多時間去分辨及批評那些作家的作品，他認為有些東西是應當禁止的。柏拉圖以為國家不但應統制文學的內容，並且應統制文學的形式，因為青年非常易於被他們所接觸的東西所同化，所以不良的文學表現的形式，也足以影響青年心靈的養成。譬如柏拉圖認為戲劇(drama)是應當絕對禁止的，因為同一個人忽而扮演好人，忽而扮演壞人，各人皆不能始終如一地忠於其事，正如當時的雅典民主政治，所以在理想國裏是必須禁止的。詩文必須一貫地用直敍體裁，主角忽然扮成一個更高尚的人物還可以，因為這可以提高他的精神與行為。至於音樂的本身呢，自然更應當受國家統制了；因為它更易於深入青年的心靈。按柏拉圖的主張，樂器應當採取豎琴(harp)，而禁止笛子(flute)，樂曲的形式應當比較簡單而沈着。

柏拉圖這種國家統制教育文化的思想，正如現在的所謂「極權國家」(totalitarian state)的行為。柏拉圖是一個目的論者，他自己懷着一種「終極之好」(the ultimate good)的觀念，想使社會上及教育上的一切都適合於他自己這種理想，把一切個人都看作達到這種目的的工具，完全抹殺人類不同的個性，不能領會人類社會上「不同中的趣味」(interest in varieties)。假若使一切藝術的創造都失掉了他們自發的靈機，而完全弄成了些教育工具時那不完全失掉了藝術的作用了麼？被政府強迫着在一定的模型中作出來的藝術品，一定不會作成最好的作品那麼自然也會失掉了藝術對於人生的效力，柏拉圖想利用藝術以陶冶青年心靈的那種目的，也就不能圓滿地達到了。況且這裏所謂「好的觀念」並非每人都是正相同的；人類雖然同有愛「好」的傾向，但各個人的「見仁見智」終究有些許的不同；正因爲人類彼此所見者不能盡同，所以纔發生彼此觀摩的作用，把好的各方面都能看到，結果形成了社會文化的發展。若一國的文化統於一尊時，長時間說來，不但不能使一個社會興盛，反倒促成了那個社會文化的衰敗與沒落。中世紀的歐洲帝政時代的中國，就是些很明顯的例證。

三、高等教育——高等教育是訓練完善的衞士的。衞士受過普通教育之後，選其中少數有特殊科學天才而最有養成爲完善衞士之希望者，始得受高等教育。高等教育可分爲二階段：第一段爲科學訓練，自二十歲至三十歲，期限十年；第二段爲哲學訓練，自三十歲至三十五歲，期限五年。

1 科學訓練，在普通教育的階段，柏拉圖即主張用游戲的方法灌輸青年些科學常識，因此可以知青年的性質是否與科學相近，以便揀選可以受高等教育的人材。柏拉圖以爲最基本的科學知識爲關於數目的知識，所以第一種科學即是算學。其次便是研究平面空間的平面幾何學，及研究立體空間的立體幾何，天文學研究立體的東西之運動，和聲學研究因物體運動而生出的聲音。這就是柏拉圖所開列的科學次序，一步一步地逐漸複雜些。這些科學的訓練自然有實際生活上的功用，譬如柏拉圖着重地申明算學與幾何學對於軍隊作戰的功用。但是科學在商業財政及技藝上的功用，似乎還不是教育的主要目的。柏拉圖以爲研究科學的眞價值有兩方面，第一可以訓練我們的思想，使解決經驗上的種種困難與衝突；第二可以使我們從萬事萬物中逐漸瞭解某些原理與形式(principles or forms)，導入於更高深的哲學階段，以瞭解最終極的「好」的觀念。柏拉圖認爲眞理並不在許多特殊的個體存在中，這些存在的特殊個體，不過是眞理的暗影而已，並非眞理的本身。眞理乃在抽象的普徧觀念(universal ideas)中，世間無數的特殊個體，不過是那些普徧觀念的表現而已。所以我們感覺所能感到的東西，都不過是事物的現象；事物的實體，只能以思想得之。科學所研究的內容，並非我們日常所感覺的具體事物，乃是從許多事物中得出來的抽象原理。所以科學可以作研究辯證法或哲學的初步。

2 哲學訓練。凡受過科學訓練的衛士們，其能深明各科學之間的關係，而顯然有哲學天才者，乃繼續受五年的哲學訓練，專學辯證法(Dialectic)。辯證法的意義如何，柏拉圖在他的理想國中也沒有詳細說明。按辯證法的原來意義，初爲兩個人或數人對話辯論的意思，繼而爲運用問答的方法以追求眞理，所以這種問答也可以一人默然在自己的心裏進行。辯證法可以使我們把許多事物分類，還可以使我們從許多事物中歸納出一種原理來。柏拉圖常以爲他的主要意見，即是一切知識皆含着「一中之多」與「多中之一」(the one in many and the many in one)。他認爲假若我們對於宇宙間的萬事萬物已有完全的知識時，我自然會曉得他們都是在一個互相關連的秩序中，正如任何一個有機體(organism)，都包含着許多部分而又統攝於一個全體中，反過來說，也可以說全體完全靠許多部分而存在，辯證法不但應當知道「一中之多」，並且應當知道爲什麼是如此。辯證法便是經常地研究各事物之間的相互關係，而作成一種對於宇宙事物的完全知識，所以辯證法並非與其他科學並行的一種科學，而是可以普徧實用於一切人類思想及一切科學的。衞士們經過了這種訓練之後，就可以曉得「好的觀念」之自身，就可以曉得宇宙之基本原理及人生的鵠的。在這五年的訓練中，其中之沒有哲學天才者，即逐漸淘汰，最後所賸的必然是寥寥無幾，國王即是從這幾個人中揀選的。

受過哲學訓練的衞士，從三十五歲至五十歲之間，再重反於社會人間的事物之實習，如領着軍隊作戰，及作種種不限年齡的官吏等。經過種種的試驗與磨鍊，深明了世事人情之後，才算達到了教育的最高目的。凡達到了這種最高程度的衞士們，即可以從事於哲學的思辯思考何者爲「好」(contemplation of good)。一旦國家需要其作最高的統治者時，即可以爲哲學家的國王，柏拉圖說：「直到哲學家作了國王，或世界的國王皆有哲學的精神與能力時，國家纔可以不發生罪惡了」(Until philosophers are kings, or the kings and princes of the world have the spirit and power of philosophy, citites will never have rest from their evils.)

第五章　亞里斯多德(一)——對於柏拉圖理想國的批評

亞里斯多德(Aristotle)是古希臘的一個最大的哲學家，同時也是古希臘最後的一個哲學家，在亞里斯多德還健在的時候希臘即被馬其頓王國(Macedonia)所征服而滅亡，以後就沒有如蘇格拉底、柏拉圖及亞斯多德等的大思想家了。現在我先簡單地講講亞里斯多德的生平。

亞里斯多德生於查塞地斯的斯太格拉(Stagira in Chalcidice)。父親是醫生，及長即至雅典從學於柏拉圖。柏拉圖死後，亞里斯多德即離去雅典凡十二年。在此期間，他曾在小亞細亞與著名的專制國王黑米亞斯(Hermas)同住過三年。亞里斯多德與黑米亞斯的友誼甚篤，當黑米亞斯被殺之後，亞里斯多德即娶其養女為妻。亞里斯多德自稱其妻為性情溫和而且有德性的夫人；也許因為他有美滿的婚姻，所以在他的倫理學與政治學上頗重家庭，認為家庭是一種自然的制度。他生平的好友中，時間最長的是尤底墨斯(Eudemus)，他有許多遺著都是尤底墨斯代編的。亞里斯多德特別注重朋友關係，認為朋友是國家團結的基礎。亞里斯多德與馬其頓的國王菲力浦(Philip)為友，所以菲力浦請亞里斯多德為家庭教師，教他的兒子亞歷山大(Alexander the Great)。亞里斯多德老年即在雅典辦學校以終生，作校長十餘年，亞歷山大東征的時候，安提培德

(Antipater)作馬其頓國王的代理執政者，他與亞里斯多德也有很密切的聯絡。

我們說過了柏拉圖的理想國之後，第一個問題就是說柏拉圖太理想了，他所作的理想國不切實際，這個問題柏拉圖自己已經解答過了，所以亞里斯多德並未作這種批評。柏拉圖說他的理想國原來就只是一個最高的理想，並不一定希望它能在當時的希臘實現。但最高的理想還是有它的價值，因為這種最高的理想，是批評實際政治的標準，我們必須先知道到底什麼是最好的國家，然後纔可以知道某國的政治倒底好到什麼程度，或壞到什麼程度。按柏拉圖的理想國中的記載，當時也有人批評蘇格拉底的理想根本不能實現，蘇格拉底便說：「因為不能實現就壞嗎？假若一幅圖畫畫着一個盡美盡善的美人，你能說因為並非實有其人，因而那張圖畫就是壞的嗎？最完美的理想是批評實際的標準。」

對於柏拉圖的理想國的最扼要的批評，恐怕要算他的弟子亞里斯多德了，其實亞里斯多德的政治原理一部分就是建立在對於柏拉圖的理想國的批評上。第一，亞里斯多德批評柏拉圖在他的理想國中所要求的統一性(unity)。亞里斯多德以為一個國家貴能獨立自給，獨立自給的國家必須有各種不同的人材，各種不同的人材越齊備，那個國家也越完善，所以人材的不同，倒是造成一個完美的團體的基礎。柏拉圖想利用政治及教育的方法，把全社會的人們都造成同樣的人物，得到一國的絕對統一性，那就等於降低了國家的社會組織，使它縮為一個家庭，最後縮為一個個人；這不正是破壞國家的存在麼？亞里斯多德認為國家是許多社會組合中的一種最高的組合，其中包括着許多村莊及家庭，最後包括着許多不同的個人。假若把一國內的其他社會組合破壞了之後，而又造成彼此相似的些個人，那不正像把音樂的抑揚節律取消，而造成一種單音的樂譜麼？亞里斯多德這種批評，對於柏拉圖並不十分公道。因爲柏拉圖在開始構造他的理想國時，就說一國貴能自給，一國的人民必須分工合作，所以他把社會分爲三種階級。不過他的理想國，以後卽未詳細討論經濟生產階級的事，而專從事於討論衞士階級的教育及生活等。對於衞士及統治者二階級，柏拉圖的確想造成些彼此相似的個人，所以亞里斯多德的批評也非全無道理。

第二，亞里斯多德批評柏拉圖的共產制度。亞里斯多德認爲產業應當私有，假若人民的道德高尙時，可以達到「私有公用」(private possession and common use)的程度。他批評共產制度的理由可分爲兩方面——經濟方面及道德方面。從經濟方面說，私有財產是鼓勵人們生產的刺激物，無論什麼東西，越是爲許多人所公有，人們就越不顧惜它；所以共產制度不能使社會達到最高度的生產。況且在分配的時候，是平均分配呢，還是按功績而不平均分配呢？假若平均分配，一定有許多具有特別功績或勞動的人們認爲不公道；假若不平均分配，那些分得少的人們一定怏怏不樂。人與人之間的接觸愈多，愈容易發生惡感。假若你和你的鄰人不大來往的時候，倒可以大家相安無事。一夥人旅行的時候，大家湊錢公用，是常會發生意見衝突的。共產制度使人與人的接觸太密切太頻繁，所以很容易使大家互相憎惡互相磨擦。從道德方面說，私有財產是人類作道義行為所必備的工具譬如寬厚與慷慨（generosity and liberality）是人類的美德，但假如大家沒有東西可以幫助他人，沒有對他人施行寬厚與慷慨的工具，那麼這些美德也就沒有了。又譬如自愛自重也是美德，私有財產及對於自己財產的處理，這是表現一個人的人格的重要部分。通常所謂某個人的人格者，卽指那個人的身心及其所有的一切東西；所以私有財產是表現一個人的完全人格所必備的東西。亞里斯多德認為柏拉圖太看重了訓練德性的物質條件，其實精神條件更是重要。他以為假若一國的人民都能相親相愛，都能對人寬厚的時候，「每人都專心治理他的私產，在實踐上德性卽可以使他們達到一朋友的東西卽是大家的東西」的境地。」

亞里斯多德對於柏拉圖的這種批評，其實亦非完全公允。第一，因為柏拉圖的共產主義似乎並非實行於全國的人民，不過是統治者與衛士階級之中的共產而已。他大概想經濟生產階級納稅於政府，以養統治者及衛士，而統治者與衛士之間實行共產制度。第二，亞里斯多德認為柏拉圖太注意訓練人格的物質條件，其實柏拉圖並未忽略了精神訓練的重要，他的理想國中大半都是講論衛士的教育及精神訓練，不過他覺得物質環境也很重要而已。但亞里斯多德却有一點批評得很近理，那就是柏拉圖的禁慾色彩太濃厚，有點違反人情之自然。人類的天性上都想有私產，都想有自己的家庭，都想享受使人興奮的娛樂；柏拉圖至少主張在一部人中主張廢除私產，廢除家庭，廢止某種的娛樂，如戲劇及含有刺激性的音樂等。亞里斯多德認為這些辦法都有點縱情，所以他並不想把人類的某種欲望或衝動剷除，而是想利導人類的各種天性，使他們都有節制，適可而止，作到一種和諧的中庸之道。

第三，亞理斯多德批評柏拉圖的共妻子的制度。亞里斯多德的長處，就是他的立論處處本乎人性之自然。他認爲人類彼此的親密感情(mutual affection)，是人間的最大幸福，夫妻之間的愛情，父子兄弟姊妹之間的關切，是人類感情上的自然發展，精神上的最後依歸。若欲取消此種特別親密的感情，使大家彼此的感情皆相等時，那就是使人與人之間的感情都淡薄下去，彼此都變成了路人。譬如把一點糖放在一缸水裏，那就只能使全缸的水皆無甜味而已。況且家庭可以培養兒童道德生活的生長，作將來國家教養的基礎。亞里斯多德在他的倫理學中說，男子之爲丈夫比爲公民更自然些。他認爲家庭經濟主要地即建設在男女的分工合作上，彼此根據其不同的天性而互助合作。最後他還認爲社會上有些低能的奴隸，假若有家庭，這些奴隸們也可以作成家庭的一員，有所歸依；若取消了家庭，這些不能自給的奴隸們即失掉了他們的領導者及依靠者。現在世界上的社會思想家，很少有主張共妻子制度的了。我覺得亞理斯多德的批評，大部分是對的。有人或者說，爲什麼不能把國家作成一個大家庭呢？世間少數有深知卓見的偉人，的確有以天下爲家的；但多數的普通人，總是自然地愛他所實際接觸着的小範圍，如家庭及其職業團體等。況且現代的國家比希臘當年的國家範圍擴大了不知多少，有許多人幾乎把國家的組織置諸腦後了。但亞理斯多德却並未忽視了國家的重要，他仍然以爲每人必須感覺着他是國家的一分子；不過他也同時承認國家之內應包括其他的小社會組織，如家庭村莊等這不但並不減殺國家的組織力而且是增加國家團結的基礎：

最後，亞里斯多德對於柏拉圖還有些比較瑣屑的批評。譬如批評柏拉圖的理想國之不完善，未言及一般生產大衆的教育及社會制度，未言及一般生產階級的子女如何可以升爲衞士階級。比較重要的，他批評柏拉圖不懂得家庭經濟（Domestic Economy）原理，不知男女可以各順其天性而專司家庭中一部分職務，男女相合正可以作成一個調和的合作團體。他認爲柏拉圖只以下等動物爲喻而主張男女平等是不合於人性之事實的。這些問題不必詳細去討論了以下講亞里斯多德的政治原理。

第六章　亞里斯多德(二)——目的論的國家觀

一、形式與實質（form and matter）——亞里斯多德的全部哲學（玄學、自然哲學、社會哲學）都根據於一種進化或發展的觀念。我們若想瞭解他的政治思想時，最好先把他的哲學基礎略講一下，然後纔可以貫徹地瞭解他的主張。

亞里斯多德的玄學上的基本觀念，就是形式與實質的區別。形式就是物質表現於外的現象，也就是我們用感覺所能得知的萬事萬物；實質是事物的本身，可以離開我們的感覺而獨立存在，它們到底如何，是我們所不得而知的。亞里斯多德認爲，我們的知識與科學，只限於事物的形式，因爲形式是比較固定的，可以用感覺知道的。至於事物的本身，是常在發展變遷的過程中，那是不可知的東西。那麼，我們如何曉得事物的形式之外，還有它們的實質呢？那完全是由推論而來的。我們看見宇宙間有形形色色的形式出現，並且這各種事物之形式又在不斷地發展，而這發展都是漸趨於完美的形式；我們因此而推想，這各種形式的原本到底是什麼呢？這種能使各種形式發展的潛伏力（potentiality）是什麼呢？因爲我們就推想到事物的形式之外，必然還有事物本身的實質存在；因爲有這種實質的存在，所以我們纔能感覺到它們的形式，形式的發展就是那些實質的本身在自動地發展。

我們所知道的宇宙間的萬事萬物，是一個形式的體系（a hierarchy of forms）。希臘有些哲學家認爲土水氣火是四種最簡單的原素；亞里斯多德以爲土水氣火也不過是些形式而已，並非實質。一顆種子可以變成一株大樹，遠古時代的下等植物可以變成現代的高等實物，拙笨的古生物可以進化爲四體勻稱行動靈活的現代動物；所以事物的形式也老是在發展進化的，發展的目的是漸趨於至善之境。最後講到人類的社會也是如此，由簡單野蠻的家庭變爲文明有禮貌的家庭，由家庭變爲部落，由部落變爲國家，更由最壞的國家變爲最理想的國家，亦是形式的進化作用。

二、「好」是一切事物發展的目的——亞里斯多德的發展或進化的觀念，貫澈於他全部的哲學中，但發展所趨向的目的是什麼呢？簡言之，就是一個「好」字。亞里斯多德在他的倫理學(Nicomachean Ethics)上，開頭就說：

「每一種技藝，每一種研究，每一種行爲與職業，都在追求某種好的境地；因此我們可以說，好就是一切事物的目的。」

他的政治學(Politics)上開首也說：

「因爲每一個國家都是一種社會組合，每一種社會組合都想達到某種的好境地（因爲人類的一切行爲都是以某種好爲目的的；）所以好是一切社會組合的對象那麼，那種包括一切其他的小組合的最高組合的對象，換句話說，就是國家或政治組合的對象，一定是最高的好。」

從亞里斯多德這兩段話裏，我們不但可以很清楚地看出他的目的論的主張，並且可以看出他全部政治哲學的要義。第一，他認爲國家是人類的一種社會組合，與家庭部落乃至學會俱樂部等相似，所以他不認爲國家是突然而生的，並且就是自然有無上威權的東西。第二，我們可以看出他的發展或進化的觀念，認爲國家是社會進化來的東西，並且這種進化是漸趨於「好」的。第三，國家是一切社會組合中最高組合，它的目的是達到最高的「好」，有調整及統馭其他社會組合的功用。

亞里斯多德的政治哲學，在古希臘的許多思想家中，是一個最自然最平易的。他的理論並不標新立異，而是根據於歷史及社會的事實以尋求政治之基本原理的。他批評柏拉圖的政治革命論爲不合歷史的，他認爲假若每一個人都懷着一種與事實不相符合的理想，而且每人想按着他的理想行動時，那麼社會就根本不能成立。因爲亞里斯多德的理論多根據於社會的實際狀況，所以他的保守色彩相當濃厚，總想用合理的方法去解釋現狀，甚至於連不合理的奴隸制度，他也想給它一個合理的解釋。後世各派的思想家，都可以從亞里斯多德的著作中找到理論的根據。他這種目的論的發展觀，對於黑格爾（Hegel）的影響最大。黑格爾以爲宇宙乃是一個合理的觀念（Idea）之自然發展，凡發展都有其一定的目的，「目的決定發展的程序」（The end determines the process of development.）。黑格爾的發展論比較模糊，亞里斯多德認爲萬事萬物的發展皆是趨向於某種好的境地，倒是較爲平易近人些。

三、國家的起源及性質——近代的許多政治哲學家有一種共同的傾向，他們總認爲國家是憑着人類的意志（will）而創造的，大家可以自由改變它或取消它。亞里斯多德卻認爲這種觀念完全錯誤，他認爲各種的社會制度皆是根據於人類天性之自然，是從人性中自然發展出來的自然制度（natural institutions）。亞里斯多德說：「人類是社會的動物」（Man is by nature a social animal.）一切人類的天性上都有一種社會的衝動（即欲與他人結合的衝動），這種衝動的最後成果就是國家。但就歷史的程序說，人類社會衝動的最初表現卻並非即是國家，最初人類先有異性的聯合，這種聯合的成果即是家庭，家庭中男女可以分工互助繁殖種族養育兒童家庭的互助生活太簡單，尚不足以滿足人生的要求，於是人類又集合許多家庭而爲村莊。村莊是一個更大的互助團體，人類有了這個較大的結合之後，生活更覺得平安而幸福些。最後，人類猶不以村莊爲滿足，繼續要求更美滿的生活，於是聯合許多村莊而爲城市國。城市國裏邊，有更詳細的分工合作，有市場以作公共聚會之所而互易有無，有公共的廟宇以供祭祀，有共同的法庭以判斷是非曲直。由此我們可以看得出人類最初是要求生活，其次是要求更美滿的好生活，國家卽是人類社會進化上最完美的階段。但亞里斯多德並非以爲一切的國家都是最好的，也並非以爲人類社會的進化必定能達到最美滿的國家，他承認各種「形式」的進展可以滯留不進，如有的民族停止於部落，有的停止於很壞的國家。不過一有了國家之後，人類的社會生活就可以自足自給了，美滿生活的客觀條件就具備了。人類在國家的範圍以內可以運用他們的各種天才與能力，以達到最美滿的共同生活。

旣有了國家之後，人類順其天性之自然，卽是國家的公民。假若他暫時不能實際得到國家組織之好處時，他也只能由國家內尋求他的滿足。假若有人順其天性而仍非國家的公民時，那麼這個人若非超人，卽是文化水準以下的動物。

國家是許多社會組合中最後最高的組合，它包括着許多比較初級的社會組合在內，但却並非如柏拉圖所主張的，消滅其他較低級的社會組合。國家能表現最高之善 (the supreme good)，它不但不妨害家庭及村莊等等的社會組合，並且還可以扶助監督它們以至於更完善的境地。譬如家庭中父母子女兄弟姊妹之間，有一種所謂家庭的正義或公理，以規定彼此之間的權利與義務，國家的法律不但不制止或消滅它，而且更立法以保障這種家庭的正義。因為家庭是包括在國家之中的，家庭的正義就是國家的正義之一部分。家庭的重大任務是生育及教養兒童，國家可以幫助，指導，或監督他們如何善於從事。所以有了國家之後，一切其他的社會組合還是要存在的；不但存在，而且可以得到國家的保障。

國家的要義，不僅是許多村莊的聯合而已，不僅是供給一個更大範圍的貨物交易與保障生命財產的安全而已，此外還有更重要的意義哩！亞里斯多德以為，只謀生活的一個團體絕不能成為一個國家，不然，一羣奴隸或一羣懂得互助的動物如蜜蜂螞蟻等等也可以構成一個國家了。更進一步說，只是互相交易貨物，互相保障生命財產的社會結合，也不能成為國家；不然，為這兩種目的而結合的聯盟國（alliance）也可以成為一個國家了。國家是人民的道德生活上的一種精神的結合，國家的更重要的作用就是積極地增進人民的德性，使全體人民成為一個道德團體，以達到大家的幸福生活。當亞里斯多德講到國家的目的時說：「國家的組成是想使大家能生活，國家的繼續存在是想使大家得到更好的生活」(As the state is formed to make life possible, so it exists to make life good.)。所以國家的存在，不僅是消極地制止着大家不相侵害，不作惡而已，並且想使大家養成完善的道德與身體，使大家簡直不生侵害他人或作惡之心。國家的重要目的，就是使每一個公民都養成有德性的公民，使全體的公民形成一個道德的團體。

第七章　亞里斯多德（三）——國體與實際政治

我在前一章裏說過，亞里斯多德以為科學只能研究「形式」（form），而不能研究「實質」（matter）；因為前者是比較固定的，可知的，後者是流動的，不可知的。赫拉克利托斯（Heraclitus）說你不能在同一條河裏洗兩次澡。亞里斯多德認為，這種主張在某種意義上是可以如此說的，但在另外一種意義上，我們也可以說一個人能在同一條河裏洗兩次澡。因為河有個固定的形式，只要河中包含着同樣水的分子，就可以說我們能在同一的河中洗兩次澡。同樣，只要我們可以遇到同樣的一個人民團體，我們就可以說又見到某某國家了；因為國家也有個比較固定的形式。然則國家的形式是什麼呢？就是一個國家的國體（constitution）。一國的基本構造改變了之後，就是那個國家已經改變了；譬如一個樂譜所包含的無非是各種音階，假若這個樂譜的許多音階的組織改變了，當然即成為一個新樂譜了。政治學是科學之一，它所研究的也只限於形式，亦即限於團體的研究。

一、國體的意義——亞里斯多德之所謂國體，意義頗廣，並非只如我們現在之所謂一個的基本憲法而已。憲法是完全在法律的意義上講國家官吏的組織與工作，及統治國家的基本法律等。亞里斯多德認為，團體並非僅指一國的基本憲法，並且含有道德的意義；人民的道德標準，風俗習慣以及日常的生活狀況，皆是國體的重要部分。簡言之，亞里斯多德之所謂國體者，即一國人民生活上之實際情形，及他們行爲上的原則與規律之總合。

國體在法律方面之表現，就是一國的基本憲法。國家須先有基本的憲法，然後再根據着憲法製造各種詳細的法律條文及命令，以適應各種臨時的特殊環境。憲法規定國家政體的形式，政府的基本組織，以及人民與政府之間的種種關係等。在政府的形式上看，可分爲君主政治（monarchy）、貴族政治（aristocracy）、寡頭政治（oligarchy）、及平民政治（democracy）等；這種形式上的區別，即是就法律方面看一國的最高權力完全屬於何人。但這也不過只是抽象的形式而已；其實有些國家表面上雖是君主政體，而實際上卻是民主政治，也有表面上是民主政治而實際上是寡頭政治的。所以國體不能只限於法律上的意義。

國體的更根深蒂固的根據還在道德方面。立法者的權力並非無限的，一國的構造並非只有立法者的一紙空文就可以改變的。立法者也與其他的藝術家一樣，他的工作必須適宜於他的材料或對象。根據一國人民的願望與實際生活而立定法律，以作明白的規定。普通人總以爲國家的秩序，與國民的生活，是完全靠法律維持的；其實法律的效力只能在多數人民願意自動遵守時，始可有效；換句話說，就是只有當法律與多數人民的道德習慣打成一片時，才可以發生法律的效力。法律對於人民的生活上當然有相當的力量，尤其對於青年兒量，但假如一個暴戾好鬬的民族，法律很難立刻使他們愛好和平，更不能使人民愛好德性。所以製造一國的基本憲法，是一件非常繁難的工作，並非只規定各官吏的職司而已。人類雖有古今中外之不同，但人心深處的天性，卻是大略相似的；所以製訂憲法者必須明瞭「何爲最好的生活？」然後按照各國不同的情形（如農業國、工業國、海洋國等）而定立一種最好的基本憲法。這種最好的基本憲法，就是該國整個最好的生活之表現。它可以維持一個社會的永久性，使一個社會有個不變的基礎，無論一國的人民如何新陳代謝，或政體如何改變，這種法律與道德打成一片的主張，是古希臘的最高政治理想。

二、如何維持國家的國體——一國的國體既經形成之後，政府的各級官吏應當絕對忠於其國體，大家必須完全瞭解，而且接受其國體的理想及精神。不但官吏應如此，即全體的人民亦應忠於其國體。所謂忠於其國體者，不僅守法律而已，並且在一切私人的日常行爲上亦應當適合於國體的精神；如此，國家始能成爲一個永久不墜的道德團體。據亞里斯多德的見解，維持一國的國體的重要方法有二：一爲教育，一爲法治。

1 教育。亞里斯多德與柏拉圖相同，認爲國家即是最高的權威者，國民教育必須適合於一國國體的理想及精神，目的在造就適合於國體的公民。所以亞里斯多德以爲，教育絕不應如雅典似的，任私人自由辦理。亞里斯多德與柏拉圖都讚揚斯巴達（Sparta）的教育制度。亞里斯多德的教育主張有二特點：（一）他認爲教育即是政治的一部分，教育的目的即在如何把兒童造就成適合於國體的公民。亞里斯多德這種意見，並非指當教授兒童公民常識（如民族史、政治組織等）以便將來能合法的行使公民權。他的主要目的，是想把兒童養成一種固定的性格（character）使個人與國家彼此能得到調協（harmony）（一）亞里斯多德的教育理論，注重於性格的養成而不甚注重於知識的灌輸，他認爲精確的文法學（修辭學）及抽象的數學，可以啓發兒童的智慧，音樂及文學可以養成兒童的高尚意志，教育貴於不知不覺中造成兒童的性格。注重藝術教育是希臘許多大思想家的共同之點；亞里斯多德之注重音樂，並非只在使兒童學習技能，主要的還是在啓發兒童的藝術與趣精以達到養成其道德感覺（moral sense）的目的。所以我們可以說，亞里斯多德的教育主張，是政治的、道德的、藝術的。

2 法治。亞里斯多德是絕對主張法治的，他判斷政治的良窳，即多半以此爲分界。他以爲，除了教育使人民自然地遵守國家基本精神以外，便是用無私無偏的法律來統治全國的人民。法律應該是國體的具體而明白的表現，它可以約束人民的行爲，而且可以用武力強迫人民服從。人類並不是純理性的動物，而是有一半獸性的；所以無論如何聰明睿哲的人，總有時不免有偏頗之見及不正確的幻想。法律是不受私慾影響的理性，是最能維持國體的一種客觀力量；因此守法是全國人民的重要事情。亞里斯多德在他的政治學第三編裏說：

「法治是比任何個人的統治要好些。……法律誠然有時似乎有不能決定的事件，但這種事件又豈是個人所能決定的呢？……讓法律來統治可以說就是讓上帝或理性來統治，假若讓人來統治的時候，那麼就加上了獸性的成分在內因爲欲望就是一種野獸縱然最好的人作統治者感情衝動也可以使他顛倒是非，法律是不受欲望影響的理智。」

法律是維持一國國體的最客觀而公正的力量假如一國無法律或法律無實效時那一國就無謂什麼國體了。

三、政體與實際政治——柏拉圖在他的理想國上曾說每一個國家實際上都可以分爲兩個國家一爲富者，一爲貧者。通常的國家中總有貧富階級的懸殊富人大概占少數貧民占多數。少數富者專政的政體名之曰寡頭政治(oligarchy)，多數貧者執政的政體名之曰平民政治(democracy)。在古希臘的政治中富人與貧人鬬爭是政治上的經常現象；即當雅典的平民政治最盛的時期，仍然時有寡頭政治復起的威脅。主張寡頭政治的人們說，財產多德性高，能力大的人們，對於國家的貢獻較大，所以對國家應當有較大的要求，即是說，應當有較大的政治權利。但人類既然在某方面弄出了不平等的狀態，是否在其他方面也應該維持或增加他們的不平等呢？平民主義者說人類天性是自由的，所以也是平等的；全體的自由公民，應當能自己操縱自己的命運。亞里斯多德認爲這兩方面所持的理由都有所偏，不合於中庸之道。任憑少數的富者專政時，政府必爲少數富者謀利益而犧牲大多數的貧民；反之大多數的貧民執政之後，當然要壓迫或犧牲少數的富人。好的政府應當謀人民全體的幸福，不應只謀一部分人的利益。一國之中，除了最富的與最貧的以外，還有具有中等資產的中產階級。因爲中產階級介於貧富二階級之間，與兩者者有不時的接觸，不受富人的欺凌，亦不受貧民的嫉視，能與全體人民保持友誼的態度，所以執政之後比較最能顧到人民全體的利益。

亞里斯多德認為雖然平民政治與寡頭政治都不是好的政體，但每一種政體中也有比較好的與比較壞的種類之不同。平民政體的國家有對於人民的被選舉權略加限制者，有對於被選舉權漫無限制者，甚至有給陪審員及出席公民大會的公民以公費者（如雅典）。所以他把平民政體分為四種，茲舉其兩極者言之。（一）比較好的平民政治，是公民不分貧富，一律平等待遇，被選舉權略有財產的限制；貧民佔大多數，佔多數的人民當然是主權者。在這種國家裏佔公民之大多數者為農民，農民必須勤苦工作以謀生，無餘閒的時間，他們通常只求衣食住的物質利益，不求榮譽，所以他們既不喜歡時常開會，又不企求當選為官吏，除非選舉官吏或聽取官廳的報告時，他們簡直就不出席公民大會。結果是那些當選的官吏即可操實際行政之權，等於一種貴族政治。但人民最後仍操着控制政府的權力。全體大會不常舉行，國家通常都按着既成的法律統治，所以頗可以有法治的精神。（二）最壞的平民政治，亞里斯多德稱之為「現代」的平民政治（指雅典而言），是一切公民皆有被選舉權，並且國家還用種種方法維持公民大衆的生活費用，使大衆皆有餘閒討論並參加政治，於是煽動之術（demagogue）大興，一切國家的事情皆推之於公民大會，以便他們可以從中操縱。公民的命令代替了法律，法官的職權也被公民所剝奪了。在這種極端的平民政治的國家中，無憲法亦無法律，公民大會的命令高於一切，人民的生活完全紊亂無序，誰也不曉得明天的命令又是什麼？所以這種政府頗與專制政府相似，完全不顧法律，專制政府聽幸臣的撥弄，極端的平民政治受煽動家的操縱。

亞里斯多德把寡頭政治也分為四種，現在我綜合其意而約略言之，亦可分為二種。(一)政府官吏的資格必須有一定的財產限制，因為有這種限制，所以只有少數人能當選為政府的官吏。這種政治是商業社會的產物；在商業社會的國家裏，少數富商自然可以操縱政治。不過這種政治不易持久，因為假若國家的財富增加，則當年認為很高的財產限制，過些時期說不定就變得很低了；結果因為社會環境的變遷，即變成一種平民政治了。(二)政權操縱於少數世襲的人們手中，這叫做世襲的寡頭政治。這種寡頭政治，只顧他們這個世襲階級的利益，毫不尊重法律而且壓迫民衆。這種政治的持久性，全靠此世襲階級的團結性如何而定；但他們絕不會永久團結的，若一旦彼此發生了衝突，一部分必定利用其他民衆的力量來推翻另一部分的勢力，寡頭政治往往因之而倒斃。總而言之，寡頭政治的一切行政，完全按財富的多寡來斷定，政府的統治者完全根據於他們的自私心，以謀各個人的私利；所以亞里斯多德以為，這是大家競爭着陞官發財，以追求個人的私利為目的的政治。

亞里斯多德認為，國家是一種全體人民營共同生活的社會結合，目的在求全體的「共同利益」(common good)。平民政治主要地在謀窮人的利益，寡頭政治主要地在謀富人的利益；這兩者皆有所偏。亞里斯多德自己所理想的政體，是採取兩者之所長，避免兩者之所短的一種混合政體(mixed constitution)，那就是所謂中產階級的統治。

亞里斯多德的道德及政治哲學，都是根據於他的著名的「中庸之道」(the doctrine of the mean)總要避免兩極端，而尤其厥中。譬如人類的天性有野蠻與怯懦兩極端，中庸之道即是勇敢；又如人類有縱慾與禁慾兩極端的主張，中庸之道即是節制。總之，亞里斯多德與一般的希臘人生觀相同，是主張不偏不倚的中和之道。希臘的格言說：「最高的理想是一種持久的平衡狀態，過一種適可而止的中道生活」(The ideal is a steady balance and equilibrium, a life lived as it is in the half-way house.)。國家政體上的中庸之道，即是中產階級執政；因為中產階級是富人與貧民的鬥爭中的自然調解人，他們與兩極端的階級皆有接觸，富人易流於荒淫，貧民易流於犯罪；中產階級多自食其力，自給自足，所以對於兩者之短皆可避免。在古希臘社會裏，通常富人總是主人，想操縱他人，窮人多半是奴隸，對於富人發生嫉妬；所以這兩階級之間，很難發生平等的友誼。中產階級不想搶奪他人，他人亦不想搶奪他們，所以中產階級執政之後，可以實現平等的精神與安全的政治。

亞里斯多德所理想的混合政體，是把德性、財產、與自由身分(free birth)三方面的要求都顧到，使大家各如其願，各得其所應得。不似一般的所謂貴族政治之只顧德性，不似寡頭政治之只顧財產，亦不似平民政治之只顧自由身分，如何可以達到這種調和於各政體之間的混合政體呢？那就是把各種政體的長處混合在一起，按一國的實際情形以造成一種新的制度。譬如假設寡頭政治的官吏是選舉的，而且有很高的財產限制，平民政治的官吏是抽籤的，而且無財產限制；那麼我們就可以採取前者的選舉，採取後者的無財產限制，總之，亞里斯多德和柏拉圖一樣，他理想的政體是一種最合理的貴族政治。

第八章　斯多亞學派

一、城市國之衰弱與普偏的社會觀念（the idea of universal community）之興起——亞里斯多德的學生，亞歷山大（Alexander），征服了希臘的各城市國，在紀元前三三六年之秋，召集各城市國的代表集會於高倫茨（Corinth），得到了希臘大元帥（Generalissimo）的尊號，以東征波斯。此後希臘的城市國即告終結，而代表希臘精神的文化亦隨之而亡。亞里斯多德雖後死於亞歷山大一年，但亞里斯多德的哲學卻完全是古希臘城市國的產物。亞歷山大征服了希臘之後，古希臘就變成了馬其頓帝國（Macedonian Empire）的一部分，許多語言習慣不同的民族統屬於一個皇帝的大帝國，自然使一般人民都感覺得「天高皇帝遠」，人人只知道他是一個個人，知道他與其他個人的關係，而不甚感覺他是國家的一個公民了。所以古希臘城市國裏那種國家與個人，法律與道德，習慣，教育與政治打成一片的精神，自亞里斯多德死後即不大見於思想界了。泰恩（W. W. Tarn）在他的希臘主義的文化（Hellenistic Civilization）上說：

「人是政治的動物，是自治的城市國的一分子的那種思想，自亞里斯多德死後就滅絕了；與亞歷山大同時而起的，人就變成了些個人了。這些個人所需要考慮的問題，就是他們個人生活上的規律與他對於世界上其他個人的關係；對於前一個問題就生出了種種的行爲哲學，對於後一個問題就生出了人類皆是兄弟的新觀念。這種觀念可以說是導源於一個歷史上的重要節目，那就是亞歷山大在與匹斯(Opis)的宴會上所祈求的，人類心靈的聯合，及馬其頓人與波斯人共結爲一個國家」(W. W. Tarn: Hellenistic civilization, 1927, p. 69)。

馬其頓帝國雖然所佔的歷史時間甚短，但在政治思想上卻留了一個很深刻的世界主義(Cosmopolitanism)的影響。所以在馬其頓帝國兼併了希臘之後，盛行於希臘的哲學思想就是些只求個人的道德高尚與個人的獨立自足(self-sufficiency)，幾乎完全沒有國家社會觀念的學派了。伊壁鳩魯學派(Epicureanism)只求個人自己的最大快樂，斯多亞學派(Stoicism)只求個人的精神超脫，懷疑學派(Scepticism)否認一切思想及人事上的權威。他們都以爲國家是累贅多事，所以他們只講倫理學而不講政治學。

自從亞里斯多德死後，西洋的哲學即漸趨於道德的教訓，及對於人生的安慰，換句話說，也就是漸趨於宗教式的信仰。雖然初期的發展只是根據於哲學(如斯多亞學派)，但以後人類逐漸感覺着宗教的需要，於是這種發展的最高點就形成了基督教。結果歐洲在中世紀受基督教勢力之統治者凡千餘年。按着當時的政治及社會發展的實際情形，這種傾向也是非常自然的。在古希臘的小城市國中，人人都可以注意到國家的政治，大家假若想求更美滿的生活，那麼就努力參加城市國的政治；換句話說，就是在希臘的城市國中，每人的政治活動力量，都可以影響國家的法律制度，人人都覺得他有改造整個社會的可能。不過在一個大帝國之中，如馬其頓帝國及羅馬帝國，一個普通的個人自然感覺到自己對於國家的法律制度無能為力，若求更美滿的生活時，只能從改造自己的生活作起，於是個人就成了每人的價值中心，不似希臘之視國家為一道德團體了。與個人的觀念相因而生的，就是一種普徧的社會觀念 (the idea of universal community)，因為在那種很大的帝國中，大家並不像在城市國裏似的，每人都自然地感覺他是國家的一個國民了；因為個人都感覺他自己是他的價值中心，同時也會感覺到其他的那些個人也是他們自己的價值中心；他人應當尊重我的個人，我也應當尊重他人的個人，這種觀念最初盛行於羅馬的斯多亞學派及受斯多亞學派影響的那些羅馬的政治家及法學家，最後結晶於基督教的「人類皆兄弟」(human brotherhood) 的觀念。聖保羅 (St. Paul) 在新約及加林多書 (Corinthians) 中說：「大家雖然有種種天賦的不同，但精神是相同的；雖然有種種活動的不同，但卻只有一個上帝在那裏工作。」

現在先講斯多亞學派的社會思想，以後再講基督教的社會思想。

二、斯多亞學派之人生及自然哲學——斯多亞學派創始者爲則若 (Zeno) 與克勒塞波斯 (Chrysippus)。則諾原爲腓尼基人 (Phenicean)，來學於雅典，曾爲大儒學派 (Cynicism) 之大師克雷德斯 (Crates) 的學生，嗣後獨創學派，從者甚衆，在紀元前三世紀之末，漸盛行於希臘。斯多亞學派最初主要地在講人生哲學，根本沒有多少國家觀念，它對於政治思想史上的影響可以說是生於間接的推論；所以我們要瞭解它對於政治思想史上的影響時，必須略知其人生哲學的梗概。

斯多亞學派的基本原則，爲「歸依自然」(according to nature)。他的哲學內容，頗似中國的老莊哲學。中國古代的法家受道家的影響最大，所以太史公有老莊申韓列傳；羅馬的法學家也頗受斯多亞學派的影響。這雖然只是中外歷史上的偶合現象，但亦頗可尋味。斯多亞學派之所謂「自然」(nature)，即等於普遍之所謂上帝(God)。他們認爲宇宙全體（萬物）是一個有理性的(rational)個體，宇宙間萬事萬物的存在及變化皆受大自然之合理的支配。人類爲有理性的動物，應該澈底瞭解宇宙之基本構造，順之而生，那就是最合理的自然生活。

斯多亞學派爲什麼主張這種哲學呢？他們的哲學並非爲知識而知識，乃是爲人生而知識的。他們看見人事變化的無常，一切不幸的及痛苦是遭遇隨時可以降於任何人的身上，所以在人生之長途中，即有一種「恐懼」(fear)永遠在籠罩着，如此絕不能達到幸福的生活。人類又有許多互相衝突的欲望(desires)，人生即受此許多盲目的欲望擺弄，欲望永無滿足之時，結果永遠陷於煩惱及焦慮之中。則諾說：「我們只有超脫了狂暴的幸福之操縱，滅絕了恐怖與欲望時，纔可以得到自由的幸福。」我們必須知道，斯多亞學派是以求個人的幸福和平的境界爲目的的，他們的哲學就是使他們達到這種境界的工具。

何謂幸福呢？斯多亞學派的人們認爲幸福並非感覺上的興奮或快感，也並非一切感覺上的快感之總合；因爲感覺上的苦樂是相爲表裏的，無苦絕不知樂，有樂卽必有苦。他們認爲幸福是一種意志（will）上的狀態。當一個人要求什麼什麼便存在的時候，那就是他的幸福。假若我們無私無欲，根本不要求我們目前所有的東西之外的任何東西，那麼我們就是幸福的；正如中國之所謂「知足者常樂」。有時我們雖然可以遇到痛苦的感覺，但假若那種痛苦的感覺是我們自己意志所要求的東西的時候，那麼我們就不感覺痛苦了。譬如在急烈的運動時，我們常感覺得全身酸痛，但這種感覺上的痛苦，並不礙運動中的快樂，或者還正因爲那些感覺上的小痛苦才能得到運動中的快樂呢！所以斯多亞學派認爲，幸福是意志的滿足。但人類的意志卻受欲望與感情的羈絆，受幸運與恐懼的操縱，假若我們能超脫了這些東西的羈絆與操縱，使我們的意志只要求目前所處的狀況時，那麼我們的意志不常在滿足，我們不常在快樂麼？所以，斯多亞哲學的目的，就在如何使我們的意志正與我們的境遇相適合；於是就生出了他們的宇宙觀或自然哲學。

斯多亞學派認爲宇宙卽一實體（substance），或一自然（nature）。操縱自然界萬物的力量，卽是一種「合理的動力」（rational force），可以名之曰「理性」（reason），亦可以名之曰「上帝」（God）。柏拉圖認爲上帝或靈魂是離開物體的一種抽象東西；斯多亞學派則認爲「上帝卽是物體」（God is body.）。因爲整個的宇宙自然界都是合理的東西，所謂上帝者，就是這個合理的宇宙的另一個名詞；所以上帝當然就是宇宙間一切的物體了。他們認為宇宙間的萬物皆係一個整體的合理實體的表現，所以每一個特殊的物體皆是合理的，亦即皆是上帝的一部分。有人曾問則諾「上帝在那裏？」則諾便以手擊地曰「在這裏！」那就是說，上帝無所不在，一切皆是上帝；正如中國道家之所謂「道無不在」也。

宇宙既是一個有理性的活動個體，人是宇宙萬物之一，自然也是那個合理的個體的一部分。宇宙間的一切變動，皆是那個「最高目的」(supreme Purpose)的表現，正如一個有機體的一切活動皆合於它那個個體的目的一樣。在宇宙變化的這種緊密的變遷程序中，根本就無所謂機會，也沒有人類自由選擇的餘地，所以宇宙間一切的變化都是命定的。人類在自然界生活，最好認清這種真理，使自己的意志與宇宙的變遷相適合，使宇宙間所發現的東西正是我們的意志所要求的東西，意志無往而不滿足，人生也無往而不幸福。與塞希羅(Cicero)同時的一位斯多亞派學者，名波塞當內斯(Posidonius)的，患了一種非常痛苦的疾病，接見一位來賓名叫龐培(Pompey in Rhodes)痛苦每次間斷了他的談話，他就說：「病魔呀！任你叫我如何痛苦吧，你絕不能使我承認你是一件禍患！」(Do your wort, Pain, do your worst; you will never compell me to acknowledge that you are an evil!)

這以上是斯多亞學派的人生哲學之梗概，為避免文字的冗長，姑不作批評。

三、斯多亞哲學對於政治思想上的影響——我們已經說過，斯多亞哲學的中心主張卽是「歸依自然。」斯多亞學派認爲宇宙間形形色色的萬物都是一個活的理性或法律．(a living reason or law) 的表現，這種理性或法律統轄宇宙的全體。假若一個東西能順其天性之自然，就是正與上帝相諧和 (harmony with God)。如何就是一件東西順其天性之自然呢？斯多亞學派的回答是如此「一種東西應當受它本身中最高的主要原則所決定；譬如植物應當受植物生命的原則所決定，動物應受動物生命的原則所決定，人類應當受理性的決定。」由此解釋，「歸依自然」的人生觀，卽是依理性而生活的人生觀。所以斯多亞學派用強制力壓抑人類的感情及衝動作用，他們鄙視人類的愛、憎、悲、歡等感情。他們的格言是：「廢除快樂，廢除恐懼，不要有希望，不要有悲傷」(Banish joys, banish fear, but hope also flight, and not grief be present.)。這種純理性的嚴肅生活，不是好像簡直就沒有營政治生活的餘地了麼？的確，按斯多亞學派的本意就是只講倫理學（討論個人的生活）而不講政治學的。但就是因爲這種關係，所以他們對於政治思想上才發生了些消極的影響。茲略述之如下：

1倫理學與政治學的分離——亞里斯多德雖然亦曾將此二種學問分開，但仍認爲它們是互相連接的。斯多亞學派主張完全離開一個人的特殊社會與國家的一種理性人生觀，這種人生觀是可以普徧於一切人類的。

2世界主義（Cosmopolitanism）——他們反對各國家或城市各自維持他們自己的法律，主張廢除國家與城市的界限，一切人類皆應當是世界國的公民（the community of mankind）。

3自然法（natural law）——人類的理性既然相同，全世界有理性的動物應當遵守同一的理性律（natural law），這種理性律就是普徧於人間的所謂自然法或上帝的法律（The Law of God）。

4人類平等——人類既是同有理性的動物，同在此種根本的自然法的統治之下生活，所以人類無貴賤之分，在大家都可以營合理的生活及彼此都有相互的權利及義務上看人類都是平等的。凡人只要能順其理性而生活，瞭解自然法，就可以達到至樂的人生。他們反對柏拉圖及亞里斯多德所主張的人類自然的不平等；他們認為人類雖有智愚的差別，但愚者並非無理性，不過他的理性未經啓發而已。

這些觀念，不但直接影響了羅馬的政治及法律學家，並且也與基督教的社會思想相吻合。

第九章　羅馬的政治思想

一、羅馬的政治及社會情形——歐洲的古文明國，除了希臘之外，還有羅馬。羅馬最初也是一個城市國，它所有的領域不過是羅馬城附近的一帶而已。從史前時代至西曆紀元前五百年，羅馬城市國是君主政體，國王是由貴族選舉的，另有一種貴族的參政機關名曰參政院（Senate）。西曆紀元前五百一十年，國王修坡波斯

(Tarquinius Superbus)被驅逐後，即改爲共和國，國家的軍政大權即由每年選舉的二個執政者(consuls)管理。但參政院仍然繼續存在，不過參政員却不限於貴族，而變爲許多有經驗的政治家的會議了。在名義上參政院不過是一種建議機關，而實際上却有很大的威權。其後羅馬的領土日漸擴張，中央集權的需要亦日急，所以最後經過了塞撒(Julius Cæsar)及奧格斯德(Augustus)的改革，羅馬就變成了一個帝國，統治歐洲之大部分者凡數百年。

羅馬大多數是業農，因爲農人的生活艱難，人人多急於謀自己的生存，並且羅馬的初年還時時在進行不斷的戰爭；所以羅馬人大概都甚樸素而實際，很少餘暇去思想什麼好的生活。因此羅馬簡直沒產生什麼大思想家，也沒有特別的政治思想。然而爲什麼羅馬還能維持不墜者數百年呢？羅馬人雖然沒有多少特別的思想家，却頗具有謀實際生活的聰明與能力。大體說來，羅馬人大都是樸誠而守舊的，除非必不得已時，絕不欲作任何的改革。他們都注重嚴守信約，維持公道，尤其尊重羅馬的傳統思想與制度。現在我舉一個著名的例子來證明羅馬人的信義心。在西曆紀元前二七八年，伊壁羅斯(Epirus)的國王白羅斯(Pyrrhus)曾經兩次大敗羅馬的軍隊，按當時的情形看，除非白羅斯被人殺死或被人驅逐出義大利之外，羅馬城簡直危在旦夕。當時有白羅馬的一位親信，暗至羅馬的執政及大元帥法布雷涉斯(Fabricius)處，欲邀賞以毒害其主人。法布雷涉斯立刻將其逮捕而送還於白羅斯，他認爲羅馬人絕對不能用那種卑鄙手段去戰勝他們的敵人。這一個例子就很可以表現出羅馬人的信義觀念。羅馬初年雖然不時地在南征北戰，但他們在戰爭上也遵守着他們的道義原則，第一他們絕不因爲要滿足自己的野心而對鄰邦或友邦進行侵略戰，必須他們的鄰邦或友邦作出了錯誤的事之後才興師討伐。第二，當他們的友邦受侵害時，他們總站在正義的立場上幫助友邦。第三，除非他們的敵人絕對不能和他們合作，羅馬人征服了他國時；總是善待他國的人民。這種種道義的條件，都是使羅馬逐漸擴張成一個大帝國的原因。最後還有人所共知的一種維持羅馬帝國的力量，那就是羅馬法與羅馬的法庭。羅馬自從紀元前四百五十年公布了著名的「十二銅標」(twelve Tables)，法律總是公之於大衆，使羅馬的人民皆知如何爲合法，如何爲違法。羅馬的法庭大概都是公正的，無論何人訴之於法庭之後，總可以希望按照他所熟知的法律條文得到公正的判決，所以聖保羅(St. Paul)不願意受小亞細亞的統治者的裁判，而願訴之於羅馬的塞撒(Cæsar)。羅馬帝國的一般人民，多半與羅馬的皇帝沒有什麼交涉，只要有公正的法律及法庭可以申訴，大家就可以安居樂業。至於皇帝的去留更換，與一般人民幾乎沒有多大關係。

二、斯多亞學派之復興——羅馬本來沒有什麼哲學家，最初傳到羅馬去的哲學思想，還是來自希臘的斯多亞學派。不過盛行於羅馬的斯多亞學派，比紀元前三世紀之末克雷塞波斯(Chrysippus)的主張，却大有些不同了，斯多亞學派原來就甚染有犬儒學派的遺風，行爲乖僻，認爲聰明人必須異於普通人，自然法與風俗習慣不同。後世的斯多亞學派的轉變，主要的生於紀元前二世紀時的一位懷疑主義者，加內狄斯(Carneades)

的批評。加內狄斯的哲學幾乎完全生於對於斯多亞學派的批評。據說，加內狄斯曾詼諧地自己說道：「若非爲批評克雷塞波斯，如何能有我的哲學呢？」(If it were not Chrysippus, where should I be?) 加內狄斯曾自始至終地批評斯多亞學派，自神學心理學而至於自然法等。關於政治理論上的批駁，主要的有兩點：第一，他以爲斯多亞學派的聰明人是些怪物，並非順其天性之自然；剷除感覺與感情是一種非人的行爲；第二他認爲世間並沒有普通的自然法，各地的人類皆有其信仰及實行上的不同。加內狄斯自己認爲，人類的行爲完全受自私及謹慎的管束，所謂正義者不過是一種美名而已。

斯多亞學派對於這種批駁的回答，就是他們放棄了最初的嚴格斯多亞主義，而採取了些柏拉圖及亞里斯多德的主張，並且爲適應當時的需要，而產生了一種有禮貌且近人情的流行哲學。在紀元前二世紀末之時，城市國早已被大家所遺忘了，爲適應當時的情形，頗需要一種有世界主義色彩的哲學。當時斯多亞學派的首領潘內秀斯 (Panaetius)，他和他的朋友波里薄斯 (Polybius) 二人同至羅馬，集合許多貴族在 Scipio Æmilianus 設教，稱之爲塞皮楊派 (Scipionic circle)。潘內秀斯把斯多亞哲學改造得頗合於許多羅馬貴族的口味，因爲當時的羅馬人自己沒有什麼哲學，又很熱心於學習希臘的哲學思想，斯多亞學派正適合於羅馬的傳統美德，如克己 (self-control)、義務心、公益心等；所以大家對於那種改造了的斯多亞哲學皆趨之若鶩。這種斯多亞主義對於羅馬的政治思想極有影響，最著名的羅馬政治思想家如塞希羅 (Cicero) 及孫內嘉 (Seneca)，都有很濃厚的斯多亞色彩。現在我把潘內秀斯及波里薄斯的思想略述之：

經過了加內狄斯的批駁，潘內秀斯把從前的斯多亞哲學變成了一種人道主義（Humanitarianism），他承認大家應有高尚的及服務的野心與感情，不主張聰明人完全滅絕感情。他把斯多亞學派所主張的「自給自足」的原則，改為服務、人道、同情、與仁愛更重要的，他認為聰明人的理想世界，也和普通人的日常社會關係差不多；因為他以為理性是一般人都有的，並非為聰明人而設的。人類雖然有階級及聰明才力之不同，但每人都有些最低限度的權利，以保持他自己的尊嚴，這些權利是國家的法律所應當保障的。這種認為無論男女老幼在道德上都是平等的觀念，換句話說，就是人道的觀念，在羅馬的斯多亞學派中最為重要，也影響羅馬的政治思想及法律思想最深。

波里薄斯可以說是第一個最先研究羅馬的政治制度的人，他的政治學說大概就可以代表當時的塞皮楊派（Scipionic circle）的政治主張。他承繼着柏拉圖的政治家（Statesman）及亞里斯多德的政治學對於政府形式的分類，認為最初國家的政府，必定是建築在武力之上的君主政體（monarchy），嗣後人類的理性漸發達，經驗亦漸多，於是君主的勢力即漸變為建築於道德及正義上的。不顧道德及正義的君主即是暴君政體（Tyranny），暴君絕不能維持長久，必為其國內的各種領袖所驅逐，於是即變為貴族政體（aristocracy），貴族政體就可以降為寡頭政體（oligarchy）；寡頭政體即是少數人統治的暴虐政治，寡頭政體之後即產生民主政體(democracy)，民主政體的末路即是盲目的羣衆政治(Ochlocracy)。波里薄斯認爲歷史上的循環消長之理是一定的。他解釋羅馬帝國能於五十年之內而征服世界的原因，就是羅馬在無意中採取了一種混合政體，兩位執政者(consuls)是君主政體的成分，參政院是貴族政體的成分，公民會議是民主政體的成分；這三種成分互相牽制與平衡(check and balance)，執政者操着絕對的軍權，但參政院却管着軍隊的徵取及影響執政者任期已滿後之選舉，各種的公民會議(註一)操着最後的立法權，及選舉執政者的責任，並且有宣戰及媾和的最後決定權。這種國家政權上的互相牽制與平衡的原則，很像孟德斯鳩(Montesquieu)的學說。

三、塞希羅——中世紀的政治思想，可以說建築在兩種基礎上：(一)自二世紀至六世紀的羅馬法律學家(Roman lawyers)；(二)自二世紀至七世紀的基督教神父(Christian fathers)。但在羅馬的法律學家及基督教神父(Christian fathers)之前，還有兩個最重要的羅馬政治思想家，塞希羅與孫內嘉。他們二人都非富有創造性的大思想家，但他的主張却是當時羅馬流行的政治思想的結晶。塞希羅代表紀元前一世紀羅馬共和國的政治思想，孫內嘉代表百年後的羅馬帝國的政治思想。他們兩個人的政治主張，都頗似潘內秀斯。尤其重要的是塞希羅的書(註二)爲後世一般人所熟讀，所以凡是寫到塞希羅的書上的主張，對於後世的影響都很大。現在我們先略講一下塞希羅的主張。

塞希羅曾說「依照自然而生活是最好的」(To live according to nature is the highest good.—"Laws")

1,21,26)。所以他的政治思想上有三個重要的概念第一，自然法；第二，人類的自然平等；第三，自然的國家觀。

當時的伊壁鳩魯學派及懷疑學派的加內次斯都不承認有自然法的存在，他們主張法律的起源是生於大家生活上的方便與利益，所以不同的時間與地點即有不同的法律；結果即根本不承認人間有所謂「正義」(Justice)。塞希羅堅執斯多亞學派的傳統思想，認爲正義是一種自然原則，是處於世間的一切秩序及一切法律之後的基本原理，並非可以隨時隨地亂變化的。現在我引徵他的共和國上的一段最膾炙人口的名言：

「實際說來，世間有一種眞的法律——那就是正確的理性——這種法律是順從自然的，可以施用於全體人類，並且是永久不變的。因爲有這種法律的命令，所以大家纔能履行他們的義務；因爲它的禁止，所以大家纔不敢作惡。他的命令與禁止常可以影響好人，但對於壞人是無用的，人間的立法者想不顧這種法律，絕對不是道德上的義行，他們絕對不應當阻止這種法律的作用，並且若想完全取消這種法律是絕對不可能的事。不論參政院或人民全體，都不能解除了我們服從這種法律的義務，這種法律也用不着艾烈斯(Sextus Aelius)的解釋與申明。並非一種規律在羅馬，另一種規律在雅典；也並非今天一種規律，明天又另一種規律。而是世間只有一種永久不變的法律，在任何時間都拘束任何民族。人間永遠只有一個共同的主人或統治者，那就是上帝；上帝是這種法律的創造者及解釋者。不服從這種法律的人，就是放棄了他的較好的自我，也就是否認了他的眞正天性；那麼他雖然可以逃脫了人間的懲罰，將來也會受到最嚴酷的處罰」

("Republic" III, 22, translated by Sabine and Smith)。

塞希羅認爲，在這種永久的自然法之前，一切人都是平等的。他之所謂平等者，並非謂一切人在知識上與能力上的平等，也並非謂國家應當使每人的財產絕對平等，他的所謂平等，是一切人在有理性，能學習以及知善惡是非上的平等。塞希羅說：「世界上沒有任何東西能彼此如是之相似，有如人與人之間者。若非惡習慣及錯誤的信仰使意志薄弱的人們流於邪途的話，人與人之間的相似，一定正如一個人和他自己的相似一樣」("Laws", I, 10, 28-29, translated by Keyes)。嘉來爾教授(Prof. A. J. Carlyle)在他的西洋中世紀政治理論史(A History of Medieval Political Theory in the West)上，曾經很詳細地比較亞里斯多德的人類不平等觀與塞希羅的人類平等觀。他說：「假若我們可以把古代的政治理論與近代的政治理論劃一種分界的話，我們一定是在亞里斯多德與塞希羅之間。這種分界上的最明顯的理論，莫如他們討論人類平等的問題」(Vol. I, p.9)。亞里斯多德認爲，公民之間的平等關係應該只限於少數的自由民，至於那些先天的低能者只能作自由民的生活工具(即自然奴隸)，不能與平民立於平等的政治地位。塞希羅和斯多亞學者克勒塞波斯(Chrysippus)一樣，認爲奴隸也不過是一種終生的僱傭，他人絕不應當拿他作活工具，因爲他也是同具理性，而且能知善惡是非的同胞。基督教用人類都是上帝的子孫來解釋人類的平等，康德(Kant)的名言就是，「我們應當把一切人都當目的看待，絕不應只視他人爲自己的工具。」

對於國家的起源，當時有兩種流行的學說，加內狄斯及一部分的伊壁鳩魯主義者以爲人類天然就是愛過孤獨生活的，社會及國家的起源完全由於大家皆欲結合起來以逃脫危險而謀公共的安全。另外一派就是亞里斯多德與羅馬的斯多亞學派，他們主張人類天然就是愛羣的社會動物，社會是人類活動的自然產物。塞希羅的主張是屬於後一派的，他認爲國家是人類生活上自然發展出來的制度。但他却着重地說國家並非一羣人用任何方法以期達到任何目的的組合而已，國家必須建設在正義及法律上以謀全體公民的福利爲基礎。他所下的國家定義是：

「國家是管理人民的事務的；所謂一國的人民，並非只是用任何方法結合的一羣人而已，而是在大家公認的法律及正義之下集合的一種人羣，以謀大家的共同利益」（"Republic", I, 25.）。

所以塞希羅認爲，不論政府的形式如何變化，但是國家的基本原理必須建設在正義及公利 (justice and common good) 上；國家的威權與法律是生於人民的同意，政府的官吏應當按照法律去統治人民，國家的法律應當根據於自然法，或上帝的法律。

四、孫內嘉——孫內嘉和塞希羅相似，都是一種修改的斯多亞學派。孫內嘉不甚討論自然法的問題，但是「自然」在他的思想上却占一個極重要的位置。他曾說，按照人的天性去生活，是理想的命令。又曾說自然是決定好壞的標準，凡是好的東西都是順從自然的，雖然自然界也有些瑣屑的東西不足以名之曰「好。」自然是永久不變的，凡是可變的東西都不是眞的自然（參考"A. J. Carlyle: A History of Medieval Political Theory in the West", Vol. I, p. 20）孫內嘉似乎認為「自然」就是眞善美的標準，合理的人生必須順從自然。

孫內嘉對於人類天性的解釋也和塞希羅一樣，他認為人類的天性上都是平等的；不過孫內嘉卻加了更詳細的解釋。嘉來爾在他的西洋中世紀政治理論史上，曾引徵孫內嘉在他的慈善論（De Beneficiis）上論奴隸的一段話來解釋他的平等觀念。嘉來爾節錄孫內嘉的話如下：

「有人否認奴隸可以給主人一種慈善。這樣思想的人們簡直不知道人類天性的眞理。行為上的慈善性，並不在一個人所處的地位，而在他的行為的居心。一切人都可以有德性，不管是自由人，奴隸，國王，或被放逐的罪人；德性是不顧門第及幸運的，它只去附着於人。奴隸也可以公正、勇敢、寬大。況且我們人類都是生於同一的來源；除非說某人的脾氣更公正些，或某人的能力更發展了些以外，實際上一個人不能說比另一個人更尊貴些。我們大家共同的祖先是自然；我們無論從尊貴的或卑賤的階梯上往前追溯，最後都是同一個來源。使人作成奴隸的東西是命運。奴隸是人間最可痛恨的一種制度；奴隸對於主人的仁愛是更可佩服的。說到最後，奴隸的地位只是外表的，只可以關係於一個人的身體；那些認為奴隸的地位就關係於一個人的全體的人們，實在是大錯了，那個人的較好的一部分絕不會作奴隸的。身體可以屬於主人，然而心靈還是自己的心靈絕不能作奴隸」(Carlyle: "A History of mediaval Political Thory in the West," Vol.I; pp. 20-21)。

這種思想簡直與反映希臘社會情形的亞里斯多德完全判然兩途了。亞里斯多德根據於人類心靈的不同而主張自然奴隸說，孫內嘉卻認為心靈是自由的，是絕對不能被征服的，所以奴隸只限於身體而無關於心靈。

孫內嘉對於人性的平等論雖然與塞希羅相同，但孫內嘉根據於人性論而講的那種原始時代的自然狀態(the state of nature)卻與塞希羅不同。孫內嘉認為在初民的自然狀態中，大家都享受誠懇天真的自然生活，無劣德亦不知何謂德性，無私有財產亦無強制性的政府。其後人類漸生劣德，大家都貪婪無饜以謀自己的私產，於是那種快樂與和平的自然社會就終止了。結果必須產生有組織的政府及法律，以限制人類的劣德，限制統治者的任意縱恣，這就是國家的起源。孫內嘉這種主張，很像基督教的神父們的思想，認為人類最初有一種天真而快樂的社會，其後人心漸壞，纔生了罪惡。

孫內嘉雖然認為初民的原始狀態是天真而快樂的，但是那種初民卻沒有發達的理性，也不能達到高尚的德性。現代的人類雖然有種種的劣德，卻能發展思想與完成德性。孫內嘉承認智者的自給自足，但卻堅執斯多亞的倫理思想，認為智者有服務社會的義務。他在他的閒暇論(De Otio)上，曾把伊璧鳩魯派與斯多亞派對於服務社會的態度分辨得很清楚。伊璧鳩魯(Epicurus)說「除非有特別的原因，智者不應過問國事。」在另一方面，則諾却說：「除非有特別的原因阻止他，智者應當參預國事。」森內嘉認爲知識的可貴，即在它能改善人類；哲學家的沉思默想的生活是最高尙的，但只有那些能沉思自然及至善的哲學家纔最能服役於人間哩。自然吩咐人類不但有沉思，還要有行動；實際上也沒有只有沉思而無行動的人。森內嘉認，爲智者的自足與服務社會並不衝突，人順其天性之自然即愛他的同胞，人類天性即是互相服務，互相幫助的。他認爲，斯多亞派以爲人類是社會的動物，生而謀社會的公益；所以仁愛與幫助他人是作成一個人的幸福生活的重要條件。

五、羅馬的法學家——羅馬法學家的最發展的時代，是在西曆第二與第三世紀，那時羅馬已經成了一個大帝國，舊日統治羅馬的「十二銅標」與施用於羅馬人的國內法（Jus Civile），已經不能成爲統治羅馬帝國的普通法律了；於是許多法學家就根據斯多亞學派與塞希羅所講的自然法的觀念，與羅馬習慣上所承認的，可以施用於各國人民的國際法（Jus Gentium），以及只施用於羅馬人的法律，再參考當時羅馬所統治的許多民族的法律與習慣，而研究可以統治全羅馬帝國的法律。這些法學家的言論思想，大概都集合在兩部大著作之中：一爲法律會典（Justinian Digest），這就是集合第二與第三世紀的法學家的言論與思想的一種叢書；二爲吉斯坦尼法典（Institutes of Justinian），這是第六世紀吉斯坦尼朝廷裏的法學家的理論的總匯。這兩部書都是羅馬皇帝吉斯坦尼時代出版的。我們現在研究羅馬的法學家的思想，主要的就以這兩種書爲根據。不過這些法學家並非都是政治哲學家，他們不大討論國家的理論基礎及政治制度等；所以嚴格地說來，似乎與政治思想無大關係，現在我大略地講一下他們的思想如下。

在法律會典及吉斯坦尼法典中，最重要的問題就是自然法(Jus Naturale)與國際法(Jus Gentium)及各國的國內法(Jus Civile)之間的關係。最糾纏不清的，就是自然法與國際法的關係。最初的羅馬法學家，如蓋斯(Gaius)，根本即認為自然法與國際法是一致的。兩者都是表現人類理性之自然的規律，可以適用於世界一切的人類。至第三世紀之初，許多法學家的大致傾向就把自然法與國際法分離。最著名的是富羅倫坦乃斯(Florentinus)的話。他說，奴隸制度是國際法上所承認的，不過這種制度却是違反自然的("Digest," XII, 6, 64)。阿爾盤(Ulpian)是主張自然法與國際法的區別最力的一位法學家。他也說，按着自然法講人類初生都是自由的，根本無所謂奴隸，所以自國際法承認奴隸制度之日起，國際法即應解放奴隸("Digest," I, 1, 4)。阿爾盤下自然法與國際法的定義，說自然法是適用於一切動物的法律，如雌雄的結合及繁殖後嗣等；國際法是各國的人類應遵守的法律，並非適用於一切動物的。這種特別的定義，却有些莫名其妙了，莫非所謂自然法即是專司動物的本能活動的法律麼？自然法與國際法的區別，經過了第四世紀海馬甄尼斯 (Hermogenianus) 及第七世紀的基督教作者聖愛塞多(St. Isidore)等，對於國際法律的列舉，如戰爭、俘擄、奴隸和平條約等之後，好像更明白了些，但是仍無確切的分界。總之，有些法學家總不免受孫內嘉的自然狀態 (state of nature)的觀念的影響，認為在最初的自然狀態中，每人都是生而自由平等的，所以自然法必須承認人類自然的平等，而國際法則因為戰爭及俘擄的關係，承認奴隸制度。

各國的國內法，即是某國的立法者所立定的法律，或者某國的習慣法而為其立法者所承認的。因為這種法律大概都有例文規定，所以不易發生混淆。但是多數的法學家，如蓋斯及馬散尼斯（Marcianus）都認為一國的法律並非某一個社會或某一社會的某人隨意立定的法律，任何一國的法律都是那種普遍的理性與正義（the universal aeason and justice）的原則在某種特殊環境之下的表現。這種思想，正與斯多亞學派及塞希羅的法律主張相同。

最後，我們應當略談一下羅馬的法學家對於統治者的威權的來源的意見。羅馬的法學家們大概都繼承着塞希羅對於政治威權的主張，認為統治者的威權來自人民。這種主張，可以拿膾炙人口的阿爾盤的一句話作代表。他說「皇帝的意志就有法律的力量，因為法律的來源就是人民把他們自己的權力與威權授給皇帝的」（"Digest," I, 4, 1）。這句話一方面可以表示他們不贊成絕對的君主專制，但也並非主張如現在的民主，因為在阿爾盤的時代，根本不能有現代的民主思想。大概還是來自塞希羅的主張，他認為國家的起源是生於人民的同意的團結，法律是人民全體所共有的東西。

（註一）Comitia Centuriata 司選舉執政者及決定宣戰與媾和，Patricians 與 Plebeians 的階級消滅後，從前的 Concilium Plebis，即變為comitia tributa，最後即變為羅馬共和國的立法機關。

（註二）塞希羅的重要政治著作為共和國（De Republica）與法律（De Legibus）。前者有 Sabine and Smith 的英譯本，名 On the Commonwealth；後者有 C. W. Keyes 的英譯本，名 Laws。

第十章　初期基督教對於政治思想的影響

中世紀的歐洲社會各方面都被基督教的勢力所浸透，所以中世紀千餘年的政治思想史，大概皆為基督教的思想，及教皇與皇帝爭權的種種學說所籠罩。中世紀的思想界完全被基督教的思想所統一，因此中世界的思想家咸株守聖經的章句，無論何種學說者必以聖經為根據，以致終千餘年沒有什麼新穎的大思想家，歷史上都稱之曰「黑暗時代」（Dark Age）。現在我先把初期基督教的思想及新約與初期的神父對於政治的意見略述一下。

基督教在四世紀以前，不過是民間的一種秘密宗教團體。按其教義的本身，完全以信仰耶穌，與拯救大衆的靈魂為宗旨。至第四世紀時，基督教教徒的勢力日大，並且結成了有組織的社會團體，頗足以影響羅馬帝國的統治，於是四世紀中葉的羅馬皇帝康斯坦順（Constantine），乃採取基督教為國教，自己為第一任的基督教皇帝。自此以後基督教纔公開的有了政治勢力，後來教皇的教權簡直與皇帝的政權互相抗衡，演成了極劇烈的鬭爭。

一、基督教的教義——基督教對於人生的一個重要觀念，就是他們認為「人是有罪惡的。」按聖經上的敍述，罪惡的原因起於亞當（Adam）夏娃（Eve）受撒旦（Satan）的誘惑，而食了智慧之果，因被上帝斥之於地下（fall）；世界上的人類，皆是亞當夏娃的子孫，所以皆有罪惡。這種聖經上的解釋，乍視之似甚荒謬，然追其立說之來源，卻不無比較合理的根據。古希臘的哲學家及斯多亞派，皆承認人性中有兩方面的作用，一為欲望（desires），一為理性（reason）。基督教乃為一般大衆說教者，故不能講抽象的理論，必須以具體的事實表出之。所以欲望與理性的分別，基督教即因襲着當時大家的習慣用語，名之曰肉體（body）與靈魂（soul）。凡人總不能脫超了欲望的支配，而營絕對的理性生活，所以大家在自己的一生中，總不免有多少的罪惡。聖保羅（St. Paul）說：「我想作好事，但常不能作；我不想作壞事，但卻常作。……我於是乎便尋出了一條規律，那就是，當我想為善的時候，惡總想阻止我」（"Romans," 7, 14—21）這幾句話就可以充分表現欲望與理性的衝突。因為人生自然即有罪惡，所以上帝就差遣了耶穌基督（Jesus Christ）來引導大衆，拯救大衆靈魂上的罪惡。得救的方法，就是大家必須虔信基督，基督即可恕罪。基督教認為，一切人都是上帝的子孫，上帝汎愛人類，所以被上帝所差遣的耶穌，對於世間的大衆，也一視同仁，對於有罪的大衆，抱着無限的同情心，只要罪人虔信耶穌，悔過自新，一定可以得到寬恕，而恢復罪人從前在人羣中的平等地位。基督教之所以盛行，而得大衆的信仰者，主要的就是因為他們的博愛精神。在西曆紀元之初，社會上有許多被壓迫的階級，這些受苦受難的大衆，既無力改造社會而得公道且終身抱苦而無所申訴。況且人類在生活的長途中總不免有些痛苦、失望、及其他不幸的遭遇。中國人至無可如何時卽呼母或呼天，以爲世界上只有其母或天可以誠心地愛他寬恕他的罪過，當時大家信仰耶穌基督的效果亦是如此。假若人能虔信耶穌與上帝，至少在精神上可以有所依附，不至於在茫茫的人生大海中無依無告也。

二、聖經上的政治思想——基督教也與塞希羅及孫內嘉一樣，承認人類都是自然平等的，耶穌當年設教的時候，就以爲上帝是人類的父親，在上帝的眼前一切人類都是平等的，猶太人與甄泰爾（Gentile）人並沒有什麼根本不同的區別。耶穌曾對猶太人說：「許多從東方來的人們，將來都可以與亞伯勒漢、伊薩克、賈柯布同坐在天國裏」("Matthew," VIII, 11, 12)。這就很可表示耶穌認爲上帝的汎愛人類及人類的自然平等。這種思想，聖保羅說得更加明顯，他說「無分猶太人與希臘人，無分奴隸與自由人，無分男的或女的，因爲你們大家在耶穌的身上是一個人」("Galatians," III, 28)。基督教也和塞希羅及羅馬的法學家一樣，相信世間有一種自然法或道德律，這種道德律是刻在每人的心裏的。聖保羅在他的羅馬書上說：「因爲甄泰爾人雖然沒有法律，但是他們的行爲卻是按着法律作的，這就是那些沒有法律的人們自己的法律，在這種情形上，我們可以看見法律的作用是寫在他們的心上的，他們的良心就是證據」("Romans," II, 12—14)。新約裏頭講自然法的地方很少，但從聖保羅的這段話中也可以充分的表示他們亦信仰有所謂自然法的存在。新約上的金律

(Golden Rule)「你願意他人對你如何，你就應當對他人如何」("Whatsoever ye would that men should do to you, do ye so to them-"Matthew," VII, 12)，就可以說是自然法或道德律的最好的註腳。

基督教對於政府的態度，在耶穌自己的話裏表現得最清楚。當法勒塞人 (Pharisees) 引誘着耶穌反對羅馬政府的時候，耶穌說：「讓塞薩管塞薩的事，上帝管上帝的事」("Matthew," XXII, 21)。最初的基督徒因爲信仰上帝的熱情過篤，所以有「我們應當服從上帝而不服從人」("The Acts," V, 29) 的主張。如此，倘若國王的法令與上帝的命令相違背時，即不免有反對現政府的傾向。所以在基督教初起的時候有人斥之爲無政府主義者。就是因爲當時的基督教徒們頗有反對羅馬政府的傾向，所以聖保羅與聖彼得 (St. Peter) 等都竭力主張服從政府，因爲政府的統治者是上帝指定的。聖保羅在他的羅馬書上說：

「每一個人都要服從高的權威。因爲世間只有上帝的權威，一切現存的權威者都是上帝所指定的。無論誰若反抗權威者，就是反抗上帝；並且那些反抗權威的人們，一定得到自己的損害。因爲統治者並非威嚇那些作善的人們的，而是威嚇作惡者的。你們可以不怕權威了吧？你們只要作好事，一定可以得到權威者的讚揚，因爲權威者是上帝的使者，教你們作善的。但倘若你們作惡的時候，就應當畏懼了，因爲權威者的劍是有用的：因爲他是上帝的使者，是對於作惡者的執行懲罰的報復者。所以你們必須服從權威者，不但是因爲他的懲罰，而且因爲你們自己的良心。因此，你們應當向他納貢；因爲他是上帝的使者，上帝就是教他經常地作這件事的、你們應當作的事都要作；對應當納貢的人納貢，對應當納稅的人納稅；對應當畏懼的人畏懼；對應當尊敬的人尊敬」("Romans," XIII, 2—7)。

聖彼得也有這同樣的主張，他說：「因爲救主的關係，你們必須服從各種人間的命令；不管這種命令是最高的國王，或者其他長官，因爲他們也是受他的差遣來懲惡獎善的」("Peter," II, 13—14)。

聖保羅和聖彼得這種主張，是基督教徒所公認的教義——人民應當消極地服從政府，並且認爲國王是上帝的使者，以懲惡獎善的。這就是中世紀最發達的那種政治思想，所謂「君權神授說」(the divine right of the kings)的來源。這與羅馬的法學家們的主張略有不同，他們大概都是承認政府的權威，分析到最後，是來自人民的。

三、基督教的神父——自第四世紀基督教變爲羅馬帝國國教之後，教會擁有很大的財產及政治勢力，並且教會也成爲一種半政治的社會制度了。這時教會與皇帝的職權就漸漸發生了密切而複雜的關係。代表這個時代的政治思想的有三位神父(fathers)：第四世紀下半葉的聖安波路斯(St. Ambrose of Milan)，第五世紀之初的聖奥格斯頓(St. Augustine)，與第六世紀下半葉的聖格雷高勒(St. Gregory)。他們這些人們並未作成一種有系統的教會哲學與政治理論，不過只對於當時很切迫的教權與政權的權界問題略加劃分而已。但是他們的思想，後來卻變成基督教政治思想的重要理論了。

聖安波路斯是一位力爭教會在精神事業上的獨立權的。他承認政府統治者的神聖性，認為基督教徒應當服從政府；但是假若政府的統治者犯了嚴重的罪惡時，僧侶一定要譴責他，因為教會的神父可以管理一切的基督教徒。「皇帝是在教會之內的，並非高出於教會之上的」(Carlyle: "A History of Medieval Political Philosophy in the West," Vol. I, p. 180)。聖安波路斯時常因為政教的權限問題與皇帝相衝突。最著稱的，是在皇帝塞都涉斯(Theodosius)在場的時候，他拒絕在聖餐(Eucharist)上獻祭，因為他認為塞沙郎內克(Thessalonica)的大屠殺案，塞都涉斯應當負責任。有一次一位亞利安人要求作神父與聖安波路斯爭執不決，皇帝瓦倫坦尼亞(Valentinia)想着審判這件事，聖安波路斯寫給皇帝的信上說：「關於信仰的事情，主教通常是可以裁判皇帝的，並不是皇帝可以裁判主教」(Ambrosii Epistola, XXXII)。有一次皇帝瓦倫坦尼亞命令聖安波路斯教區的一個教堂讓亞利安人使用，聖安波路斯堅決地拒絕說：「皇宮是屬於皇帝的，教堂是屬於主教的。」他認為皇帝的威權只能及於世俗的財產，教會的土地也屬於皇帝管轄，不過教堂的建築卻是直接供神聖之用的，皇帝絕不能過問。自聖安波路斯之後，教權與政權的範圍就漸趨分劃，好像世界上有兩種統治機關，一為統治凡俗事務的皇帝，一為統治神聖事務的教會。

基督教初期的最大思想家要算聖安波路斯的學生聖奧格斯坦了。他的著作上帝之國 (The City of God) 是初期基督教思想的結晶，中世紀以及現代的基督教神學者以之為寶藏最富的經典。聖奧格斯坦最大的貢獻，就是他的「基督教國」(Christiandom or Christian Commonwealth)的觀念，他拿着這種觀念去解釋歷史，認爲基督教國是精神發展的最高點。他繼承着以前的基督教思想，認爲人類天生就有兩方面，一爲肉體，一爲精神；前者應受他所在的國家的政府所管轄，後者屬於「上帝之國」。這兩種社會的分別，是聖奥格斯坦解釋歷史的基本觀念。他認爲凡俗的國家只能管理人性的低等活動，如人類的衝動欲望及財産關係等；「上帝之國」是人類可以得到精神的拯救及天堂的安息的。前面的一種國家是撒旦(Satan)的表現於世界的就是那些異教的帝國，如亞西利亞及羅馬；後面的一種國家是耶穌的，表現於世界的希伯來(Hebrew)，基督教的帝國，及基督教會。聖奥格斯坦以爲世界的歷史就是這兩種社會的鬪爭史，最後的結果必定是「上帝之國」戰勝，只有天國裏才有永久的平安。當時有許多人認爲基督教是使羅馬衰亡的原因之一，聖奥格斯坦就用這種解釋作回答，說一切凡俗的國家都是受人類的貪欲及戰爭的支配，所以絕對不是永久不變的東西。但凡俗的國家與上帝之國並非完全分離的。凡俗的國家並非即完全是惡魔或壞人的國家，基督教會也並非即是完全的上帝之國。不過聖奥格斯坦卻認爲教會是一種有組織的制度，是一切有眞信仰的人們的聯合，上帝只能透過了基督教會才能施行他的恩惠於人類。所以基督教會的成立是歷史上的一個重要關鍵，在善惡兩種勢力鬪爭的歷史上開一個新紀元，自此以後，凡人類若想得救的時候，必須與教會的利益打成一片，所以教會的利益是永遠高於一切的。人類的歷史就是善惡兩種勢力的鬪爭史，最後總是善的勢力戰勝，換句話說，也就是教會所治的範圍逐漸擴大。所謂世界人類的大社會者，就是一切基督教的信仰者們，在教會的領導下聯合的意思。聖奧格斯坦這種思想，可以被後人引申為教會的勢力超過於政府，政府只是教會所需要的世間的強制武力。但聖奧格斯坦並未明白地這樣說。他對於政權與教權的範圍並沒有清楚的劃分，所以後來政教相爭最烈的時候，雙方都可以援引他的主張。

聖奧格斯坦認為國家必須以維持公道（justice）為事，假若國家沒有公道，那麼那種政府就等於一羣強盜。但公道的國家，必須是基督教的國家；因為公道的意思就是給每人以其應得的東西，假若一個國家連上帝所應得的信仰都不能給他，他尚何公道之可言呢？所以按聖奧格斯坦的主張，在基督教未發生以前的那些國家，根本不能稱為有完全公道的國家：在基督教發生之後，真正公道的國家就必須信仰基督教，因為教會的組織才是最終的社會目的哩。

最後，我們略講一下一位最後的，並且最有勢力的神父，聖格雷高勒。因為當時的政治統治者的無能，聖格雷高勒不但握着教會的勢力，並且實際上可以操縱全西歐及北非洲的政治。但是他的政治主張，卻正是聖保羅對於凡俗政府的「被動的服從」（passive obedience）說。他認為不論統治者的好壞，我們都應當服從；因為好統治者是上帝對於人類的報酬，壞統治者是上帝對於人類的懲罰。所以基督教徒對於任何的統治者都不應出怨言，更不應當積極的反抗；因為統治者是上帝派遣的，反對統治者就等於反對上帝。聖格雷高勒不但如此主張，並且如此行動，這在他給當時的皇帝的信上可以看得清楚（參考 Carlyle："A History of Medieval Political Theory in the West." Vol.I, pp. 154ff）。當他認爲皇帝的行爲是反教律的時候，他只說明教律的規定，最後還是說他願意服從皇帝的自由處理。聖格雷高勒這種主張，就是「君權神授說」（the divine right of kings）的最明顯的主張。中世紀及後世的主張君權神授說及絕對君權的人們，都以聖格雷高勒的學說爲根據。

第十一章　教權與政權的紛爭

自羅馬帝國陷落（西曆四七六年）至第十一世紀，是中世紀文化的平坦發展時期，此期間的歐洲思想界幾乎是一種停頓狀態，教會與國家的權力通常皆可以並行不背，故在政治思想史上無可述者。至第十一世紀時，歐洲的封建制度已經形成了，中世紀的文化漸生腐化現象，而教會裏的賣官鬻爵（Simony）的行爲亦頗盛行。北方新興的諾爾曼民族，逐漸南侵而統制歐洲，凡諾爾曼所征服的地域，行政皆比較有效而安定，所以在第十一及第十二世紀時，歐洲的思想界又現勃興之勢，此時期的政治思想，主要的就是教皇與皇帝爭權的種種理論鬬爭，這種鬬爭的理論根據，大概都以自第十五世紀以來相傳的二劍論爲中心。現在我先將二劍論略述一下。

一、二劍論（The Doctrine of Two Swords）——自基督教初期的神父們的理論盛行之後，歐洲的思想界就逐漸承認世界上有兩種組織，有兩種價值：一爲精神的，一爲凡俗的（temporal）。大家都認爲凡人皆有兩方面的生活。精神的事情及永遠得救（eternal salvation）等，是教會的教士所管理的事；凡俗的事情，如維持公道、秩序、及安寧等，是凡俗的政府所管理的事，應由凡俗的文武官吏管理之。我們曉得中世紀的人民，皆同時隸屬於兩種政府的管轄，這兩種政府各有其法律，各有其自上至下的行政系統，而且教會還有關於宗教信仰上的特別法律，及審問思想犯的特別法庭。基督教在中世紀的地位與現在不同，現在的教會不過是社會上的一種自由組織而已，凡信仰者可以加入，不信仰者聽其自便。中世紀的教會與政府的勢力相同，凡在其管轄區域的人民，必須皆是基督教徒，正如凡在皇帝管轄區域以內的人民皆必須是皇帝的人民一樣。

因爲這兩種權威的並立，所以當時就生了一種二劍論的學說。這種學說的來源，大家都歸之第五世紀末葉的教皇蓋來涉斯（Pope Gelasius）。蓋來涉斯曾經把教權與政權的界限講到比較清楚，他在四九四年寫給君士坦丁堡（Constantinople）的皇帝安拿斯塔涉斯（Anastasius）的信上說：「世界主要地是受兩種系統的統治，即教士的神聖威權，及皇帝的權力。這兩種權力中，好像教士的權更大些，因爲國王在最後裁判的時候，仍然需要教士對上帝報告。」這兩句話，在中世紀的政教二權鬬爭時屢被教會派所引用，他們尤其着重於第二句。蓋來涉斯並且很明顯地說：「全能的上帝主張基督教的教師與教士們，不受凡俗的權威者及其法律的管轄，而只受主教及教士之管理」（參考 Carlyle:"A History of Medieval Political Theory in the West," Vol.I, p.187, n.2.）這是很明顯地主張教會行政權的完全獨立。關於教會的事情，應直接受教會法庭及法律的裁判。這種思想正是根據於聖奧格斯坦對於精神及凡俗事務的分離論，認為自基督教產生之後，這兩種威權就應當由二種威權者分掌，若一人而掌此二權那完全是異教徒的辦法。但蓋來涉斯卻也很知道這兩種威權必須互相倚輔，他說「基督教的皇帝們需要主教以得到他的永久的拯救，主教們倚賴着皇帝以處理凡俗的事務」（"Tractatus," IV, II. quoted by Carlyle）。

這種主張教權與政權分離的學說，依附於新約上使徒們以二劍的幻覺告訴耶穌的故事 ("Luke," XXII, 38) 故稱為二劍論。按這種學說本可以使此二種權力互相調和，並行不悖；但精神與凡俗之界限甚不易分，有時雙方皆爭求其權力的擴大而統一全體，故至第十一世紀時此二權的衝突就成了政治思想史上的重要問題了。

這種衝突的開端，始於格雷高勒第七（Gregory VII）於一零七三年即教皇位之時。這種爭執的起因，最初是始於凡俗的統治者干涉高級教職的遴選。格雷高勒於一零七五年就發令禁止俗人干涉主教的遴選事務。次年皇帝亨利第四（Henry IV）就想廢除格雷高勒的教皇職，教皇於是就開除了亨利第四的教籍，並且取消了亨利第四的臣民對他的舊約。在一零八零年亨利第四想另建立一個教皇以代格雷高勒，格雷高勒就幫助盧道夫(Rudolf of Swabia)以代替亨利第四的皇位。自此以後，教皇與皇帝之間的鬬爭卽時斷時顯地繼續不絕，綿亙於第十二、十三及十四世紀。現在我就略講一下雙方所持的理論。

二、教皇格雷高勒第七及教皇派(Papalists)的理論——格雷高勒第七以爲，教皇卽至基督教會中之至尊者，在上帝與神聖法之下，教皇的權力是絕對的。正如聖安波羅斯所持的理論，他以爲凡俗的統治者(secular rulers)都是基督教徒，所以在他的道德及精神的事情上，是隸屬於教會管轄的。這就是說，假若皇帝犯了罪過的時候，教皇有權開除他的教籍，那就是說可以解除人民對於他的服從義務，換句話說，也就是可以把他廢黜。根據這種主張，世間那兩種並行不悖的權威論，簡直就不能存在了。這並不是說教皇要執行凡俗政府的職務，而是說皇帝最後還受教皇的制裁，那麽皇帝就成了一種附屬於教皇的職位了。

格雷高勒的理論裏，雖然包含着教會高於政府的主張，但是他的心裏却沒有統治凡俗政治的意思。他只想施行教會對於教徒們的道德訓練，並不想使教會在法律上高於凡俗的政府。他自認爲他的目的就是想在蓋來涉斯所主張的兩種平行的系統的原則之下，而謀教會的獨立。但是在他的言語文字上却時常有過激的地方。最著名的，就是他於一零八一年給麥茲(Metz)的主教赫爾曼(Hermann)的信上，他稱政治上的統治者都是些「大規模的強盜」(highway robbery on a large scale)。但是假如我們參考格雷高勒的其他言論，我們便知道他並非反對一切的凡俗統治者，不過他却想對於一切的凡俗統治者們施行宗教上的道德規律，正如對於一切其他的基督教徒一樣。他所主張的那種教會對於凡俗統治者的紀律，可以在他於一零八零年在羅馬的一個教會會議（council）上的演講中看出。他說：

「神聖的神父與王侯們，我希望你們能這樣行動，使世界上的人們知道你們不但在天堂上有處理人類的權力，並且在這個世界上你們也可以按照大家的功績，以贈與或剝奪一切世間的統治者及個人的產業。……讓這個世界上的國王及王侯們曉得你們有多麼偉大，你們有多大的權力，並且讓這些渺小的人們都不敢違背教會的命令」（Carlyle:"A History of Medieval Political Theory in the West," Vol. IV, P. 201, n. 1.）。

格雷高勒這種理論，顯明地是認為精神的威權者高出於凡俗的威權者之上。他們都認為，假若上帝曾經賜權於聖彼得以管轄天堂時，他當然也有權管轄人世間的事情。但格雷高勒和蓋來涉斯一樣，仍然並未否認世間兩種權威的並行論。不過到了十二至十四世紀的那些教皇派的著作家們，簡直就有放棄了二劍論的原意，而主張教皇之權高於皇帝的。這一個時期的教皇派作家甚多，我們不能縷述，我現在只舉十二、十三兩世紀的二位教皇派的理論為例，一為教皇尹諾孫第四（Innocent IV），一為薩里斯堡（John of Salisbury）。

尹諾孫第四雖然也贊成教權與政權的分離，但他卻認為，原來上帝以二劍授與彼得，彼得即傳授之於教皇，教皇只留了精神之劍，而以他劍讓與他人了。教皇這種讓與，並非認為凡俗的君王即有了此劍的所有權，教皇不過讓給他暫時使用而已。所以他認為在實質上，此二劍皆屬於彼得及其後嗣的教皇所有；政教二權的分離，不過只按着神聖法（Divine Law）將實際行政的形式分離而已，並非實質上即有二權分離的事。

薩里斯堡是主張法治的，他認為世間的君王都應當按着神聖法去統治，他的最著稱的理論就是暴君應被戮(Tyrannicide)。他在他著的政治家（Policraticus）上，根據於精神的權力自然高於凡俗的權力的理論，而證明二劍皆屬於教會，教會將強制之權（power of coërcion）轉授於君王。他說：「一切都在神聖法之下存在，而且執行神聖法的機關，實在說都是宗教的機關；但是那種懲罰罪惡的職務，即相當於劊子手的職務，當然是比較低級的」("Policraticus," IV, 3, Dickenson's translation. p. 9)。所以薩里斯堡認為，「凡能合法地授與職權的人也能合法地收回某種職權。」君王只有使用凡俗之劍的權利，而無永久的所有權。

三、皇帝亨利第四(Henry IV)及皇帝派(Imperialists)的理論——皇帝方面的理論，偏重於防守戰；因為在第十一及第十二世紀的時候，很少有主張教皇應受皇帝管轄的。當時皇帝方面的理論即根據於既成的事實，說許多主教的建立向來就受皇帝的影響。他們贊成政教分權的二劍論，並且也主張一切權力皆屬於上帝，但教皇與皇帝的權力在上帝的面前却是平等的。亨利第四在一零七六年三月致教皇格雷高勒的信上，即以此為理由；他說因為他的權力是直接從上帝得來的，並非經過教皇而來的。所以他直接對上帝負責，只能受上帝的裁判。他的信上說：

「你已經干涉起我來了，我雖然是一位沒有多大價值的基督徒，但我可是上帝任命的國王。正如從前的神聖神父的傳統教訓，我只能受上帝的裁判，除非我有背叛信仰的事，任何其他的罪過都不能廢除我」(quoted by Carlyle, *op. cit.*, Vol. IV, p.186, n. 1)。

亨利之所謂神聖神父們的傳統教訓者，就是指着聖格雷高勒所主張的被動服從的義務而言。皇帝派堅決主張蓋來涉斯的二劍分離論，認為二劍絕對不能掌握於一人之手；上帝既然授權於皇帝，只有上帝纔可以收回。格雷高勒第七想干涉皇帝的職權，就是想一人同時操此二權，那就是破壞神聖法的規定，擾亂社會制度，違反上帝的意志。

當時根據神學以維護君權的理論亦甚多，但大概都沒有很精密的邏輯論證。法律學家通常都是辯護凡俗政府的。當時有一位法學家克拉色斯(Peter Crasus)曾根據於法理的論據以證明君主權的不可剝奪。在他所著的維護皇帝亨利第四(Defensio Henrici IV Regis)的書上，他說，根據於神聖法或羅馬法，個人的私有財產都是不容他人侵犯的，亨利第四的皇位是繼承他的祖先得來的產業，世襲的繼承權既然是一切法律所承認的事實，所以教皇或叛民皆無權干涉亨利第四的統治權。這種法理的論證，到了後來更發達些，但大概以克拉色斯為其嚆矢。

在第十一世紀的時候還有一位主張民權及社會契約說的曼哥爾德(Manegold of Lautenbach)，他主強君主是由人民建立的，以維持社會公道及安寧為目的，若君主違反其成立時之初意，人民得起革命。他說：「沒有那一個人可以把自己作成皇帝或國王的；人民建立起一位統治者來，目的是教他很公道地統治，給每人以其應得的東西，幫助好人，強迫惡人，簡言之，就是他可以給一切人以公道的待遇。但是，假若他違反了大家選舉他的初意，弄亂了他所應當維持的秩序，那麼理性就吩咐說他已經解除了人民服從他的義務了；尤其是當他破壞了那種人民與人民所共守的信仰的時候」(Carlyle: *op. cit.*, Vol. III, p. 164, n. 1)。這種學說雖然一方面是想限制君主權力，但却足以證明君權並非來自教會，而是生於君主與人民之間的契約。他有時贊成格雷高勒的行為，但他的贊成却並非相信教皇高於皇帝，而是因為教皇公開地宣布了皇帝那些根本錯誤的行為。所以這種學說，仍然可以間接推論出君權與教會無關，與二劍論的原意相合。

第十二章　聖多瑪阿昆納斯 (St. Thomas Aquinas)

中世紀的經院哲學(Scholasticism)至第十三世紀乃至大成時期，其登峯造極的大思想家，就是聖多瑪阿昆納斯。聖多瑪的著作有永久之價值，他的價值不僅在於他的思想之精深，尤其在於他的思辨方法。他的著作大概都用幾何學的方法，從最淺近的或自明的原理逐漸向下推演，每一問題皆有極精密而詳盡的解釋與證明。讀他的著作，不但可以瞭解中世紀哲學思想的精義，並且可以訓練思想的方法。近代之初的大思想家，如笛卡兒（Descartes）及斯賓諾莎（Spinoza）等的思想方法，大概是繼承着中世的經院哲學而來的。

中世紀的政治理論，可以說至第十三世紀而登峯造極，其代表的大師就是聖多瑪，所以我們對於他的思想必須加以詳述。及至馬塞流（Marsilio of Padua）及威廉僕坎（William of Ockam）時，則頗近於近代的思想了，擁護國家的威權，認爲教會是附屬於國家政府的一種社會組織。至馬開外里（Machiavelli），則完全置教會的威權於九霄雲外，專論國家政權的鞏固與擴張了。

一、亞里斯多德的政治哲學之復現——在歐洲中世紀的時期，迄至十二世紀，幾乎無人讀亞里斯多德的倫理學及政治學，當時的學者除了研究基督教的教義以外，只能看點從亞拉伯文翻譯的關於斯多亞學派及柏拉圖學派的批評而已。他們所曉得的亞里斯多德的著作，只有他的邏輯，他們的確很起勁地研究亞里斯多德的三段論法，借以證明基督教的教義之眞實。至十二世紀之末年及十三世紀時，亞里斯多德的各種著作，始復現於歐洲。當時亞里斯多德的許多著作，大半是被猶太人從亞拉伯文重譯的，惟獨他的倫理學及政治學二書，是從希臘文直接譯出的，這種希臘文原本，大概是十字軍東征時從東方帶來的。聖多瑪是精研亞里斯多德的倫理學與政治學的，他曾著書專門批評亞里斯多德的政治學，名亞里斯多德政治學評釋（Commentaries on the Politics of Aristotle）。聖多瑪同時又是繼承聖奧格斯坦之後的一位經院哲學大師，對於基督教的理論有極精深的瞭解，所以他的思想是理性（reason）與信仰（faith）的綜合，他認爲理性與信仰不但不互相衝突，而且是可以互相調和的。他說信仰就是理性的實踐（Faith is the fulfilment of reason.）。他的哲學思想就是想把宇宙的一切造成一個整個的體系，他的要義就是想使各種方法互相調和，以造成一個大的調諧（harmony）；因爲他相信以上帝及自然的偉大，很可以使各種不同的事體各得其所。譬如各種學科皆有其特別研究的對象，而以哲學的理性總其成；但在理性之上，却還有神聖啓示的基督教神學（Theology），以包涵整個體系的全體。如此，就把整個學術思想納入一個大調和的系統之中了。現在我們不應當講他的整個哲學的系統，以下我專討論他的政治理論。

中世紀的政治哲學，至聖多瑪卽輸入了亞里斯多德的思想，現在我舉二點來解釋。第一，聖多瑪與亞里斯多德一樣，認爲國家是一種自然產生的制度，並非人爲的。中世紀的許多學者皆認爲上帝或自然給了一切人類的平等地位，然而因爲人類的罪過（sin）與惡德（vice），所以纔有國家的出現，以制止人類的惡德，懲罰已犯的罪過。總而言之，他們大槪都認爲國家是一種人爲的東西。聖多瑪在他的國王政府（De Regimine Principum）裏說，假若人類可以獨立生活的時候，他當然用不着統治者，他自己就是自己的國王，可以按上帝給他的理性而統馭自己的行爲。但這是不可能的事，因爲人類是社會的動物。因爲人類沒有野獸那麼大的體力，所以他們必須結成社會纔能生存。大自然雖沒有賦與人類那麼大的體力，但却給了人類理性與語言，因此人類可以彼此交換意見。所以人類必須營社會生活，而用他們的理性以彼此互助。這種社會又必須是政治的，因爲假如沒有大家共同遵守的法律時人類絕不能久長地結合成社會（參考 Carlyle: "History of Medieval Political Thought, Vol. V, p. 10）聖多瑪在他的最高的神學（Summa Theologia）裏也堅持「人類是社會的動物」這一點。這種認為國家是根據於人性之自然而產生的一種自然制度，當然是亞里斯多德的意見，第二，聖多瑪也與亞里斯多德一樣，認為國家的存在是為大家可以達到更好的生活。他與亞里斯多德相同，認為社會就是人類彼此交換服務的一種組織，各種職業者彼此互相服務，彼此互助，以達到更好的生活，但社會中必有一種較高的統治機關，以計劃及統馭社會的各個人，而達到較好的社會生活的目的，所以社會裏必須有政府以作成國家，國家及法律的唯一目的就是維持及達到大家的公共利益，所以國家政府的行為必須以達到公共利益為標準，纔可以存在，在物質的利益及社會的安寧之外，統治者還有一種更重要的道德目的，他應當使社會各階級的各個人都能營一種有德性的（virtuous）幸福生活。不過聖多瑪的政治哲學卻並非即止於此而已，他比亞里斯多德還更進一步，他認為凡俗的統治者之維持秩序與安寧，以及使大家互相服務等，還是為達到最後的天堂生活（Heavenly life）的階梯；至於超出了人世的生活以外的事，那就只有教士們纔有權處理了。

二、法律的性質——聖多瑪在他的最高的神學裏，有很重要的兩段講到法律的性質的：第一，他講法律與理性的關係，第二，他講法律與公道（Justice）的關係。

當他討論國家的法律與理性的關係時，他下的法律的定義是這樣的：「法律是理性的命令，被管理社會的人所宣布藉以謀公共利益的」這當然是指着國家的積極立法而言的。從廣義的法律而言，他認爲世界上的法律有四種：永久法（Eternal Law），自然法（Natural Law），神聖法（Divine Law），人類法（Human Law）。聖多瑪和中世紀的許多思想家一樣，認爲宇宙間的任何一小部分都是全體宇宙的縮影，全體宇宙就是任何一小部分的放大；這就是中世紀之所謂「大宇宙」（macrocosm）及「小宇宙」（microcosm）的觀念。這四種法律雖然在形式上有些許的不同，但在性質上仍然是一貫的，並非互不相謀或互相衝突。第一，所謂永久法是管理宇宙全體的法律。聖多瑪認爲，宇宙全體是被神聖的理性（divine reason）所管轄，這種理性就是宇宙間的永久法。管理宇宙全體的政府就是上帝自己，宇宙間的永久法就是上帝的自身。

第二，自然法是管轄人類行爲的自然法律。自然法雖然與永久法不同，但卻是彼此相關的，因爲宇宙間的一切萬物皆受永久法的管轄，人類當然也不是例外。但是具有理性的人類卻受永久法的一種特別的管轄，施行於有理性的動物的那一部分的永久法就是自然法。自然法是存在於每一個有理性的動物的心裏的，並沒有任何的明文規定。至於神聖法與人類法二種，則爲積極的法律，換句話說，就是比較有明文規定的法律。積極的法律可以因爲大家的同意而規定某種與自然法無關係的事情爲正義的，但這種無關係的事情卻必須與自然法不相衝突。

第三，神聖法就是上帝在舊約和新約上所啓示的法律。為什麼需要這種啓示的法律呢？第一，因為人類最後的命運是超出於人類理性所可瞭解的範圍以外的；第二，因為人類的判斷是無定的；第三，因為人類絕不能懲罰一切的罪惡。所以必須有上帝的啓示。神聖法並非與自然法相衝突，不過它可以更直接地與永久法相接近而已。

第四，人類法就是人類所製定的法律。因為人類理性上的自然法，必須規定出許多條例來以施用於各種不同的環境。羅馬的法學家分法律為二種，一為國際法（Jus Gentium），一為國內法（Jus Civile）。前者就是自然法，或根源於自然法而得的些普遍的結論；後者也是依據於自然法，不過適應於某國或某地的特殊環境而已。

以上是法律與理性的關係。聖多瑪有時又曾說法律即是公道（justice）的表現。聖多瑪所下的公道的定義，實質上與羅馬的法學家相同，他採取了阿爾潘（Ulpian）的公道定義（見 Digest, I, 10），謂「公道就是一種經常而永久的意志給每人以其應得的東西。」當聖多瑪討論各種不同的公道時，他便採取了亞里斯多德的「分配的公道」（distributive justice）與「交換的公道」（commutative justice）二種，前者是按幾何的比例，後者是按算學的比例。假若人類的法律與自然法相衝突時，那麼這種人類的法律就是不公道的，不應當發生效力。譬如關於私有財產制，聖多瑪認為，按自然法世界上的一切東西是人類所共有的，每人所應佔據的部分應以他的需要及用途爲限假如某社會的法律承認無限制的佔有財產有人竟或佔據過多的財產而不用，他人或因無產業而不得一飽那麼這種承認無限制的積聚私產的法律就與自然法相衝突，也就是不公道的。又假若一種公正的法律獨不適宜於一種特殊的案件，若據法律的條文判斷，則違背自然法的時候，那麼審判官就應當追溯立法者的原意。

總而言之，聖多瑪以爲法律是理性的表現，目的在維持公道

三、政府的權力及其與教會的關係——聖多瑪認爲只有當政府的威權者能維持公道，及能謀公共利益的時候，始可以有合理的基礎。聖多瑪說統治者的權力是來自神聖命令的，所以基督教徒應當服從統治者，不服從就是一種罪惡；但他又主張，基督教徒應當服從合於公道的統治者，人民無義務服從一個篡竊者(usurper)或違背公道的統治者。我們要想知道他的意思到底如何，最好看他對於暴君的意見及謀叛者的定義。他說，謀叛當然是一種罪惡，因爲他破壞一個有共同法律及謀公共利益的統一國家。不過暴君的統治是不公道的，因爲他並不以公共利益爲目的，他的目的在取得自己的利益。所以反對暴君並不算謀叛，只要在推翻暴君時社會上所受的損害小於暴君統治時的損害就可以。甚而言之，他好像還贊成薩里斯堡(John of Salisbury)的謀殺暴君(Tyranicide)的主張，認爲殺死暴君是合法的行爲(在他批評 Peter Lombard 的話上可以見出。)這種見解在聖多瑪的未竟之作國王政府一書上已有明顯的表示。他在那裏說防止君主變爲暴君是非

當必要的事：第一，當指定君主時應當知道他的性格，知道他大概不會變成暴君；第二，君主的權力應當受相當的限制，使他不易變成暴君。可惜聖多瑪四十七歲即去世了，此著並未能完成。

幸而在他的最高的神學裏，他曾詳述他所認為的最好的政體，我們可以猜想這恐怕與他的國王政府中的意見大概相同。他在他的神學一書中，對於最好的政體下過兩種限制：第一，全體人民必須皆能參加政權，因為上帝是一切權威的來源，上帝授權社會全體以管理其社會的事務，而社會全體又轉而信託於一人（如君主）或許多人（如貴族或民主）作他們的代表，所以統治者應當由人民全體從全體人民中任意選舉而產生的。第二，統治者的建立必須以他的德性為依據，因為每一個人的生活，都是以達到有德性的生活為目的，被統治者就是因為統治者有德性所以纔受他統治。聖多瑪所理想的政體，正如亞里斯多德所主張的「混合政體」—第一，國家有君主作最高領袖，故有君主政體的成分；第二，凡擔負國家責任的人們，皆因為他們有德性，故有貴族政治的成分；第三，因為最後的權力屬於人民全體，凡人民皆有選舉權與被選權，故有民主政治的成分。聖多瑪說，這種政體就是神聖法所規定的政體，因為自摩西（Moses）以後的國王皆有元老會（Council of the Elders）以代表有德性的貴族，而他們又都是由人民全體所選舉的，所以聖多瑪所主張的最好政體，是可以限制君主流為暴君的一種君主立憲政體。

聖多瑪主張，暴君應受人民公意的處置。假若人民有權以指定君主，他們就應當有權以廢除濫用職權的暴君。人民雖然在最初已經給了君主以永久的大權，但如果君主違反了初約以虐待人民時，人民再廢棄君主並非違反信約。不過假若任命君主之權屬於更高的什麼權威時，廢棄之權也應當屬於那種更高的權威者。對於暴君，人民若無人助可以制止的話，那麼就只有訴諸上帝，因爲上帝是人間惟一的最高君主，拯救大衆痛苦的救星。

最後，我們必須講聖多瑪對於政教二權的關係的意見。聖多瑪認爲國家的權威是來自上帝的，凡俗政府的作用在引導着人民達到有德性的生活，但有德性的生活尙不是人生的最後目的，人生的最後目的是達到天堂上的永久幸福的狀態。引導着人類達到那種最後及最高的目的的，就是基督教會。他在他的國王政府中說：「人類組織社會的自然目的，就是在達到有德性的生活；因爲任何社會的目的，和組成那種社會的那些個人的目的是一樣的。但是因爲有德性的人還受一種更高的目的所決定，所以社會的目的並非只求人類達到有德性的生活而已，並且還在於從有德性的生活中以達到欣悅上帝的境界（"De Regimine Principum," I，17）。他下邊接着說，如果只要人類的自然能力就能達到那種最高的境界時，那麼這就是國王所應當領導的了，因爲國王就是管理人間事務的最高權威者，但事實上這卻是上帝管轄的範圍以內的事，單純的人類自然力不能作到，所以必須屬於一種神聖的政府所領導，那就是耶穌基督的職務了。因爲耶穌既是人類而又是上帝，既是國王而又是教士。繼續着耶穌而司此職務者，即是自聖彼得以後的教皇。一切基督教的國王必須隸屬於教皇，如隸屬於耶穌自身似的；因為那些管理人間較低的目的的人們，應當隸屬於那些管理人間的最後目的者。那麼國王在關於人類最後目的的範圍以內的事情，就應當服從教會的命令，不過執行凡俗的事務時，國王仍是最高的威權者而已。

大體上說來（因為聖多瑪前後的著作中頗有出入），聖多瑪是贊成格雷高勒第七的主張，教皇有開除(excommunicate)基督教徒國王的教籍的權利，信基督教的人民對於一個被開除教籍的國王，便失去了服從的義務，所以教會在國王的某種犯罪上，可以廢除國王。不過這種理論只適用於信仰基督教的國王而已。世間儘有從未信基督教的異教或無宗教的國王，基督教徒對於此種國王亦應當服從；因為君主和人民之間的關係是人間法的關係，人間法根據於自然法，信仰與不信仰的問題，是神聖法的關係，從上帝的啟示而生的神聖法，絕不能與自然法互相衝突與破壞。

第十三章　馬塞流 (Marsillio of Padua)

一、馬塞流的時代——馬塞流的名著和平的維護者（Defensor Pacis），是在一三二四年完成，並供獻給皇帝路易第四(Emperor Ludwig of Bavaria)的。這時教皇的勢力已日漸衰微了，但教權與政權之紛爭仍未停止。在一二九八年教皇龐納斐斯第八 (Boniface VIII) 發佈諭旨，引徵一句羅馬法律書上的成語，謂一切法律者在教皇的心中所以凡基督教國的一切人與事教皇都有權管理。教皇是神聖法的解釋者，在神聖法之下教皇有絕對無限的至尊權在一三零二年教皇又重申前次的諭旨此時反對教皇這種諭旨之最烈者，即爲法國的國王斐利浦第四(Philip IV)。斐利浦第四使全法國的人民都擁護他那種反對教皇的主張，在一三零三年巴黎大學也擁護國王的主張，以爲教會的最高威權應屬於基督教徒代表大會(General Council)，而不應屬於教皇。一三零三年九月龐納斐斯第八慘遭法王的幽禁於安納內(Anagni)不久即被驚嚇而去世。一三零五年法國的國王即選出了一位法國的教皇，使教皇從羅馬遷於亞維格囊(Avignon)，並且使新教皇審判龐納斐斯第八的罪過。若法國國王在一百年前有這種行爲，那說不定要引起一種十字軍征法的戰爭了，但在這個時候卻未遭到什麼反對，這足見人心之向背以及教皇的勢力之式微了。

馬塞流是一位義大利的流浪人，他曾作過巴都亞(Padua)的教長(canon)，也曾作過冒險家。以後他即流落到巴黎，在巴黎得了碩士學位，並且在一三一二年他還擔任過巴黎大學的職務。當故教皇龐納斐斯第八受審判的時候，馬塞流大概是已經在巴黎了。馬塞流大概在巴黎遇到了約翰章當(John of Jandun)，約翰章當也是巴黎大學的人，曾作過許多批評亞里斯多德的哲學的文章。有些人認爲馬塞流的政治名著和平的維護者，就是約翰章當和他合著的，不過後者的名字未能著稱於世(註)。他們二人作成了此書之後，即同至巴威略(Bavaria)路易第四的皇帝朝中，依附路易第四以生活。當時路易第四正與教皇約翰第十二(John XII)

鬭爭，原因是因爲當時那些神聖羅馬帝國皇帝的選舉者，要求自由選舉皇帝，不經教皇的批準，結果路易第四被開除教籍。其實馬塞流的政治學說，並非爲德國或神聖羅馬帝國的皇帝而作的，他之所以憎惡教皇的勢力。主要的倒是因爲他是一位義大利人，他目睹教皇的勢力之使義大利不能統一，所以他便憎惡教會，並且想竭力打倒教皇的勢力。這種思想在二百年後的馬凱外里(Machiavelli)的著作上，更表現得明顯了。馬塞流等的和平的維護者上不時地引證亞里斯多德的話，我們幾乎可以說他們大部分是根據於亞里斯多德的政治哲學以達到他們自己的目的。在他們的和平的維護者開端的第一章中，他們就說當亞里斯多德分析國家不安定的種種原因的時候，他略去了一種致亂的原因，這種原因是亞里斯多德死後許多年代纔發生的一種最危險的勢力，那就是教皇對於國家的干涉！他們這部書裏頭最引起注意的就是第二部攻擊教皇與教會的部分；不過第一部似乎纔是他們的積極的政治哲學。現在我先講他積極建設的部分。

二、國家論——他們認爲國家的起源是生於大家對於共同需要的認識，國家存在的目的是因爲人類藉此可達到更好的生活（即亞里斯多德的主張）。當他們敍述國家發展的歷程時，他們幾乎完全依據亞里斯多德的思想路綫，雖然他們並不完全贊成亞里斯多德的主張。他們說國家最初的起源當然是來自家庭，但家庭是受父親（或家長）的支配，並非生於每人都認識大家的共同需要。其後的社會組織就漸發展成許多家庭的聯合或村莊；這種組織生於兩種認識，第一他們認識人類有些共同的需要，第二他們認識個人或孤立的家庭不能滿足他們的需要。國家的發生，就是因為大家已經認識了大家的共同需要，並且曉得若非大家合作，根本就不能達到那種共同的目的。但是人類都是一種乖戾的動物，他們一方面認識大家合作的必要，一方面又是自私、損人、與殘暴，常常弄得大家不能充分的合作，甚或使大家的合作不可能。因為人類有這兩種相反的傾向，所以理性就認識了某種行為是有害於人羣社會的，並且有害於行為者自己的福利（因為損人的行為有害於社會的合作，合作才是大家的利益，）於是就生出了善惡是非的道德，或正義觀念，立定了許多行為的普通規律，這就是所謂「自然法。」這種規律必須有人能執行，以制裁犯法的人們，然後纔可以維持社會的治安，以達到大家合作的目的，所以必須產生一種有強制性的政府。這就是國家的成立。

這種主張在現在雖然算不了什麼新奇的思想，但在十四世紀時卻是一種嶄新的叛逆思想。他們完全從功利的觀點上解釋國家的起源，有點近於馬開外里，又有點近於近代之初的霍布斯(Hobbes)。他們把中世紀的那種正統思想以人類來世的最後目的，或宇宙的最後目的，來解釋善惡是非的標準的見解，可以說一掃而空了。

按照和平的維護者的作者的意見，政府的作用不僅在消極地制止人類的惡行，以維持社會的治安而已，並且還必須積極地組織全國的人民，使大家能達到一種圓滿的分工合作的境地，沒有無謂的紛爭，也沒有無謂的消耗，然後人類的知識能力與道德生活纔可以有長足的進步。他們於是就根據着亞里斯多德的政治學中的分類（見"Politics, B'k. IV）把全國的人民分爲六部分：第一，必須有農人以供社會的食物。第二，必須有工人以製造房屋衣服及用具等。第三，必須有兵士以抵禦外侮及維持治安，第四，必須有資本家以供給實業的資本而使工人進行他們的工作。第五，必須有僧侶以崇拜上帝。最後第六，必須有政府的官吏以分配各種的工作給各種適當的個人，並且使他們忠於職司。

馬塞流等這種見解，頗有點現代之所謂社會主義的氣味。這種分析在當時的重要意義，就是他們根據亞里斯多德的主張，以表明教會在國家中的地位。他們認爲國家的完成是在各部分的互相合作，受國家最高威權的指揮。教士或僧侶（不論是基督教或其他教不過是國家人民的一部分，至多也不過和其他部分同其重要，所以教士也和農工商人等相同，應受國家政府的管轄遵守國家的法律。按馬塞流等對於國家內部的六部分的分析，好像他們完全立於人類生活上的必需而定的，其中雖有僧侶一部分的職務，但實際上似乎可有可無，他們自己也懷疑這部分人是否必要，不過自古以來的社會，都有某種宗教與僧侶的存在。所以他們在和平的維護者中也不得不承認教士的作用，他們說：「教士的作用，就是按照聖經的指示，去瞭解並且教誨人民何爲他們必須信仰的，必須去作的或避免的，藉以超脫痛苦而得到永久的拯救」（Bk. I, Chap. VI, Sec. 8）。

三、教會論（the church and clergy）——和平的維護者一書之所以能享大名，無論在十四世紀或在後世，主要的是因爲作者的攻擊教會。這部書的第二部分，完全在傾全力以攻擊教會與教士。他們並非攻擊基督教義的本身，而是攻擊教會與教士的許多實際行爲。大略言之，他們不外想證明四點：第一，教會沒有理由，也沒有權利，執行強制或懲罰之權；第二，教士沒有理由要求超脫凡俗政府的管轄；第三，教會與教士沒有佔領財產之權；第四，教皇與教士都無權代表教會或管理教會。

關於第一點，馬塞流等主張教會既然是國家的一部分，一國中的最高強制權屬於政府，所以教會不應當對人民或教徒施用強制或懲罰權。如果教會有任何的強制權時，那必須是國家政府所賦與的。假若異教或不信仰是一種罪惡而應受懲罰時，那麼這種懲罰就必須是干犯了國家的法律，應受國家法律的制裁。不過在國家的法律上，絕沒有精神的犯罪，這類的罪犯只能在死後受上帝的裁判，那種懲罰是人類死後的事情。教士的職務正如醫生之對於人生的健康，他們的職務都只是在指導及勸告方面，並無強制懲罰之權。

第二點，教士不應超越政府的管轄。當時的羅馬主教們曾盡力將許多人劃爲教士，藉以超越政府的管轄。馬塞流等說若一國之中有許多人皆不受政府的管轄，不負對於政府的義務，那不簡直就破壞了政府的效力了嗎？教士也和俗人一樣，是會犯罪的。任何人犯了謀殺盜竊，都應當按法律受懲罰。凡享受社會的光榮及利益的人們，如法律所保障的安全等，除非得立法者的允許，誰都不應當超脫法律的管轄，及不盡法律的義務。若欲使立法者維持國家的統一，使國家不流爲許多不適當的權威，故必使統治者有權統治一切的主教及教士。況且教士們的行爲不是以聖經爲根據嗎？馬塞流等就根據聖經反駁他們。按照聖經的教訓，絕沒有任何地方

讓教士執行強制懲罰之權也沒有任何地方給教士們一種特別的治外權(immunity)

第三點，他們證明教士沒有財產權。因為財產權是被凡俗政府的法律所規定的權利，教士們是否應當利用法律的威權而擁有巨大的財產呢？馬塞流認為：擁有財產是神父們所禁止的一種行為，他們引了聖經上的話作證明。聖經上說：「如果你們想作完人，把你們的東西都賣了，散給窮人。」教士們的職業就註定了他們是些完人，那麼他們當然不應當擁有財產了。這其中當然包括着教會無權徵收十一稅(tithes)，更無權要求免納國稅，那麼教士們賴以維持生活的財產應當屬於誰呢？馬塞流等的答覆是屬於擁有財產的施主們(patrons)，或社會全體。那就是說，若非有善主可以合法的要求教會的財產時，教會的財產就應當受凡俗政府的管轄與處理。

第四，教皇與教士無權代表教會。馬塞流等繼承着中世紀的傳統思想，仍然承認世間有兩種組織，一為國家，一為教會。但所謂教會者，並非只指着教皇及教士而言，而是包括着一切信仰基督教的人民全體，教士與俗人都在內。教皇至多也不過是一個名義上的教士首領而已，根本不應當操着當時的那種大權。關於懲罰異教徒的事，這是一種世間的懲罰，當然只有凡俗的政府纔能執行。關於判斷何為異教(不信仰)及開除教籍的事情，必須「教徒代表大會」(General Concil)纔有權決定，這種大會裏必須包括着教士與俗人，教皇不過是形式上的主席而已。召集教徒代表大會的權利，應當屬於基督國的凡俗政府，代表大會的選舉事宜也應當由凡俗政府詳細規定這種教權應屬於教徒代表大會的主張，是第十四五世紀的一種最流行的宗教改革運動，英國牛津大學的維廉奥坎(William of Ockam)也是鼓吹這種運動的一個重要人物。教徒代表大會雖然在宗教上並未能完全實行，但在政治制度上卻有相當的影響，有人說現代的代議制度就是受它的影響而生的。

四、人民主權論(popular sovereignty)——我們在第一節中，已經說明了馬塞流等的國家起源論及政府的必要。他們又認為，政府應當依照固定的法律統治，不應受統治者的偏見及私利所支使。法律是斷定在社會上何者為公道，何處為公共福利的；法律的目的就是達到社會的公共需要。他們認為，國家的立法者纔是一國的至尊主權，國家的執行機關不過是立法者的代理執行人而已。誰是一國的立法者呢？馬塞流等的回答是，全體人民或人民全體的主要部分。和平的維護者上說：「立法者，或法律的主要而正當的來源是人民全體，或其主要的部分。他們在大會中依照一定的規程，按着他們自己的意見或選擇而斷定人類在社會中何者應行，或何者應避免，不從者受懲罰的痛苦」("Defensor Pacis," Bk. I, Chap. XII, Sec. 3)。馬塞流等此地之所謂「主要的部分」，他們雖然並未會下確切的定義，但我們觀其全文，他們絕不是指貴族或某一階級而言，他們通常都是指的人民的多數。他們引徵了亞里斯多德的政治學(第三編)中論人民要求的一段話，說人民有作集體判斷及建立行政者的權利。馬塞流等解釋這種主張說，惟有人民的全體或多數，纔能曉得大家的共同利益；人民最易於遵守他們自己所立定的法律，很易憎惡外來的法律。馬塞流是生於中世紀義大利的城市巴都亞的，中世紀義大利的城市很像古希臘的城市國。馬塞流雖不一定主張各地方的政治都實行完全的民主（他主張民選的國王與民選的立法者）但巴都亞的共和傳統卻對於馬塞流有相當的影響，

和平的維護者的作者們，好像認爲不管在任何情形及任何政體之下，立法者都必然是社會的全體或社會的多數。通常一般人總認爲，社會全體似乎無力以實行立法權，那就是因爲社會全體通常總是把立法權委託給他們的代理人去實行的，但分析到最後，立法者仍然是社會的全體。因爲法律的成立，並非由於政府的命令，而是由於人民的服從。法律必須是人民的共同需要的表現，然後纔能被社會承認而遵從，完全違反共同需要的法律簡直不能成立。雖然他們承認一國的立法者最好是人民所選舉的議會，不過他們也承認政府的形式應當隨着不同的環境與不同的時間地點而變。所以一國的立法者，儘管可以由統治者作代表，甚或專制君主作代表，但這並不能改變了眞正立法者屬於人民的事實，因爲擁護政府的最後力量還是人民，人民可以有權力收回他們所授出的立法權。這種學說簡直有點像近代的洛克（Locke）與盧梭（Rousseau）了，所以我名之曰「人民主權論」。

（註）M. Noël Valois: "Histoire Littéraire de la France, t. XXXIII, pp. 528—623, 主張此書爲二人合著，但據以後美國 Ephraim Emerton: "A Critical Study on the Defensor Paais of Marsillio of Padua" (Havard theological studies), 1917-19，則謂二人合作此書並無充足證據，今姑從前說。

第十四章　馬開外里(Nicolo Machiavelli)

一、馬開外里的時代及生活——馬開外里生於十五六世紀的義大利(一四六九年生一五二七年死),這已經是中世紀閉幕,及近代開始的時期了,歐洲文藝復興運動已經發端,馬開外里的家鄉,富羅蘭斯 (Florence),就是文藝復興運動的一個最重要的中心。有人把馬開外里放在近代政治思想史的開端,我以爲他正可以作中世紀政治思想的結尾。他的政治思想,完全是義大利當時環境之下的產物。他並不像其他的政治思想家,討論國家的起源及其理論的根據等,他專講統治者維持政權及擴張勢力的實際技術,目的在想法把當時四分五裂的義大利,造成一個統一而有力的近代國家。在馬開外里的時候,中世紀的教皇及神聖羅馬帝國的皇帝對於歐洲的全體已經失掉了統制的能力,所謂近代的民族國家已經在法國、英國及西班牙建立了牢固的基礎。惟獨義大利半島仍然是四分五裂,保存着中世紀封建式的小城市國。當時義大利半島上有五個互相爭鬭的小國,米蘭公國 (Duchy of Milan) 與威尼斯共和國 (The Republic of Venice) 爭逐於北,那波里王國(Kingdom of Naples)與羅馬教皇(Papacy)爭逐於南,富羅蘭斯共和國(The Republic of Florence)玩弄平衡政策於中部。結果弄得各國都注意於縱橫捭闔,互相欺騙與暗殺,毫無道德及信義的觀念。這些小國,誰都不足以統一義大利,以致義大利的人民內受各種暴虐政府的壓迫與侵害,外受法國、西班牙以及德國的侵略。馬開外里受他的愛國思想的驅使，急於謀義大利的統一與富強，所以他的著作國王論（The Prince 中譯名霸術）、李威氏羅馬史之研究（Discourses on the First Ten Books of Titus Livius）、戰術（The Art of War）及翡羅蘭斯史（History of Florence）等，皆在研究統治者的政治權術與戰爭方略，冀望當時的義大利的有爲的統治者，可以藉以達到統一義大利的目的。

馬開外里最討厭羅馬教皇，他並非憎惡基督教的教義，而是憎惡羅馬教皇的政治勢力。他認爲，羅馬教皇是使義大利不能統一的一個重要原因，因爲教皇既無力以統一全國，卻又有力量足以阻止任何他人的統一，教皇並且還運用他的國際勢力以招致外國的侵略。他在他的李威氏羅馬史之研究上說：

「我們義大利人所受賜於羅馬教會及其教士者，就是他們使我們變得無宗教信仰而且毫無道德；我們還受了她一種更大的恩賜，一種足以使我們滅亡的恩賜，那就是她使我們的國家迄今未得統一。除非全國能如法國與西班牙似的，服從一個政府——不論是民主或君主政府，那麼這個國家總是不會統一或幸福的。義大利之所以未能達到法國與西班牙的情形，及未能受一個共和政府或君主統治的唯一原因，就是因爲有羅馬教會。……羅馬教會既無能力以統一全部的義大利，又不讓其他的勢力去統一，那就是義大利之所以始終未能統一於一個首領，老是受許多地方王侯的支配，而使義大利如此之不一致而且衰弱，使義大利變成了那些強有力的野蠻人及任何攻擊義大利的人們的一種魚肉」（"Discourses," I, 12, Eng lirh translatiou by C. E. Detmold)。

馬開外里生於一四六九年他的幼年生活，不大見知於世但是他並未受過極高等的教育。馬開外里的生活及其時代(The Life and Times of Machiavelli)的著作者威拉勒(P. Villari)說：「他那種教育上的限制卻給了他的自發的創造性及文體以莫大的方便因爲他不至於被沈重的博學所壓迫得窒氣。」他在富羅蘭斯的專制時代(Medici朝，)始終並未得正當的職業。一四九四年法國推翻了富羅蘭斯的專制君主而建立了共和國之後，他纔在一四九八年成了富羅蘭斯政府的軍政外交部(Second Chancery)的秘書，以後就成了富羅蘭斯的最重要的外交家及軍事家，他屢次參與軍機及出使各國。不但出使於義大利半島上的各國，並且曾出使於法德，所以他有很豐富的政治外交經驗。他在富羅蘭斯政府的政治生活凡十四年。在這十四年中，富羅蘭斯等於法國的保護國，馬開外里當時雖然握着大權，然也受盡了法國的侮辱，並且目睹法國軍隊在富羅蘭斯的奸淫擄掠。至一五一二年西班牙德國及瑞士共同驅逐出法國在義大利的勢力之後，教皇久利第二(Julius II)就又扶持起舊日的專制君主米狄西(Medici)，至此時馬開外里的政治生活纔終結，退而著書。他的政治著作都是退出了實際政治以後的作品。其中最重要的是他的國王論，他這本書完全研究統治者的霸術，本來他是想秘密獻給富羅蘭斯的君主，教他統一義大利的，並非欲公之於世的著作(馬開外里死後五年，教皇Clement VII纔從他的表兄弟富羅蘭斯君主那裏弄出來公之於世的。)因爲這種權術只有秘密地使用纔可以發生效力，後世認爲馬開外里是意在「誨奸」，其實也未完全公允。

二、馬開外里的霸術論——馬開外里時代的義大利，正如戰國時代的中國，許多有才能的人們都在縱橫捭闔的玩弄外交軍事，馬開外里的著作卽是當將那些外交及軍事作品中的一部分專門討論外交及軍事權謀的人們，往往容易拿政治權謀的本身當作目的，所以有所謂「玩弄政治」一語，而忘卻了作政治的眞實目的是在改良人民的生活，與實現理想的社會。假若有人以政治的權謀作手段，以之達到富國利民的目的時，那麼這種手段倘可以原諒；若以政治權謀爲手段以達到自己的權勢爲目的時，那就是我國儒家所深惡痛絕的霸道；若完全以玩弄政治權謀爲目的的時，那就是人間的惡魔！

馬開外里的兩種重要的政治著作，「國王論與李威氏研究」都是論國家興亡隆替的原因，以及統治者運用政策的得失。前者專講專制君主治國的權術，後者討論羅馬共和國時代如何統治及擴充領土的方法。馬開外里認爲，國家統治者的唯一最高的義務，卽是維持他的國家的存在，內部不分裂，外邊不受侵略。所以他的政治著作中，完全講如何可以使國家強盛，統治者用什麼政策纔可以擴張勢力，犯了什麼錯誤卽致國家的衰亡。所以他的著作中所討論的問題，都是如何強固統治者的政權的方法，完全撇開宗教的信仰，道德的善惡，與社會的福利於不顧。如果他講到統治者應有信仰，有道德，或顧及社會的福利時，那完全是爲達到強固自己的政權的目的。譬如當他講到統治殖民地的方法時，他主張最好的方法是遣發本國的軍隊，在新佔的領土的重要地點屯殖，一可以永久監視土人，二可以節省國家的用費。惟一受害的，就是那些土地與房屋被佔據了的居民，然而這些被害的居民究竟是少數，他們因爲無家室與土地，永遠是散漫而貧寒的，無力反對統治者的政權。這種辦法，同時還可以威嚇他人的反抗，如果他們一旦反抗，也會得被收沒財產的懲罰。他的原則是，如果你不能撫愛他人時，必須把他們置於萬劫不復的地步；因爲加小傷害於人時很容易得到報復，所以若想加害於人，即必須使他永遠無力報復（The "Prince," Chap. II）。當他討論到統治者應該使人民愛戴（love），抑使人民畏懼（fear）時，他以爲受畏懼比愛戴更重要些。他說：「人類比較不大顧忌干犯他們所愛戴的人，而不敢干犯使他們畏懼的人；因爲愛戴的關係是被義務心所拘束的，人類都是自私的，若這種因愛戴而生的關係與他們的自私心相衝突時，這種愛戴的關係立刻就會破裂；而畏懼是被懲罰的恐怖所維持的，這是絕不會失敗的。……人類的愛戴心是生於他們自己的自由意志，而畏懼卻是生於國王的意志；一個聰明的國王，必須靠發生於自己的力量以統治，而不可靠發生於他人的力量」（"The Prince," Chap. XVII）。不過畏懼也應當有其限度，切不要惹起人民的憤恨。他說國王必須模仿狐狸與獅子，具有這兩種野獸的能力纔是最能成功的國王哩。因爲狐狸狡滑有餘而不能抵禦野狼，獅子氣力有餘而不能避免陷阱。他主張國王必須貌似仁慈，人道，忠誠，守信義，信宗教，但一到了必要的時候，你必須能立刻變到相反的方面；因爲老遵守着這些美德是危險的，貌似有此諸德是有用的。他說：「請國王專注意在征服及維持國家上吧，他所用的手段一定被許多人所景仰，所欽佩；因爲一般俗人只曉得表面而世界上又多數是些俗人，那很少數的幾個超俗的人們老是分散而孤立的（"The Prince," Chap. XVIII。）他在他的李威氏之研究上也說：「當一個人的國家的安全到了極危急的當兒，他就不應當考慮何爲公道或不公道何爲仁慈或殘酷何爲光榮或恥辱了；他應當只顧慮到一件事，那就是拯救其國家的生命或維持其國家的獨立」（"Discourses," III. 41）。

所以馬開外里認爲，政治的目的就在保持及增加國家的權力；假如能達到這種目的，一切的手段都是對的，不論這些手段是否爲殘酷，背義，合法或不合法。因此馬開外里卽變成了歷史上的一位名譽很壞的人物，「馬開外里主義」幾乎就等於政治上不顧信義與道德的人們的主義。其實假若我們曉得馬開外里的爲人，及其作政治著述的動機時，我們便會知道他並非不道德（immoral），而是當他討論如何維持及擴充政權時，簡直沒有道德的（non-moral）考慮。他簡直把政治與道德宗教完全分離開，不顧上帝或自然法（如中世紀的政治思想似的，）也不顧道德原理及人道主義，他把統治者的行爲標準與私人的行爲標準，完全分成兩個截然不同的範圍了。假若我們曉得義大利當時所處的被壓的環境及馬開外里作外交官時身受的種種侮辱，那麼我們似乎也難怪馬開外里的政治思想走入這樣的極端了。不過如果我們以求普徧的眞理爲目的而研究馬開外里的學說時，便應當曉得他這種學說在理論與實際上，都是錯誤的失敗的。待我們講完了他的政治思想時再作批評。

三、馬開外里的政治理論體系——馬開外里並未把他的政治主張作成系統，他所注意的是實際統治國家的問題，想供給統治者以實際的指導，並未想作成有系統的一種政治哲學。他常常把許多東西視為當然，而不加任何的證明。但在他的言論的背後，我們的確可以尋出一個相當的系統，這個系統就很像近代英國的霍布斯的哲學系統。

馬開外里肯定人性是惡的，他常說，人類通常都是壞的（Men are in general bad.）；他勸聰明的統治者應當以此為根據而決定他的政策。他認為人性大概都是自私自利的，大家無論在權勢或財產上都是貪得無饜的。但權勢與財產這類的東西在世間終是有限制的，如果任人性自然發展而不加以限制，那必定弄成一個互相爭奪殘殺的無政府狀態。因為要救濟這種危險，所以他竭力主張必須建立個強固的政府以維持社會的秩序，使大家的欲望都只能在一個相當的範圍內發展，把社會上許多互相衝突的利害來維持一種平衡的狀態。他主張如果一個政府要成功的話，至少必先能保護人民的生命與財產，因為這是人性中最普徧的要求。他曾說「人類比較容易忘掉了他們的父親的死亡，但不易忘掉他們的遺產的喪失」（Men forget more easily the death of their father than the loss of their patrimony—‘The Prince,’ Chap. XVII）所以他認為一位謹慎的統治者，千萬不要侵害人民的財產與女人，因為這是最容易引起人民的反抗的。馬開外里沒有一個有系統的心學上的根據，這方面的發展尚待霍布斯的哲學。

馬開外里認爲，統治者以維持國家的獨立與強盛爲職志，不受法律及道德的束縛。統治者的行爲標準與私人的行爲標準絕不相同，不管統治者使用什麽手段，只要他能達到鞏固政權及擴充領土的目的，他的一切行爲都是對的。他在他的李威氏之研究上說：「當他的行爲譴責他的時候，他所得到的結果就應當寬恕他；假若結果是好的，如羅馬路斯(Remulus)之謀殺他的兄弟，他總可以不受人的譴責。因爲只有用暴力以作破壞事業的人們纔受譴責哩用暴力以達到有益的目的便不應受責罰(“Discourses,” I,9.)。他在他的國王論裏也有相似的主張，他說：「我們的實際生活距我們應當的生活相去如此之遙遠，如果有人放棄了他的實際生活，而退求他的應當的生活時，那就等於放棄了自己的生存而謀自己的滅亡。在這許多壞人中若有人完全以想作好事爲職志時，他一定得到悲慘的結果。所以一位國王若想維持他自己，他必須練習着作壞事；至於何時使用這種作壞的知識，何時不使用，那完全看環境上的需要與否以作判斷」(“The Prince,” Chap. XV)。總而言之，馬開外里主張君王的絕對主權論，君王是超越於道德與法律之上的，不應受道德與法律之束縛。這點比近世之初的霍布斯還過激些。霍布斯雖然也主張君主不應受法律的拘束，但倘應受「自然法」的拘束，「自然法」就是道德法；現在馬開外里簡直主張君王連普通的道德律都不必遵守了。

最後我們應當講一講馬開外里關於政體的主張。馬開外里在富羅蘭斯的政治生活，是與富羅蘭斯的共和國相終始的。在米狄西的專制時代，馬開外里毫未得勢，在米狄西家被法國驅逐了而建立共和國之後，馬開外里纔開始了他的政治生活，在米狄西家的專制恢復了之後，他的政治生活立刻就結束了。他在他的李威氏之研究上，他甚讚揚羅馬的共和制度，但在他的國王論上，他又主張絕對的君主專制。因此許多當時的人都指責他變節，欲作國王論以獻媚於米狄西家以干祿。其實這種批評也未完全允當。馬開外里認為共和雖然是一種比較好的政體，但必須在一種有秩序的社會中纔能實行，在當時義大利的紊亂狀態中，最急要的是實行開明專制，以謀國家的統一。他在他的李威氏之研究中說：「在今日的許多腐敗國家中，尤其在義大利，事實上根本找不到什麼好東西。法蘭西與西班牙也有他們的腐化情形，如果她們這些國家不似義大利今日之紛爭與紊亂的話，那一方面是因為他們的人民好，一方面是因為她們都有一位國王能使其國家統一」（"Discourses,"I,55）。他認為共和政體只有在當時的瑞士及有些德國地方纔可以實行，因為那些地方還保持着一種堅固的文明生活。義大利是絕對不宜於實行共和的。所以他著國王論一書，就是秘密獻給米狄西王朝的，想教他來完成統一義大利的任務。君主專制宜於初建立國家或矯正腐敗國家之用。共和政體是維持已就軌道的國家的較好的政府。專制的暴力是政治上的藥劑，只能療治病態的國家，而不可視為經常的最好的政體。

四、對於馬開外里的批評——馬開外里的學說，對於治亂世的統治者，的確可以奏點膚功。中國歷代的開國帝王，如秦始皇、漢高祖或宋太祖等，都多少有點馬開外里主義。歐洲許多歷史上的梟雄，如拿破崙、梅德爾、及比斯麥等，也無一不是馬開外里主義的實行者。我們不管馬開外里的國王論如何是專制君主的教科書，以及其功效如何的簡捷；但若我們純從學術上研究，馬開外里的學說根本並非眞理；若從實際政治的效果上看，最久地說來也一定是一種失敗。

為什麽說他的學說並非眞理呢？第一因為他對於人性的觀察錯誤，人性誠然並非完全是社會的，也並非完全是主持正義的，但卻也並非完全是自私自利的。假若人性自始即完全是自私自利的話，那麽人類的社會組織就根本不可能。事實上，恐怕人性一方面是社會的，一方面是自私的。就是因為這兩方面的傾向同時存在，所以人類纔能一方面組織成社會，一方面又需要有社會的制裁以制止人類的自私自利。第二，一般信仰馬開外里主義的人們，自然都以國家的本身為目的，人民不過是服役於國家的些工具而已。好像國家一方面應當維持其自身的統一與獨立，一方面應當向外擴張領土，統治者只要能達到國家的目的，什麽方法都是可以自由使用的。其實國家也不過是一種社會組織，這種組織的目的是為維持公道及增進大家的幸福的。不然，假若國家的存在是為統治者擴張權力的話，那麽國家不眞成了一種「大規模的強盜」組織了嗎？第三，他認為統治的行為標準與私人的行為標準不同，換句話說，就是統治者的行為不受道德律的束縛。按學理講，所謂道德律者，就是規定一般人與人之間的關係的，凡人都應當按着道德律的規定行動，不然，就是罪惡的行為。人類有許多社會組織。各組織中都有些許的統屬關係，如家庭中之有父母子女，學校中之有教員學生，國家中之有政府人民。為什麽家庭與學校組織中的統屬關係，未能產生道德律外的另一種行為標準，而國家這種組織卻另產生了一種行爲的標準呢？爲什麼其他的社會組織都是建立在人類的互助互利上，而國家的組織卻應當建立在統治者的利益上呢？這豈不是一種怪論嗎？

其次我說，就馬開外里主義在實際政治的功效上說，長久了也是一種失敗。孟子嘗辨王道與霸道之分，他已經證明了前者是統治者的最大利益，後者的勢力也不過是「曇花一現」了。霸道就是馬開外里主義。用霸道統治的人們，就是完全想用權謀的方法以達到自己的最大利益，他們不顧自己的道德義務以及人民的福利，完全傾全力於縱橫捭闔與鈎心鬬角。這種統治者誠所謂「心勞日拙」，偶一思慮不周，就容易「禍起蕭牆」。世間很少那個「權謀家」可以維持長久的，多半都不得善終。行王道的統治者就是按道德律而行動的，他完全注意於維持公道及人民的福利，一方面建立廉潔有效的好人政府以實行最好的政策，一方面人民也蒙其福利而心悅誠服。這種統治者一定可以得到全國人民的擁戴，而且是萬世流芳的。我覺得蘇格拉底的話是對的，他認爲從長遠處看，奸徒和傻子是完全一致的 (In the long run, knave and fool are one and the same.)。

下卷 近代

第十五章 霍布斯（Thomas Hobbes）

一、霍布斯的時代及其哲學方法——在中世紀時，至少在理論上歐洲是一個國家，有教皇及皇帝統治全歐洲的人民的精神及凡俗的事務。文藝復興之後，歐洲的近代「民族國家」勃興，各民族皆漸成為獨立的國家，當時最有勢力的國家就是法國、英國、西班牙等，這些國家的政體大概都是君主專制。這種現代國家的運動，是近代人類爭取自由的第一步；因為各民族的風俗習慣及物質環境都不同，統屬於一個大帝國之下，不容易發展各民族的特長，人民不易參與國家的政治，政府也不易謀得人民的幸福生活。各民族造成了許多獨立的國家之後，當然一國的政治更容易適合於一民族的情形，也更容易組成有效力的政府。

在十六世紀時，現代國家之最強者為法國的君主專制。當時法國適合於時代的一位大思想家，即是布丹（Jean Bodin），他的最著名的著作，就是他的國家論六編（Six Livres de la Republique）。他這部書並非最精密貫澈的著作其中最著稱的理論就是他的主權論或至尊權論(Sovereignty)。布丹以爲，凡是受法律統治的獨立國家，必定有一個最高的立法者，這個立法者或爲一人或爲數人。不然，法律卽無所從出。這種立法的威權者既然爲一切法律之所從出，他(或他們)當然是超出於法律之上，不受法律的支配。國家所認爲的這種最高的立法者，一人或數人，就是那一個國家的主權者或至尊者(sovereign)。布丹下的主權或至尊權的定義是：「治的，或至尊權就是高出於公民或人民的一種權力，他自己不受法律的拘束」(Sovereignty is the power over citizens and subjects, itself not bound by the laws.—Bk. I, Chap. 8)。布丹認爲，凡一獨立國家必須有此主權者，這種至尊的主權就是獨立國的特徵。霍布斯是繼承着布丹的學說的主張絕對主權論的，他比布丹的學說更貫澈些，所以我們只要瞭解了霍布斯的主權論，就不必費時間再討論布丹了。

霍布斯是十七世紀的人，比布丹約晚百年。在十七世紀時各國的君主專制政體大概皆已奠定了，這時歐洲的政治運動就又進了一步，那就是與君主相對抗的民權運動。霍布斯的時代，就是英國因爲民權運動而發生內亂的時代，其中最重要的就是克倫威爾(Oliver Cromwell)的革命。當時是政治鬬爭，就是君主與國會的爭權。霍布斯是擁護君權的，(當英太子留居巴黎時，霍布斯曾作過他的教師，)所以他的利維坦(Leviathan)一書是擁護當時的君主政府的，竭力宣傳無政府狀態的可怕，藉以證明人民在任何情形之下皆不應當反抗政府。比霍布斯略年輕一點的洛克(John Locke)便站在人民一方面主張一國的主權最後應當屬於人民。

不管霍布斯的主張是否處處正確，然而毫無疑問地他是近代的第一個大思想家。近代政治哲學上的幾個中心問題，如主權論、自然人權及社會契約等，霍布斯都有很精詳清楚的見解。霍布斯的利維坦誠不愧爲一部思想最精密的傑作，他所用的是最精密的邏輯方法，全書中沒有一個字的意義不清楚，沒有一句話無根據，絕對沒有一點意義含混的地方。縱然我們不贊成他的出發點或他的結論，但我們讀他的書可以訓練我們的精密思想，並且可以幫助我們發現眞理。培根（Francis Bacon）曾說過「眞理比較容易自錯誤的思想裏發現，而不易從含混的思想裏發現」（Truth emerges more easily from error than from confusion.）。我們讀霍布斯的書時，可以很淸楚地曉得我們何處贊成，何處不贊成，其中絕對沒有任何含混之處。

霍布斯把他的哲學分爲三部分：第一部分論物體（body），包括我們現在所謂之邏輯、幾何學、及物理學；第二，論個人，包括生理學及心理學；第三，論社會及國家，卽倫理學與政治學等。十七世紀的許多哲學家，皆用幾何學的方法，霍布斯也不是例外。霍布斯與笛卡兒（Descartes）相同，認爲宇宙間的一切知識，皆可用幾何學的方法，從最初步的自明原理開始，一步一步地作詳細的推論與證明。霍布斯是個唯物論者（materialist），他認爲世界完全是一個機械的結構（mechanical system），可以用幾何學的方法作成一個有系統的知識。他認爲，宇宙間只有物體與物體的運動（motion），運動就是改換地位的意思。世間的一切事件與變化，皆是生於物體的運動。物質上的各種變化是生於物體的運動；人類的行爲，如感覺、感情、思想等亦是一種物體的運動；社會及國家的組織是人類行爲的結果，自然也是生於物體的運動。他想先從最簡單的物體運動講起，漸次推演出一切世間的事物，這即是他的整部的哲學。他這種計畫當然不能夠實現，因爲他不曉得邏輯或數學的知識與經驗或事實的知識之不同，前者可以完全靠演繹法（deductive method）後者必須根據於客觀的事實。現在我們講他的心理學及政治學。

二、霍布斯政治理論的心理學根據——霍布斯絕不欲作一句無根據的判斷，所以在他講國家的起源之前，他先講明白人類的心理學，然後再根據着這種心理學建立他的政治哲學。我們已經說過霍布斯是一位唯物論者，他認爲世間的一切事情（events）都是由於物體運動而生的。他講心理學時，也是從最簡單的心理現象講起，根據之以建立一個整個的系統。心理現象上最簡單的是感覺（sense）。他認爲感覺的起源，即是由於外界物體的運動刺激我們的感覺器官，由感覺器官傳之於神經系而造成所謂各種的感覺。他又認爲人類這種有機體中有一種「生命的運動」（vital motion），這種生命運動的中心即是心臟。我們所接受的各種感覺之中，有的可以增加或幫助這種運動，有的可以減殺或阻礙這種運動；我們對於前者便發生一種「欲求」（desire）的感情（feeling），對於後者便發生一種「厭惡」（aversion）的感情。霍布斯根據於人類這兩種最簡單而基本的感情——努力趨於有利於生命者，避免有害於生命者——又推演出人類許多更複雜的情緒與動機，他說人類的一切情緒大概都是以「欲求」與「厭惡」爲基礎的，也可以說都是「欲求」與「厭惡」的許多不同的方式。我們對於所欲求的東西名之曰「愛」(love)，對於所厭惡的東西名之曰「憎」(hate)，得到前者名之曰「快樂」(joy)，避免不掉後者名之曰「悲哀」(grief)；對於前者的展望名之曰「希望」(hope)，得不到前者或避免不掉後者名之曰「失望」(despair)。他如，恐怕受到所厭惡的東西的損害名之曰「恐懼」(Fear)，想用抵抗的方法避免這種損害名之曰「勇敢」(courage)；突然而生的勇敢名之曰「忿怒」(anger)，長期的希望名之曰「自信」(confidence)。霍布斯用這種方法幾乎把人類的感情現象縷述殆盡(參考"Leviathan," Chap. 6)。人類痛苦與快樂的種類雖然甚多而複雜，但皆可以根據於最基本的感情推演而得。霍布斯認爲「意志」(will)並非人類的一種特別機能(faculty)，不過是對於外界刺激的反應中的一種最後的決定的欲求(last appetite)而已。

霍布斯這種心理學，完全在研究人類行爲上的「刺激與反應」(stimulus and response)。他所認爲的基本價值原理是，凡於我們的生命運動有利的東西都是好的，凡於我們的生命運動有害的東西都是壞的；對於有利的東西，我們常想得到並且永久不失，對於有害的東西常想避開或抵抗，這種主張很似英國十八世紀以後的功利主義(Utilitarianism)，所以有人說霍布斯是英國功利主義的先鋒。總之，霍布斯認爲人類有生命，人人都想保存和增進他的生命；所以「自我保存」(self-preservation)是人類一切行爲的基本動力。

「自我保存」並非一件簡單的或暫時的事情，因爲一個人是在繼續不斷的生活，所以他不但繼續不斷地尋求保存生命之法，並且還時時都在想保持他的永遠的生存，與最安全的生存。權力（power）是抵禦他人的侵略的唯一的力量；所以人類爲謀自己的生存的安定起見，都時時在不息地追求權力。霍布斯說：

「我認爲一切人類的普通傾向，都是永久不息地在追求權力的增加，這種欲求只有到死的時候才停止。其中的原因，並非一個人以求得更大的權力爲更高度的快樂，也並非他不滿意他已得的相當的權力；而是因爲假若他不追求更大的權力時，他不敢斷定他現在所已有的權力是否可以保障他的美滿生活」

("Leviathan," Chap. XI)

所以按照霍布斯的意思，人類是完全自私自利的，每人永遠在追求自己的權力之擴大，不論是財富權勢，或名譽。但人類爲獲得他一生的最大福利計，必須有較開明而遠大的自私自利的行爲；霍布斯即以此爲根據，而建立他的道德及政治哲學。

三、自然狀態與自然法（the state of nature and the laws of nature）——霍布斯所用的哲學方法是分析的，並非歷史的；所以他講國家或社會的起源時，並非根據歷史的事實來講，而是根據於邏輯的分析。他設想在人類未有國家之前，必定有一個時期是無政府的，這種無政府的狀態，霍布斯就名之曰自然狀態。在這種自然狀態中的人類，無政府，亦無法律，人人都有相等的「自然權利」（natural right），以設法維持他的生命的最大安全，人人都有絕對的自由爲所欲爲，惟一的限制就是他們自己的體力，因爲無法律及執行法律的威權者，所以人類在自然狀態中無所謂正義與公道。「任何人都有權利攫取任何東西甚或侵犯他人的身體」(Every Nan has a right to everything, even to one another's body.)。霍布斯認爲人類的自然稟賦大概是彼此相等的，因爲假如有人的體力比較強些時，他的心力(智力)就比較弱些；況且無論何人都有能力謀害一位最強的人——或用秘計，或聯合其他同樣受壓迫的人們。像我曾經說過的，霍布斯以爲人類唯一的本能就是在維持他自己的生命的最大安全，換句話說，人類都是絕對自私自利的；在自然狀態中，人人都有權利，並且也都在攫取更多的物品，最大的權力與名譽，所以人類自然就會互相爭奪，互相侵犯，那麼「自然狀態就是戰爭狀態」(The state of nature is a state of war.)，是「每一個人對每一個人的戰爭」(A war of every man against every man.)。在這種自然狀態之下，根本不能有任何農業、工業、交通、建築，以及任何知識文化；這種互相劫奪攻殺的狀態，是人間最痛苦的狀態。

霍布斯說：有人或者不相信自然會把人類生得如此之壞，以至於使大家互相劫奪攻殺；但讓大家想想自己的行爲上的事實，便可以證明我的主張並非謬誤了。「當他旅行的時候，自己帶着槍械，並且還想結伴同行；當他睡覺的時候，他把門鎖上；縱然當他在家裏的時候，他還把他的箱櫃鎖上。當他作這些事的時候，他明知道社會上有法律，並且有武裝的軍警來保護他，遇有損害時替他報仇。但是當他騎在馬上帶着槍械的時候，他對於他同國的人民是什麼意見呢？當他睡覺鎖門的時候，他對於他的同胞公民是什麼意見呢？當他鎖箱櫃的時候，他對於他的子女及僕役是什麼意見呢？（"Leviathan," Chap. XIII）

以上是霍布斯所認為的自然狀態。他主張在自然狀態中每人都有一種「自然權利」去使用他認為的最好方法，以保持他的生命之安全。他說「自然權利就是每人有使用他的力量的自由，藉以保存他的生命，所以一個人有權利作任何的事情，只要按他自己的判斷與理知，那種事情是有利於他的生命的」（"Leviathan," Chap. XIV）。這種「自然權利」的觀念，以後洛克（Locke）及盧梭（Rousseau）踏入亦因襲之，後來便成了十八世紀西洋民權運動的理論基礎，我們只要一讀美國的獨立宣言，及法國大革命時的人權宣言，就知道這種所謂「天賦人權」的觀念，是他們的政治運動的基本理論。

霍布斯雖然認為人類都是絕對的自私自利的，但他卻又推演出了許多「自然法律」。自然法律是什麼呢？他說「自然法律就是人類理知上所求得的一種普通的規律或格言，這種法律禁止一個人作有害於他的生命的事情，禁止他放棄了維持他的生命的東西，並且命令他去作他認為最能保存他的生命的事情（"Leviathan," Chap. XIV）。總而言之，所謂「自然法律」者，也是教每人自私自利的，不過每人應當追求他的最遠大的利益而已。

我們總認為，根據於這種絕對自私自利的原則，大概不會推演出大家所共認的道德信條吧？但霍布斯卻一步一步地推演出了我們大家所公認的道德信條，並且給了它們以一種很貫澈的理論根據。霍布斯所講的這種自然法律很多，他大概列舉了十五條，凡我們平常所認的道德信條幾乎完全包括在內，如踐約、公平、感激、謙恭、仁慈等等。但他所認爲最重要的自然法卻是開首的三條：

1. 只要有得到和平的希望，每人都應當竭力追求和平，假如和平不可得時，他就可以尋求及利用種種戰爭時的手段以求自利。

2. 如果他人也願同樣作時，一個人應當甘願放棄了他自己對於一切東西的自由行動權，藉以達到維護自己及和平的目的；他讓別人對於他有多大的自由，他也應當以對於他人有同等的自由爲滿意。

3. 每人應守信約（"Leviathan" Chap. XIV）

這三條自然法律，就是霍布斯解釋國家的起源及主權者的絕對威權的主要根據。「人人應守信約」這條自然法律也非常之重要，因爲不如此時，則信約就只是空言，人類仍然在戰爭狀態。

四、社會契約及主權者的權威（social contract and sovereign power）——因爲人類在自然狀態中卽有這麼許多的自然法，所以假若人類要想超脫了那種戰爭狀態的痛苦時，唯一的方法，就是大家共同承認一個權威者（common power），使這個權威者有偌多的權力，對外可以抵禦外國的侵略，對內可以制止國內人與人之間的互相損害，使大家都能安居樂業。建立這種共同承認的權威者的方法，就是每人把自己的一切力量交給一個人或一夥人(a man or an assembly of men)，大家都承認此人或此夥人的意志即是大家每個人的意志；此人或此夥人的行爲就是大家每人的行爲；大家完全服從這種共同的權威者的命令，以維持共同的安寧與和平。

這種共同的權威者如何建立呢？就是根據於上面所講的自然法，全體大衆每人與每人之間互相定立契約曰：「我情願把我自己管理自己的權利，交給這一個人或這一夥人，承認他的行爲就是我的行爲；但是你也必須同樣地把你的權利交給他，並且同樣地承認他的行爲即是你的行爲」(I authorize and give up my right of governing myself to this man or this assembly of men, on condition that thou give up thy right to him and authorize all his action in like manner.—"Leviathan," Chap. XVII)。大家彼此這樣互約授權於一個或一夥人，此人或此夥人即叫做主權者或至尊者(sovereign)，其餘的人們即稱之曰他的人民(subjects)。這位主權者即可利用大家全體所有的力量及方法，按照他自己的意見，以維持社會的公共安全。

主權者既經建立了之後，他的權力就必須是至高無上的，並且不受任何的限制；因爲假若他受任何其他的限制時，那麼他就不是至尊者了，也就沒有權力以維持社會的安全了。霍布斯說：「主權者的權力之大，正如人們所能想像作到的那麼大」(The sovereign power...is as great as possibly men can be imagined to make it.—"Leviathan," Chap. XX。霍布斯認爲主權者一經立定了之後，就是永久不能改變的，並且主權者的權力是絕對的，無限的，不對任何人負責任的。爲什麼必須如此呢？霍布斯有兩種重要的理由：

第一，他根據於人類自私的立場上辯論，說絕對服從主權者是各個人民的最大利益。因爲假若我們推翻了事實上的主權者時，那麼我們就回復了自然狀態，亦即是戰爭狀態，那是人間最痛苦、最可怕的狀態。霍布斯說：「主權者有這樣無限的權力，雖然大家可以想到種種的壞結果；但假若沒有這樣的權威者時，那就是每人都敵對他的鄰人的那種永久的戰爭狀態，不是更壞的多麼」？（"Leviathan," Chap. XX）總而言之，霍布斯認爲人民在一個國家之中只有兩條路可走：若非絕對地服從主權者，就是回復到無政府的戰爭狀態。

第二，他根據於自然法的第三條，即每人必須遵守自己立定的信約。他認爲主權者可以用兩種方法建立：（一）依制度而成立的主權（sovereignty by institution）；（二）用征服而得的主權（sovereignty by acquisition）。依制度而成的主權，是人民與人民之間立定的契約，這種契約並非人民與主權者訂立的；所以主權者無論作任何行爲，絕對無違反契約之處。但人民之間必須永遠遵守他們立定的契約，那就是永遠服從主權者的命令。有人或者要問，假若立約的人們應當遵守契約的話，但是他們的子孫並未立約，那麼他們的子孫就不見得應當永遠服從先人所訂的契約。霍布斯的回答是，假如我們說某人是我的時候，那就是說此人及其一切的所有物都是我的，他的子孫當然也是我的。用征服而得的主權，就是被征服的人民允許了永遠服從那位征服者，以換取自己的生命或一個人強迫他的子女服從他的主權者，假如子女違命時他就可以殺死他們，用這第二種方法建立的主權，人民也應當絕對地服從，因爲他們已經應允了永遠服從，藉以獲得了自己的生命的，所以他們也必須遵守他們自己所訂的契約。

五、對於霍布斯政治學說的批評——霍布斯學說的基本出發點，就是「自我保存」是人類行爲的基本原則，換句話說，就是凡人都完全是自私自利的。假若人類的天性果如霍布斯之所言，那麼社會就根本不可能，人類永遠是霍布斯所描寫的那種戰爭狀態。有許多社會哲學家認爲人類完全是社會的，如果眞如此，那麼社會也就不必要了。事實或者是這樣，人性一部分是自私的，一部分是社會的，因爲大家都有社會性，所以社會才可能；因爲大家都有自私心，所以社會的約束及制裁才有必要。況且所謂「自我保存」，是一種生物律，凡生物都有「自我保存」的衝動，但生物進化到人類，有理性的人類行爲，卻並非完全受「自我保存」的一條生物律所支配了，至少有時還受「善惡」「是非」等觀念的支配。

其次，霍布斯所設想的那種自然狀態，根本就不是歷史上的事實，歷史上並沒有一個時代是每人都是獨立自由的。在沒有國家之前，至少先有家庭、宗族、或部落等社會組織，在這種原始的社會組織中，父親、族長或酋長等也有很大的威權。況且霍布斯又認爲在自然狀態中有許多的自然法律；現在的問題是，人類在自然狀態中是否遵守這些自然法律呢？假若大家都不遵守時，那麼社會契約就根本不可能；假若大家都遵守時，那麼在有國家以前，人類已經是文明社會了，不過在這種文明社會中人類是受道德風俗習慣的支配，在國家中是受明文的法律支配而已；若謂有時遵守有時不遵守時，那麼自然狀態仍然並不似霍布斯所描寫的那樣可怕。

第三，社會契約根本就是一種空想，並非歷史上的事實。後世的講社會契約者（如康德等）也明知道這並非事實，但許多人卻認為不合歷史事實的思想，仍然可以作分析或解釋某種事實的理論根據。現在讓我們承認以社會契約解釋國家起源的辦法，我們仍然可以問這種社會契約的內容為什麼就必須是人民與人民之間的互約而服從另外一位主權者呢？和霍布斯同時的政治哲學家洛克雖然也承認社會契約是國家的起源，但契約的內容卻完全與霍布斯的相反。洛克認為，社會契約的內容是每人都把自己的自然權利交給社會全體，立約服從社會全體（或多數）的命令，社會全體為行動上的必需，便委託某某人執行社會全體的意見，如果這位受委託的人違反了社會全體的意志時，社會自然有權利收回那種委託，再另委託他人。

第四，霍布斯主張絕對的主權論，他的理論根據大概不外二種：（一）服從絕對的主權者是每個人民的最大利益；（二）按照自然法每人應遵守信約。假如像我上面所說明的，霍布斯所幻想的那種自然狀態並非事實的話，或至少也並非如他描寫的那樣可怕的話，那麼他這種論證根本就不能成立。洛克說得好，如果受一個最暴虐的主權者的永久統制，還不如人類在自然狀態中幸福呢！霍布斯的第二種論據，也不能自圓其說，因為按他自己的意見，人類在自然狀態中的自然法律並非只一條，而是有十五條之多，每條自然法都命令我們作某種事或不作某種事，假如這些自然法所給我們的命令互相衝突時（即按此法律我應作此事，同時另一種法律又命令我作彼事，）到底我們應當遵守那一種法律呢？是否「守信約」這條法律是最重要的呢？按霍布斯的意見，這當然並非最重要的，最重要的自然法很像是「每人都努力保存他自己的生命。」「守信約」既然不是最重要的自然法，為什麼說人民在任何情形之下都必須守信約，換句話說，即必須永遠服從契約所立定的主權者呢？

第十六章　斯賓諾莎（Benedict de Spinoza）

一　斯賓諾莎的哲學方法——斯賓諾莎是一位荷蘭的猶太人，生於霍布斯之後數十年，死於霍布斯之前數年（霍布斯1588—1679，斯賓諾莎1632—1677），他是近代之初的幾個最大的哲學家之一。他的哲學著作，最重要的是他的倫理學（Ethica），這部著作中包含着他全部的哲學，他的哲學方法完全是幾何學式的，一個命題逐一個命題的解釋證明。關於政治理論的著作是他的神政論（Tractatus Theologico-Politicus）和他的政治論（Tractatus Politicus）。前者偏重於神學，後者完全是他的政治理論，但可惜後書未作完，而斯賓諾莎已死，不過我們假設讀過他的倫理學、神政論、及未完的政治論之後，仍可以明白他的政治理論。

斯賓諾莎的哲學態度，是用冷眼觀察世界的。他說許多倫理學家及政治學家們，都不曉得人類的自然情形，他們都想把人類來造成他們所想要的情形，所以倫理學家總易流於冷嘲熱諷，政治學家就瞑目構想他們的黃金時代或烏託邦，以致弄得正與實際政治相乖離，絕對不能使他們作實際的政治。他自己說他研究政治的方法是根據於人性的實際情形，用最精確的辯論，以求得政治上的原理。他說：「別人都以人類的行為與感情衝動為嘲笑、悲傷或怒罵的資料，我的目的是在瞭解它們。我研究人類的行為與感情衝動，正如我研究數學上的問題一樣。我把人類的愛惡、嫉妒、憤怒、誇張、憐惜以及其他的感情，並不當作人類的惡德看待，而是當作人類的自然屬性；正如天氣之有冷熱、雷電、暴風雨一樣。說不定這是些不好的現象，但是它們都有一定的原因，人類是不能去掉它們的」("Tractatus Politicus," Chap. I, Sec. 4)。因為他是以這種無利害關係的態度研究倫理學及政治學，所以他的倫理學的結論是教大家澈底瞭解自然，自己的欲望及感情衝動等，假如我們自己瞭解了自己的欲望及衝動，那麼我們就可以不受它們的盲目操縱了；他對於政治學的結論，是讓大家服從強有力的威權者，威權者的權利即是他的武力，換句話說，即是「強權即公理」(Might is right.)。

後人對於斯賓諾莎的哲學可以作種種不同的分派，有人稱他為無神論，有人稱他為汎神論，有人稱他為唯物論，有人稱他為神祕論，其實沒有那一種主義是可以概括斯賓諾莎的哲學的。我現在略把斯賓諾莎的玄學主張講一下，使大家略知道他的政治哲學的玄學背景。

二、斯賓諾莎的玄學及倫理學——斯賓諾莎以為宇宙的全體就是一個「本體」(substance)，它是唯一的、無限的、自爲因果的，這種「本體」可以名之曰「自然」(nature)，也可以名之曰「上帝」(God)。這個「本體」有種種的屬性(attributes)，但他被我們人類所知道的屬性只有二種：一爲擴充性(extension)，一爲思想(thought)。「本體」自然就具有這兩種屬性，一方面可於占據空間的位置，一方面可以作思想活動，這兩種屬性是同時並有的，即是一種東西的兩方面，所以歷代二元論的糾紛在斯賓諾莎的哲學上是不成問題的。

宇宙既然只是一個「本體」，有人一定會問，那麼宇宙間怎麼會有這形形色色的萬物呢？斯賓諾莎的回答就是，一個「本體」可以有各種的「狀態」(mode)，凡我們所感覺到的世間的各種個體皆是本體的各種「狀態」。「狀態」是有限的，受其他條件所決定的。「本體」與「狀態」的關係，正如一條直線與這條直線上的許多點的關係一樣；直線是點作成的，點相當於「狀態」，直線相當於「本體」。不過「本體」是無限的，直線是有限的罷了。斯賓諾莎嘗拿一個平面和平面上畫出的許多方形來比擬「本體」與「狀態」的關係；平面上的許多方形是互相爲條件互相陪襯而來的，所以是有限的，然而每一個方形都必須依據於那個平面。

宇宙間的一切既然都是「本體」或「上帝」的「狀態」，所以一切都是上帝的必然的表現，也都是合理的。人類的正確知識，必須徹底瞭解「本體」或「上帝」及其一切必然的「狀態」。人類的欲望感情衝動等，也是些自然存在的東西，所以聰明人不必想硬壓抑或消滅它們，最好是瞭解它們。只要我們能瞭解了自己的欲望與感情衝動之後，那麼它們的性質就變了，就不成其爲欲望與感情衝動了。所以一個人若想不受自己的欲望及感情的支配，最好是瞭解它們。斯賓諾莎的結論說，假若我們能思想這個世界卽是「上帝」的必然表現，我們的心靈上自然發生一種快樂，這種快樂是與上帝的觀念同來的。斯賓諾莎認爲，這種「對於上帝的理智的愛」(the intellectual love of God)是人生至高無上的最大快樂，並不必另外再求什麼任何的報酬。

三、自然權利(natural right)——斯賓諾莎說，順從着自然的命令或按着自然法去生活的權利，就是自然權利。譬如魚天生就會泅水，大魚天然就會呑食小魚；所以魚就有享受泅水的權利，大魚就有呑食小魚的權利。因爲無限的「自然」或「上帝」毫無疑問地有權利爲所欲爲，他的權利正與他的力量(power)相等。因爲自然的力量是自然界所包括的一切東西的力量之總合，所以自然界的一切東西，都有一種自然權利，以作他們所能作到的事情，他們的行爲上的唯一限制，就是他的自己所具有的力量。所以宇宙間的每一種東西，都有權利用他所具有的種種力量以保存他自己的生存，這就是所謂自然權利(參考"Tractatus Theologico-Politicus," Chap. XVI)。斯賓諾莎在他的政治論第二章第三與第四節中說：「因爲上帝有一切的權利，他的權利就是他的力量，他的力量是絕對自由的；所以自然界的一切東西，他們所有的自然權利，正等於他們所具有的生存及活動的力量……由是可知無論何人只要他按着他的自然天性去生活，他就有最高的自然權利那樣生活，並且他有多大力量對於自然就有多大權利。」

斯賓諾莎之所謂「自然權利，」是自然界一切東西都有的權利，與霍布斯所認為只有人類才有自然權利的主張不同。所以他認為主權者或統治者的權利，也就是根據於他能壓服人民的力量，換句話說就是統治者的權利也受他自己的力量的限制，並非絕對無限的。霍布斯的政治理論大致與斯賓諾莎相似，二人皆主張在自然狀態中凡人皆有自然權利任意行動，二人皆主張強權卽是公理；但是霍布斯却因為他的政治上的偏見，未能貫澈他的主張，所以弄得不能自圓其說。斯賓諾莎在答覆一位荷蘭人的信裏說：「你所問的在政治理論上我與霍布斯不同之點，那就在我精密貫澈地主張自然權利的原則；並且在任何形式的國家之中我所認為的統治者對於人民的權利，並不能超過他對於人民所能使用的力量。這是在自然狀態中大家都遵守的自然原則」(Letter of Spinoza to Jarig Jellis, "Spinoza's Works," English translation by Elwes, Vol. II, p. 369)。

斯賓諾莎之所謂他「精密貫澈地主張自然權利的原則」者，就是他根本不承認人與人之間有所謂道德上或法律上的義務觀念，規定人類社會關係的原則只有兩條：一為每人努力保存自己，一為強權卽是公理。這種現象在禽獸之羣中是否如此，我們姑不置論；若說有理性的人類或上帝根本無義務觀念（亦卽無是非觀念）似乎並非事實。

四、國家的起源——斯賓諾莎既然認爲宇宙間的一切都是上帝的表現，所以人類的一切行爲，不論是競爭，忿怒，或欺騙只要他們有力量達到他們的目的時，那些行爲都是對的。「自我保存」是人類最原始最基本的本能，所以人類的行爲總是趨利避害的，兩利之中取其大者，兩害之中取其小者。人類雖然有理智（reason）可以計畫他們的最大的利益，但人類畢竟還多受其盲目的感情及衝動的支配，並非完全受理知支配的。所以斯賓諾莎認爲當人類在自然狀態中的時候，大家都是些自然的仇敵（Men are nautral enemies.—"Tractatus Politicus," Chap. II, Sec. 14）在自然狀態中，每人雖然有權利作他的力量所能作到的任何事情，但是一個孤立的個人的力量終究是有限的，所以每人的自然權利，在事實上說不定就根本不能夠享受。人類的理知自然會曉得若謀自己的最大利益時，最重要的是大家能團結互助；團結的人數越多，他們的力量就越大，他們的生活就越是安全。斯賓諾莎說：

「若無大家的互助，人類簡直不易維持他們的生活，也不易發展他們的心靈。所以我們的結論是，人類雖然有自然權利，但若非大家有共同承認的權利，大家聯合起來衛護他們的田產，保護自己，反抗暴力的侵犯，並且大家服從共同的判斷時，他們的那些自然權利根本不得享受」（"Tractatus Politicus," Chap. II, Sec. 15）

斯賓諾莎以爲因爲人類有理知作用，人人都願意逃脫了那種互爲仇敵的可憐狀態，所以人類自然就會大家同意組成社會使大家可以得到安定的生活，享受自己的權利。這也就是當時所流行的社會契約說（參考"Tractatus TheologicoP-oliticus," Chap. XVI）。不過斯賓諾莎却不像霍布斯似的認爲契約必須永遠遵守，因爲每人皆有權利謀自己的利益，遵守契約必須是雙方有利的，假若遵守契約所產生的痛苦較大時，他自然有權利違反契約。斯賓諾莎自己曾舉例說，假若我允許別人，我在二十天以內不吃飯，但我以後却發現了我那種允諾毫無意義，若遵守契約則大不利於我的身體，那麼我兩害之中取其小者，我自然權利違反那種允諾」（"Tractatus Theologico-Politicus," Chap, XVI）。

五、主權者的威權——因爲大家都想避免那種互爲仇敵的自然狀態，所以大家就明白地或默認地把自己的權利讓給一位主權者，這位主權者不受任何法律的支配，人民必須絕對地服從；因爲人類的理知告訴他們，兩害之中取其小者，雖然主權者的命令有時荒謬，但假若不服從時，大家卽又回復了互相仇敵的狀態，那種恐怖與不安寧的狀態，對於大家的害處更大些」（參考"Tractatus Theologico-Politicus," Chap. XVI 與"Tractatus Politicus," Chap. III, Sec. 6）。斯賓諾莎說國家成立了之後，「每一個人民就不能自主了，必須靠國家生活，聽從國家的命令，他們自己便無權決定什麼爲是非，什麼爲公正了……所以無論人民覺得國家的決定多不公道，他也必須服從」（"Tractatus Politicus," Chap. III. Sec 5）。斯賓諾莎這種主權論，也和霍布斯差不多；但斯賓諾莎完全根據於每一個人的私利，而證明主權者的必須服從，並不像霍布斯之一方面根據私利，一方面根據於遵守契約。

因為斯賓諾莎認為「強權卽公理」是宇宙間的自然法，又因為他認為人民之所以服從國家是謀自己的最大利益，所以他同時又主張主權者的權利完全和他的力量相等，換句話說，就是主權者的權利受他自己的力量的限制。他說：「只有主權者有力量執行他的意志時，他才有主權者的權利；不然他的王位就會動搖不安，那一位比他的力量大的人都不必勉強服從他」("Tractatus Theologico-Politicus," Chap. XVI)。斯賓諾莎對於主權者的限制的問題，提出了三點重要的考慮：

1. 在國家裏和在自然狀態裏一樣，誰能按着理知行動，誰就有最大的力量。國家的力量，最後還是決定於人民全體的力量，假設主權者不按理知行動，不追求國家之所以存在的那種目的，換句話說，就是不謀全體人民的利益時，那麼主權者的權利就會削弱("Tractatus Politicus," Chap. IV, Sec. 7)。

2. 國家的力量之所以能維持，全靠國家對於人民是否能實行賞罰及威嚇。凡國家的賞罰及威嚇所不能影響到的行為，那就是在國家權利以外的事情，國家最好不要干涉。譬如國家不能用賞罰強迫着人民不相信「部分之和等於全體」，不能強迫着人民愛其所惡，或惡其所愛("Tractatus Politicus," Chap. IV, Sec. 8)。

3. 國家的行為不該惹起人民多數的公憤，因為假若許多人民因為要報復，或因為有共同的畏懼而陰謀結成團體時，國家的力量就自然會削弱（"Tractatus Politicus," Chap. III, Sec. 9）。

斯賓諾莎竭力主張國家應給人民以思想言論的自由（參考"Tractatus Theologico-Politicus," Chap. XX）。他說：任何人都不能放棄了他自己的自由判斷之權，每一個人天生就是他自己的思想的主人，最高的權威者絕對不能強迫着人民以最高權威者的思想為思想。他說，假若人類的心靈是那麼容易統制的話，那麼世界上的國王就都可以永遠安於他的王位了；因為他可以使每一個人民的思想正如他自己的思想，每一個人民的判斷正如他自己的判斷。國家存在的目的，並非在給與人民以恐怖，而倒是在解除人民在自然狀態的恐怖；國家的目的並非使有理性的動物變成些禽獸或傀儡，倒是想使人民發展他們的身心。假若國家鉗制人民的言論自由，使人民不敢發任何違反政府意志的言論，但是政府又絕對不能使人民依照政府的思想而思想，結果必定使全國的人民都「口是心非」，破壞忠實誠懇的美德，獎勵欺詐與諂諛。況且「防民之口，甚於防川」，在人民的言論不得自由的國家裏，假如政府的措施不當，人民亦敢怒而不敢言，政府欲謀改革而無人敢自由貢獻意見，人民暗中對於政府的積怨日深，最後主權者一定得不到良好的結果，因為主權者的權利是受他的力量所限制的（The rights of the sovereign are limited by his power.—Tractatus "Theologic-Politicus," Chap. XX）。因為斯賓諾莎主張思想言論自由，所以他認為民主政治是最好的政體。在民主的國家裏，大家雖然有不同的思想與意見，但是可以過一種很自由而調諧的生活，因為每人在行為上都服從權威者，但在思想與判斷上却保存着他的自由，多數人的意見就是法律，法律常隨環境及大家的意見而變遷。

最後我必須說明的是斯賓諾莎雖然主張國家應給人民以言論思想的自由，但並非每人行動的自由。因爲人人有不同的意見，假若每人都按着自己的意見行動時，那麼公共的安寧就不能維持，社會與國家也就不可能了。

六、國際關係——「強權即公理」的原則，也同樣地可以實用於國際關係上。按斯賓諾莎的意思，國家與國家之間的關係，正如在自然狀態中的個人與個人的關係，那就是彼此之間是自然的仇敵，這其中的不同之點，就是國家可以時時防衛及保護自己，而個人則不能常在保衛自己，因爲個人總有睡眠及疾病的時候。所以驅使着個人組成國家以便共同防衛的原動力，並不能使許多國家也組織成一種國際社會。國際之間根本無所謂信義，也無所謂義務，每一個國家都在謀他自己的利益，只要他認爲採取某種行爲對於自己有利益，他就有絕對的權利去行動。所以國際間的行爲只有權宜利害（expediency），而無所謂信義與義務。一國若侵犯他國時，惟一的考慮就是他自己的利益，恐怕將來得到不良的結果；譬如有時估計他國軟弱，說不定侵犯時才發現了比自己還強盛，或者有時很殘酷地加害於鄰國，說不定不數年以後他就會報復。

國際間的條約並非永遠有效的，因爲條約或同盟等，必須當時對於雙方都有利益，但假若時過境遷之後，某國認爲遵守條約即不利於某國時，他就有自然權利違反那種條約。斯賓諾莎說「假若一國抱怨受了他國的斯騙時，他不應該責罵他的同盟國之不忠實，而應責罵自己的愚蠢，怨自己不應當把自己的利益來信託給他國，因爲他國也是獨立國，自然以他本國的利益爲最高原則」("Tractatus Politicus," Chap. IV, Sec. 4)。

斯賓諾莎這種主張，說不定正合於歷來國際關係的事實，連現在的國際的關係，仍然可以說是在「自然狀態」中，強權即是公理。斯賓諾莎的錯誤，並非在敘述國際間的事實上，而是在否認世間所謂信義與公道，完全只有利害之計較。這是他全部政治理論的基本錯誤，並非只限於國際關係。

七、對於斯賓諾莎之批評——斯賓諾莎和霍布斯一樣，第一，相信人類的天性都是自私自利的（雖然有開明的自私與鄙陋的自私之別；）第二，相信人類在自然狀態中彼此都是仇敵；第三，根本否認人類有爲義務而義務的本性。斯賓諾莎惟一比霍布斯高明的一點，就是他始終貫澈他的「強權即公理」的原則；而霍布斯却忽然生出了人類應當守契約的義務，似乎寧願犧牲自己的利益也應該守契約。因爲他們兩個人有許多相同的根本原理，所以我們從前批評霍布斯的地方，也可以適用於斯賓諾莎，此地不再贅述了。現在我要批評的只有兩點，一爲他的自然權利說，一爲利害即是非說。

斯賓諾莎以爲，在自然狀態之中，每人都有自然權利去作他的力量所能作到的事情，並且人與人之間都是自然的仇敵。這種見解正與霍布斯相同。那麼我們的批評是，假若如此，文明社會簡直就沒有產生的可能；因爲每人都是野獸一樣的東西，只能認識彼此的力量之大小，根本就不會產生權利與義務的觀念。所謂自然權利者，只是那個人的力量大家都不知「是非」(right and wrong)，換句話說，就是無論誰有多充足的理由去享受某種權利，只要他的力量不夠大，無論何人都沒有任何義務去尊重他的權利，那麼這還有什麼「是非」與「權利」之可言呢？

斯賓諾莎必定以為，假若人類只受欲望與感情衝動支配的時候，大家就都是自然的仇敵，但假若人類遵從他們的理知時，那麼人類就自然會結合成文明社會。在這一點上，說不定斯賓諾莎比霍布斯有更充足的理由。因為斯賓諾莎相信宇宙是一體的，是一個本體或上帝，假若人類能按他們的理知思想時，那麼他們就與上帝的某種思想相同了，那麼他當然可以說大家就聯合成了一體，所以他常說人類按着他們的理知組成了文明社會之後，就是被唯一的心靈所統治(The multitude is guided, as it were, by a single mind.——"Tractatus Politicus," Chap. III, Sec. 2)。這種思想和盧梭及康德以後的唯心論們所說的「公共意志」(the general will)及「真實意志」(the real will)說相似，不過斯賓諾莎的「唯一的心靈」是上帝而已。

其次，我要批評斯賓諾莎的利害即是非的學說。按斯賓諾莎的意思，人類都是自私自利的，人類行為的標準只有計較利害(expediency)，根本無所謂義務(duty)與是非，不過假若一個人能利用他的理知去思想他自己的遠大利益時(開明的自私)，自然就會與他人互助。人類除了計較自己的利害以外，是否還有一種無利害關係的(即所謂公正的)的是非判斷呢？是否人類至少有時還有「見義忘利」的行為呢？假若有時還有的話，那麼斯賓諾莎的學說就不是眞理，假若斯賓諾莎的學說是眞理的話，那麼人類就無謂道德的高下，而只有「狡猾」的程度之高下而已。可是我在此地要辯明的是，大家不要因爲斯賓諾莎這種學說，就認爲他是一位比馬開外里(Machiavelli)還可怕的政治哲學家（註）其實他的最終目的，還是要大家得到一種無私無欲的最幸福的安寧狀態，竭力瞭解自然，以冀與上帝的意志相接近。

（註）斯賓諾莎一定曾精讀過馬開外里的君王論(The Prince)，因爲他的政治著作時常提到馬開外里。

第十七章　洛克(John Locke)

一、洛克的生活與時代——洛克雖晚於霍布斯數十年而生(Hobbes, 1588; Locke, 1682)，但可以說是與霍布斯同時代的人。那個時代正是英國由君主專制變爲民主共和的過渡時期。當時霍布斯可以代表保皇派的思想，洛克可以代表民主派的思想。他們二人都是牛津大學的產兒。洛克由牛津大學的基督教會學院(Christ Church)畢業以後，即被任爲該學院的研究員(senior studentship)，任此職者凡二十五年(1659-1684)，後來因爲他反對絕對的君權，國王查理第二(Charles II)命令解去研究員之職，當其三十歲時(1666)，得識古柏(Anthony Ashley Cooper)，古柏後爲沙夫斯醫的子爵(Earl of Shaftesbury)，爲英國自由黨(Whigs)的創始人。洛克終身的政治生活差不多都與他相關。洛克初爲古柏的家庭醫生及教師，並兼代古柏作許多事。至古柏爲上議院議長(Lord Chancellor)時，洛克卽爲他的秘書；其後又爲商務及拓殖部(Council of Trade and Foreign Plantation)的秘書，但彼時洛克仍然執行其醫生事務，曾出席皇家醫生會議。繼發現有肺病，隨於一六七五年至法國休養，在法國凡四年。歸英國後又爲阿石勒公爵(Lord Ashley 卽古柏)的顧問，彼時阿石勒公爵正得英王之寵任。其後阿石勒公爵因陰謀被逐而死，洛克雖未與謀，但以與阿石勒公爵的關係太深，遂避居荷蘭。至一六八九年回英國時，英王威廉第三 (William IV) 命其作駐德國布蘭頓堡(Elector of Brandenburg)的公使，洛克因性質不適宜而且身體不健而辭，但英王仍請其作「上訴委員」(Commissioner of Appeals)之職，不必按時辦公。洛克遂居於倫敦附近之艾塞克斯(Essex)，凡十四年而死(1704)。他的著作大概都是最後一次歸英以後出版的。

洛克的主要政治著作，爲他的政府論二篇(Two Treatises of Civil Government)。在這兩篇論文裏，洛克竭力主張人類的自然權利，認爲政府不過受全體人民的委託，以謀大家的公共利益爲目的，國家最後及最高的主權仍然屬於人民全體。他這種理論，大家公認爲是供給英國一六八八年的憲政革命以理論基礎的。他的第一篇論文完全在批駁菲爾莫(Sir Robert Filmer)的「父權論」(Patriarchy)上所主張的「君權神授說」(The Divine Right of Kings)。菲爾莫並算不了一位什麼大思想家，若非他的「父權論」曾被洛克作專書批評過，說不定他的原著早已被人們所遺忘了。老實說，神聖君權論現在早已是過時的理論了，所以洛克這一篇論文現在也不甚重要了。他的第二篇論文，主要地大概是批評霍布斯的學說，但他的全書中並未提到霍布斯的名字。這第二篇論文，是洛克政治理論的建設工作，也是我們必須細讀的。洛克的政治著作，是近代民主政治理論的一部最重要的經典，他是澈始澈終地主張民主政治的。他對於當時西洋的政治思想上發生了極大的影響，我們只要一讀美國的獨立宣言及法國大革命時的人權宣言，立刻就會曉得洛克對於當時那些政治家們的影響之大，他們不但採取了洛克的政治思想，並且有許多話都是洛克著作中的原文。近代的最大的政治思想家盧梭（Rousseau）也是受洛克的影響最深的。洛克的政治著作的最大價值，並不在他的內容豐富或思想的精密，而是在他那些健強而穩妥的常識判斷。我個人認為洛克這本書（尤其是第二篇論文）中有許多顛撲不破的眞理，很值得我們研究發揮。眞理大概都是平易近人的主張，並非都是些駭人聽聞的怪論。洛克的全體哲學大概皆根據於健強的常識判斷，雖然缺乏刺激性，但有時細味之卻頗近眞理。現在我們講他的政治理論。

二、自然狀態（The state of nature）——洛克的政治理論，雖然正與霍布斯相反，但其論國家的起源，則仍然依照霍布斯的理論的次序。洛克同樣承認在有國家之前有所謂「自然狀態」，在這種狀態之中有所謂「自然法律」（law of nature），以及每人的「自然權利」（natural rights），並且認為國家的起源是生於「社會契約」（social contract），但在這些項目之下的內容都與霍布斯所講的不同。

霍布斯所講的自然狀態，是人人互相侵害的自然狀態。洛克與之相反，認爲人類究竟是有理性的動物，縱在無政府的自然狀態中，人人通常仍然各遵其理性的支配而行動，並非是些毫無理性及道德的野獸。洛克說：「自然狀態中有自然法的管轄，這種自然法是可以約束每一個人的；人類所必須諮詢的理性(亦即自然法)教導給人類說：因爲大家彼此都是平等獨立的，任何人都不應當損害他人的生命、健康、自由、或財產」("Second Treatis," §6)。所以洛克認爲自然狀態並非如霍布斯所說的那種戰爭狀態，反倒是「一種和平、好意、互助、共存的狀態」(A state of peace, good, will, mutual assistance, and preservation.)。

在這種自然狀態中，人類都有同等的「自然權利」，以享受他所應當享受的平等、自由、及財產。通常人人都遵着他們的理性所指定的自然法而行爲，簡言之，就是「我願意他人如何對待我時，我也如何對待他人。」洛克認爲，自然狀態與文明社會(civil society)之間的差別，就是在自然狀態中，每人都是自然法的裁判者及執行者；在文明社會中，社會全體的力量是解決人與人之間的糾紛的裁判者及執行者。文明社會與自然狀態的分別，並不在那個社會中是否有君主，完全在某社會中人與人之間的衝突在世間是否有處申訴。絕對的君主專制，即是人民與君主之間的糾紛在世間無處申訴，那麼那種社會雖有政府，但仍然是在自然狀態中。

我們讀罷了洛克對於自然狀態的描寫，不禁便覺得霍布斯對於人性估計得太壞，而洛克對於人性估計得太好。洛克所描寫的自然狀態，好像是一種遠古的黃金時代。繼洛克而起的盧梭，以「歸返自然」爲口號，似乎也認爲自然狀態是人人都自由平等的狀態，事實上，也許霍布斯和洛克各見了眞理的一半，說不定人性的本色，是一部分如霍布斯所描寫的，一部分像洛克所描寫的。

三社會契約——雖然洛克所設想的自然狀態已經比較好些了，但他仍然承認人類在自然狀態中有許多缺點：第一，在自然狀態中沒有一種固定而且人人共知的法律條文；第二每人總不免有偏見或自私心，若讓每人判斷他自己的案件時，便難免有不公道的地方，惟有在文明社會中才可以建立公正無私的審判者；第三，在自然狀態中雖然人人皆是自然法的執行者，但無集體的力量以執行判決案。因爲有這種種缺點，所以人類才用社會契約的方法造成了文明社會。這種社會契約是怎樣訂立的呢？洛克並非如霍布斯所說的，人民與人民之間互約以服從至尊者。洛克以爲每人都把他自己的自然權力 (natural power) 交給社會全體或公衆，每人之所以把自己的自然權力讓給社會全體的目的，就只在社會可以利用大家集體的力量以謀大家的「公共利益」(public good)。其次，社會建立了之後，社會的成員們經全體或多數的決議而建立立法及行政機關 (legislative and executive organs)。爲什麼多數的決議 (majority decision) 就有這種指定立法及行政機關的權利呢？洛克認爲，這是事實上的必需，因爲假若不然，社會集體的行爲就不可能了。社會全體一致決議，當然有處理社會事務的權利，但全體一致的決議並非常是可能的；不得已而求其次，只得服從多數，不然只得聽任剛組成的社會自己解散了。

按洛克的意見，人民與人民之間，或人民與統治者之間，並未訂立契約要永遠服從政府；政府是受社會全體的委託，只在爲大衆謀利益的條件之下始有權力統治；假若政府違背了受委託的目的時，社會（即人民的多數）仍有權力取消或撤換他們。洛克極端反對絕對的君權，所以在他的第二篇政府論文中簡直就未提到主權或至尊權（sovereignty）這個名詞。他主張國家的最後及最高的大權，仍然應操之於人民之手。他說：「雖然在一個立憲的國家裏只有一個最高的威權，那就是立法者，其餘的人民都是從屬於他的；但是立法者也不過是一種受人委託的權威者，他的行爲是爲達到某種目的的；假若立法者違背了信託的目的時，最後取消或更換立法者的最高權力，仍然握之於人民之手」（"Secnd Treatise," §149）這一段話就是洛克的委託說（Theory of Trusteeship）的精義，那就是說，人民與政府之間各有其應盡的義務與應享的權利，政府並非對人民不負責任的。我們現在可以再引洛克講國家的目的的一段話作這一節的結束。他說：

「雖然當大家最初入於文明社會的時候，每人把自己的平等自由及執行正義的權力交給了社會，以期望社會上的立法者能按照社會的利益而行動，但是每一個人都只想着那樣作時可以更容易地保存自己的生命、自由與財產（因爲沒有那一個有理性的動物願意把他自己的狀況改換得更壞的；）所以社會的權力，或社會所指定的立法者的權力，絕不能超過了公共利益所需要的範圍之外。……所以無論一國的立法者或最高權威者是誰，他必須按着立定的法律統治，必須用公正無私的審判官……並且必須使用社會的力量在國內執行那些法律，對外抵禦或補償外國人的侵害，以保持社會的安寧。所有的這些事情，只是想達到和平安全，及人民的公共利益的目的」("Second Treatise," §131)。

四、政府解體與社會解體的區別——按洛克的委託論，假若政府已經公然地違背了其受委託的目的，任其個人的私意而行動，並且不遵守社會立定的法律時，那麼他就和人民立於一種戰爭狀態，人民（即社會）即有權利起革命，繼之而生政府的解體。霍布斯認為，社會的成立，完全因為大家相約以建立了一個有絕對主權的政府，若取消了政府的時候，社會即隨之而解體，人民立即回復了從前的無政府狀態，也就是互相攻殺劫奪的狀態，所以霍布斯認為，我們只有兩途可以選擇，若非大家忍受着一切可能的痛苦而遵從主權者的統治，即必須重返於無政府的最痛苦的戰爭狀態。洛克對於這種主張的回答說：「那位想說明白政府之解體的人，應當先把社會解體與政府解體的分別弄清楚」("Second Treatise," §211)洛克認為，政府的解體和社會的解體完全是兩件事。他認為，社會只有在一種情形之下可以解體，那就是被外來的侵略者征服了的時候，征服者往往用各種殘酷的暴力把社會的一切習慣上的秩序和文化都破壞無遺，使人人自危，不得自由結合，每人只顧用他自己最方便的方法以謀生存。在這種情形之下，社會的解體當然也是政府的解體。至於因政府違反了社會最初的委託，而內部被人民用革命的方法推翻時，社會仍然可以保持固有的組織，大家彼此仍然有同情心，而且互相幫助，他們仍然可以按着他們的道德律而生活；那麼這只是政府的解體，而並非即是社會的解體，不過這個社會裏的多數人想另建立一個政府而已。

洛克說：也許有人要問假如我把政府建立在這樣不穩固的基礎上，政府的權力完全靠人民無定的公意所決定的時候，這個社會裏豈不要經常地起革命麼？洛克回答說：這個問題自然有歷史的事實可以回答，各國的歷史事實，都充分地證明了人民行動的遲緩與反對改變舊有的制度。人民遇到暴虐的統治者時，雖然有時很有革命成功的機會，但卻仍然渴望着統治者能改變他的行爲，仍然希望他的惡行不至於永遠繼續。到最無辦法的時候，仍然認爲他在世間的生命也只有幾年了。人民並非那樣容易起革命，革命絕不能因爲政府少有不善就爆發。洛克說：「統治者有許多很大的錯誤，許多錯誤而無益的法律，並且犯了人類一切的疏忽，但是人民仍然忍受着，無怨言，亦無變亂。不過假若統治者繼續不斷地濫用職權，倒行逆施，詭譎奸詐，使人民看清楚了他的計畫，使他們都曉得了他們所處的地位，並且知道他們將來要到一種什麼地步，那就莫怪他們羣起走險，以保障他們初立社會時的那些目的了；因爲現在他們所處的境遇，比從前的自然狀態或完全無政府的狀態還更壞些呢」（"Second Treatise," § 225）。

最後還有一個問題，有些人批評洛克說：他始終未曾說明到底政府壞到什麼程度，人民才應當起革命？這種限度本來就很難畫定，只能依靠當時的人民常識上的直覺判斷，認爲縱然產生了革命進程中的許多痛苦與流血，但他們仍然覺得革命是他們的義務的時候，他們就應當起革命。

五、對於洛克政治理論的批評與解釋——洛克因襲着霍布斯的思想方法，仍然主張有所謂「自然狀態」及「社會契約」等這些問題在我們批評霍布斯的時候已經說過，那是些哲學家的冥想虛構，絕非歷史上的事實。但我們讀過了洛克的政府論之後，覺得他至少有三點是值得我們討論與解釋的：第一，他認爲政府的統治，及人民的服從政府，皆根據於人類理性上的自然法，亦卽道德律（moral law）；第二，他認爲國家的最後主權操之於人民；第三，多數者有統治權。

1. 政治義務根據於道德義務——洛克所謂的自然法，卽是人類理性上的道德律，這種道德律統轄人類的行爲。不論在自然狀態或文明社會都是一樣的。社會建立了政府，也無非想使政府明文規定這些自然法，並且以強制力執行之而已。洛克認爲，凡人都是天生平等自由的，絕沒有天生的統治者與被統治者的區別。人與人之間有許多道德上的關係，如守信約，維持公道，救濟他人的困難，謀社會全體的利益等。統治者是受社會之委託以謀社會的利益，並且他所處的地位又能大規模地從事於這種事業；所以統治者只按照他的道德義務卽應守信約，並且力謀社會全體的最大利益，他這種政治上的義務同時也就是他的道德上的義務，人民之所以應當服從政府，並非只爲服從而服從。在道德生活上凡人皆宜維持公道，增進公益，政府通常是大規模地維持公道及增進公益的機關，所以我們根據於自己對他人的道德關係，應當擁護及服從能盡職責的政府。但是這種服從政府的義務，並非絕對無條件的。假如政府倒行逆施，增加人民難以忍受的痛苦時，我們就可以根據於對他人應盡的道德義務（如維持公道，及救濟他人的困難，增進社會的幸福等，）反對那種加害於人民的政府。此地有一種考慮就是革命也要加給大家一種痛苦，所以當權衡我是否應當革命的時候仍然須看革命是否爲我的一種道德上的義務以爲斷。

2. 人民主權論——洛克的人民主權論的主要根據，是他所主張的社會契約說。我們雖然不必相信社會契約是歷史上的事實，但只要我們承認人與人之間有平等的關係時，那就是不承認任何人有絕對的統治權，國家的最後主權自然應當屬於人民了。再就事實上的考慮，假若一國的人民意見相同，向着同樣的方向行動時，那國的最大權力當然是屬於人民一方面的。如果政府倘非太壞，人民的力量還不能團結表現時，政府當然像是握着一國最高的權力。不過，假如政府的暴虐已使人民不能忍受，弄得人民都決心要推翻政府時，那時就可以充分地證明了一國的主權到底屬於誰了。設想從前的土耳其君主（sultan），強迫人民焚可蘭經並且吃豬肉時，我們不久卽可看到人民的力量，不但人民全體反對，就連土耳其君主所御用的軍隊也要違命反抗，可見國家在實際上的最後主權還是屬於人民。我常覺得休謨（Hume）有一段話近於眞理。他說：「在那些用哲學的眼光去觀察人事的人們看到許多人那樣容易受少數人統治，並且這許多人情願放棄了自己的意見與感情，而默然服從他們的統治者。他們一定認爲這是一種不能更奇怪的現象了。不過當我們再用哲學的眼光去研究一番的時候，我們就可以知道一國的力量常是在被統治者那一方面的，統治者只能受人民的公意所支持。所以政府的基礎只能建立在公意上；這個原則可以施用於最專制的政府，也可以施用於最自由最民主的政府」（"Hume's Essays," 1875 ed., Vol.I, pp 109—110）。

3. 多數者的統治權——假若我們不相信「君權神授，」或某人有天生的統治權時，那樣統治者究竟應當如何產生呢？最理想的辦法當然是社會全體一致的擁護；但全體一致的決議，通常並不易得，其次就只有多數者的意見了。洛克也明知道多數者的同意並非最理想的辦法，但事實上不如此時，一個社會還有什麼方法作集體的行動呢？洛克是因爲事實上的必需才承認多數者的權利的。多數者統治是民主政治的要義。現在有一個問題，就是多數者一定是對的嗎？多數者專橫的政治不是也可能麼？多數者專橫，當然可能，但絕對的君主專制或少數人統治不更容易流於專橫嗎？通常說每人都有偏見及自私心，在全體討論服從多數人的決議時，各個人的私心及偏見可以互相牽制而抵消，結果容易發見大家的公意。況且如西洋的常言說：「世界上絕沒有一位這樣的好人，可以絕對地信託他一切而不至於誤用他的權力的。」假若少數人和多數人都有流爲暴虐政治的可能時，那麼我們在原則上當然採取那種危險性較小的。我並非主張民主政治在任何環境之下都是最好的政體，但假若一國的情形可以同樣適宜於少數人專政與民主時，民主當然是一種較好的政體。

第十八章 魏寇(Giambattista Vico)

一、歷史學派——霍布斯、斯賓諾涉及洛克的政治理論，皆重在觀念的抽象分析，並非完全根據於人類的實際政治生活立論。他們大概都是憑着自己的想像，以討論國家的起源及社會契約等；這些觀念大概都沒有歷史的根據，所以他們的政治哲學大部分是生於想像上的抽象分析與虛構。與這種分析學派相反的，就是所謂歷史學派。這派研究人類過去實際生活上的具體事實，根據於這些事實以研究國家社會的起源及性質。這派的主要人物，就是十八世紀的義大利人魏寇，與法國人孟德斯鳩(Baron de Montesquieu)。他們二人都是受過訓練的法學家，都有非常豐富的歷史知識，而且都是歷史哲學的先驅者。魏寇是一位當時不大知名的義大利人，早年嗜哲學及文學，及年近三十時，為其故鄉那波里(Naples)大學的修辭學教授，但薪金甚微。後因預備給葛拉法(Coraffa)作傳記，發現了必須讀哥魯涉斯(Grotius)的戰爭與和平法(On The taw of War and Peace)，因此又喜法學，著有一部法理學的書，名普遍法(Jus Universum)。其後那波里大學之法理學教授出缺，按歷史及功績論，魏寇應任此職；但因魏寇不善交際，而竟未成功。魏寇對此大失所望，然其研究法理學的努力仍然繼續，所以在政治思想上有很大的貢獻。魏寇最重要的著作，是他的新科學(Scienza Nouva)，未見有英譯本。

歷史學派並非如從前的分析學派，認爲人類從前都是些孤立的個體，國家的起源來自人類的開明自私心或社會契約。他們與分析學派相反，認爲國家的起源是從人羣中的宗教與道德生活裏盲目地自然發展出來的。他又認爲，人類社會生活的各方面——宗教、道德、政治、經濟、社會以及一切的學術——都是互相關聯的，一部分的變更，必定會影響到全體；所以我們不能離開人類社會全體的活動而單獨研究政治。歷史是人類整個過去生活的記錄，所以他們主張我們必須瞭解人類整個的歷史，然後根據於事實來研究法律與政治。

二、國家起源論——魏寇認爲，古今許多政治哲學家的主張，都是空洞而危險的東西；因爲他們不顧具體的歷史事實，而專作抽象的冥想與獨斷，喜拿人類現在的情形去解釋邃古的人類，其實遠古人類的情形與意見，與我們現在的很不相同。當人類在遠古代那種未開化的野蠻狀態，大家開始聯合成一起的時候，他們並不是些有抽象理知作用的動物，而是些只有感情衝動與想象的動物；他們沒有冷靜的理性思辨，只有詩人的幻想。許多政治哲學家都不明瞭這種事實，他們每人都想把自己的那種抽象、獨斷、而片面的學說，硬加在古代人類的實際生活上；所以有人（如伊壁鳩魯學派）以快樂爲人類活動的唯一原則，有人（如斯多亞學派）以禁慾自苦爲人生的唯一原則，有人（如生物學派）認爲人類的進化完全生於一種盲目的力量，又有人（如霍布斯等）以爲完全生於功利或自私的計較。他們這些哲學家都不曉得原始人類活動的複雜、分歧，以及種種不可計算的實際情形，只把他們自己認爲的原理硬加在原始的人類上。魏寇認爲，原始社會最重要的起源之一，就是一種「宗教上的恐懼衝動」(the impulse of religious awe)。這是人類心靈上最基本而且最深邃的衝動，如果無此衝動，人類的社會國家簡直就不可能。

魏寇以爲，在諾亞大洪水之後，人類都流浪於大森林中，無法律，無朋友，亦無家室。其後因懼於自然界的雷電，引起了人類一種宗教上的恐怖心，於是那些聰明人便男女相偕而處於巖穴中，這就是人類家庭的起源。這種一夫一妻制的家庭是人類眞正的「自然狀態」(state of nature)，也就是人類社會生活的開始。魏寇似乎也受了當時流行的思想的影響，在他追溯家庭的起源時，也同樣根據於當時傳統的神話性的歷史，而溯源於原始孤單獨立的個人，但自他根據於宗教的恐怖心得到家庭之後，便與從前根據於抽象哲學思辨的思想家們完全離別了。以後他便把人類當作有社會關係的文明人看待了，根據於古希臘的神話及羅馬史等，以研究國家的起源及政治法律的變遷。他的新科學一書，主要地就是解釋羅馬史，他認爲羅馬史是人類社會進化的模型，瞭解了羅馬的社會進化之後，即可以幫助瞭解人類全體。

魏寇認爲，家庭之起源生於宗教，維持家庭的繼續存在，亦賴宗教。原始家庭中最關心的事，便是如何求得他們那些神們的歡心。他們以爲他們的生命財產都是神所賜與的，所以必須用種種方法尋求神的意志而遵從之。在原始人的生活史中，凡人生的各大事件，皆有各種的神專司其事，如婚嫁、生產、及喪葬等；並且有司牧畜牛羊之神，及司農業耕種與收穫之神等。所以原始人認爲，在他們的日常事務上，總有各種的神作他們的指導、制裁，並管轄着他們。不但如此，宗教對於家庭的內部生活上，還有更重要的意義。原始人認爲家長是全家與神交通的唯一媒介，家長位於「神」與「人」之間，在全家中他算是神的代表人。所以祭祀的時候，家長司祭，可以直接對神表示他自己或全家的意見；家長有權判斷是非曲直，獎勵爲善者，懲罰作惡者。魏寇引徵了古代希臘、羅馬、及希伯來史上的許多事實作證明，認爲家長代表神的意志，所以有那樣大的權利，甚或可以殺其作惡之子以息神之怒。簡言之，在原始的家庭中，家長同時是預言者（prophet）、僧侶（priest）；而同時也是國王。所以原始的家庭，不能只名之曰君主政治（monarchy），應名之曰神權政治（theocracy），或者同時是君主政治亦是神權政治，因爲兩者是互相爲因的。

嗣後家庭逐漸繁殖，逐漸擴大，從前的家庭便變成了宗族（clan），由宗族變成了部落（tribe）。在宗族與部落時代，就必須有相當的組織與法律，所以一個共同承認而且服從的首領是必要的，那就是族長或酋長之類。這種由許多家庭集聚而成的原始社會，最初大概都在井水或河流的附近；這些小社會逐漸變成了小國家的雛形，大家都服從他們各小社會的至尊者，維持公共的社會秩序，遵守共同的風俗習慣，祭祀共同的神。在有國家以前，從一夫一妻的簡單家庭以至於宗族與部落，魏寇統名之曰家庭時期，亦即「自然狀態」。此時期雖然還沒有國家，但國家的雛形卻已經存在了。

國家的成因，並非生於許多孤立的個人的有意識的組合，而是生於許多完整的家庭；這些家庭爲達到某種目的而自然形成了些小國家，在一定的疆界之內有主權，並且把內部也組織起來，以更有效地解決他們的生活問題。每一個小國家的內部都包含着兩種成分：第一種就是那些自認爲有統治權可以發布命令的強者，他們自以爲出身高貴，有光榮的祖先（神或圖騰），並且認爲他們的風俗習慣都是神聖的；第二種就是那些無組織而被壓迫的人民，他們一半意識到自己的卑下地位，一半又想反抗那些壓迫者。在這種狀態之下，雖然有許多東西可以引起他們彼此之間的競爭與衝突，但同時也有許多東西可以給他們的文明生活以訓練，訓練他們的忍耐與謙讓心，培植他們對文明生活的精神，結果國家生活的長處遠過於它的短處。這是從古代羅馬史及半神話性的希臘史上可以證明的；因爲如此，所以國家可以繼續存在。

魏寇認爲，原始的國家與家庭有極密切的關係，國家即生於家庭，在國家成立之初，一定是貴族政治，而不是君主政治；因爲部落中的統治者即是些貴族或各家庭的家長，原始國家的統治階級也一定是些貴族或各家庭的家長。有些人認爲原始的國家一定是君主政治，那完全由於荷馬的詩歌及舊約的創世紀上有時用「國王」（king）與「伊甸公爵」（Duches of Edon）等字樣的關係，其實這些字樣不過表示他們是些貴族而已。維繫原始國家的柱石有二：一爲貴族政治，一爲宗教。所謂貴族政治者，並非指有德性的人們統治，不過那些比較有組織有力量的人們統治而已；換句話說，就是許多家庭的家長們聯合起來作統治階級。宗教上，他們仍然因襲着原始家庭的崇拜，不過國家把各家庭不同的習慣與崇拜混攏起來，另作成一個有系統的組織而已。

三、魏寇的比較方法——魏寇備具着兩種天才，一方面是位歷史語言學家，一方面是位哲學家。魏寇對於語言學所下的定義比現在我們之所謂語言學略廣泛些，他說：語言學所研究的是「各民族的語言及行為的知識」(the knowledge of speech and acts of peoples)。他的新科學並非片面地研究某種學問，或人類活動的某一方面，他主要地在根據於歷史的事實以研究一個民族活動的全體。所以他的新科學一方面是比較神話學，一方面是比較法學，最重要的還是一部歷史哲學。魏寇的基本信念也是他的新科學的基本主張，就是把理性與威權，理想與經驗連合成一起，才可以得到人類社會演進的眞知識。他反對笛卡兒(Descartes)的否認知識與經驗的價值。笛卡兒認為我們的一切知識經驗均不可靠，若求正確的知識，必須根據於自己意識上的最確定的眞理向外推演。魏寇認為，這種極端主觀的演繹方法，對於人類知識上有莫大的弊病；我們很有許多事實可以證明若專靠自己的理性為標準，可以陷於無知及謬誤。所以魏寇認為，我們必須與人類的常識相連接，我們必須一方面根據一個民族的大衆的直覺判斷，一方面根據於合理的思想。他主張幾何學的方法應當與實際經驗的方法連成一起，換句話說，就是哲學與語言學應當相輔而行，哲學與語言學歸併在一起，纔能得到人類知識的全體。因為哲學上所研究的是以人類的理性為對象，尋求絕對不變的眞理，語言學包括文字與歷史，研究人類活動的實際事實；哲學根據於人類的理性與眞理，研究人類應當如何，語言學根據人類意志活動所生的事實，研究人類事實上是如何；哲學上的應當，必須有實際上的威權纔可以表現，實際上的威權必須合於理性纔能保持。所以假若把這兩方面分離之後，兩者都是片面的無用的東西；把兩者聯合起來之後，才能瞭解人類的實際知識。

魏寇的新科學把人類的歷史分為三個時期：(一)野蠻時代或神的時代(The age of gods)；(二)英雄時代(the age of heroes)；(三)文明時代或人的時代(the age of men)。在這三個時代裏人類的語言、文字、風俗、習慣、法律、政治等都不相同。在神的時代人類很粗野，感情衝動，認為各種具體的東西中都有神的存在，富有各種荒謬無稽的想像，語言文字都是用手示與呼號，社會的組織即家庭，父親便是教士與國王。魏寇從古代的神話中給了充分的證明。在英雄時代，政治是以英雄的武力為基礎的貴族政治，不承認人與人之間的平等地位；文字是象形的符號，宗教仍保存着從前的傳統，詩人便是關於知識及神學的教師，這個時代的典型詩人就是荷馬(Homer)。在文明時代(或人的時代)語言更正確了些，文字是字母拼成的，有詩歌亦有散文，人類有了理知的思辯，風俗習慣比較溫和而有禮貌，人人都變成了國家裏的平等的公民，並且國家有了對大家共同實用的法律。

到底這些社會中，那一種最好呢？我們應當以什麼為批評社會的標準呢？魏寇認為，這些問題都是不應當發的。魏寇說：「政府必須適應於被統治的人民的性格，統治者的學校就是那個民族所公認的道德」(Government that adapt themselves to the nature of the people governed, the symbol of the princes is the morality of the patrons.）我們現在或者因戰爭而生厭，以強權爲不合理，以被征服者作戰勝者的奴隸爲不人道；但在某階段的社會情形之下，這些都是必需的，因爲是必需的，所以是好的。在人類的理性尙未發展的時代。理性尙不能統治，只有崇拜強權並且讓強者統治的辦法。人類理性發展了之後，人人都承認彼此是平等的，人類合理的統治便變成了統治者的標準，強權當然就失掉了它的統治地位。時代的變更，帶來了風俗習慣及法律政治的變更，所以我們不能離開實際而斷言何者是比較好的社會制度。魏寇曾舉例說，我們不能拿一個固定的標準來衡量一個人的童年、幼年、成年與老年。兒童完全依據於他一時的想像而用暴力行動；幼年的想像力發達，認爲一切物體都是有生命的；成年人的行爲多受純理性的支配；老年人的行爲多靠他的健強的識覺心。人類社會的發展也是如此。

魏寇認爲，人性是在有機地生長，理性、道德、政治、法律、想像、詩歌……都是一個不可分離的全體，都是隨着人性而生長的。他逃出了傳統的「自然權利」及「自然法」等等的抽象觀念的窠穴。霍布斯、斯賓諾莎、洛克等都認爲人間有一成不變的自然法。魏寇雖然也承認有自然法，但這種自然法卻是常在進化中的。世間絕沒有一部永久可以適用的法典；一切法律都是依照當時環境的實際情形臨時立定的，並且也都是暫時的。等到社會的各種條件變更了以後，法律亦應隨之而變。那些哲學家們所相信的「自然正義」，是依照人類永久不變的理性而立定的永久不易之法。魏寇雖然在文字上對於經院哲學作了這種讓步，但他仍然把自然法放在歷史的進程中。他以為在強權法（Law of Violence）及英雄法（Heroic Law）過去了之後，人類社會漸入於文明社會，這時候纔需要哲學家們按着理性及永久的正義而造成完善的法律，但這些在某時代環境之下的完善法律，待時易事異之後，也是要時時改變以適應時代的需要的。

四、對於魏寇學說的批評——我們首先要問，魏寇對於政治思想史有什麼貢獻呢？我現在大略舉出四點來討論。第一，魏寇是近代首先攻擊「個人主義」的思想家。歐洲自宗教革命以後，個人主義的思想便播蕩了一切，我們都講每人所天賦的自然權利，並且認為國家是許多孤立的個人的集合體。魏寇認為人性的本身就是社會的，國家的起源是來自家庭，並非來自許多孤立的個人。第二，魏寇知道着眼於社會的全體，認為人類社會上的各種活動，風俗習慣，道德法律，政治經濟，都是息息相關的一體。他說，其他的科學都以某種特殊的東西作研究的對象，我的新科學是研究這許多科學中的那些原理的本身，建立一個完整的體系。這種把社會各方面當作一個全體看待的態度，影響了後世的許多歷史哲學家，如海德爾（Herder）、黑格爾（Hegel）、及馬克斯（Marx）等。第三，是他的歷史方法與進化的觀念。他研究法律政治及社會全體的方法，並不對於社會現象作靜止的分析，他把它們看作一個有機的繼續生長與發展。這種進化是受人類理想的引導，逐漸地擴張與進化出來的，最後達到與上帝相合的目的。這種進化最初起始於少數人，以後逐漸擴充至於人類的全體。第四，魏寇認為人類社會生活導源於上帝，終結於上帝。最初人類忽然直覺到上帝忿怒的可懼，始結合成最簡單的社會，以後上帝與人類，宗教與道德，兩者總是相輔而行的；人類對於上帝的認識愈增加了之後，便愈感覺到他對於他們的同胞的義務。歷史的演進是上帝的意志，但上帝意志的表現只能假借人類的活動，利用上帝所賦與人類的需要與衝動以具體實現。後世黑格爾認為宇宙及歷史是「絕對觀念」(the absolute idea)的表現，也是這種意思；但黑格爾等的唯心論哲學家，卻把魏寇哲學的內容（經驗）漏去了。

最後，我們也必須曉得魏寇的哲學也有它的缺點，譬如他相信歷史是周而復始的循環（the cyclical movement of history)。他認為自羅馬帝國陷落之後，黑暗世紀即又回復了從前的神權時代；至封建地主及各種侵略者興起，潮就又是英雄時代了，此時期的詩人丹丁（Dante）正等於古代希臘的荷馬，丹丁的神曲(Diuine Comedy)正等於荷馬的伊利亞特(Iliad)與奧地塞(Odyssey)；文藝復興之後就又是人的時代了。他這種相信歷史循環的命定論，幾乎把他對於歷史進化論的貢獻完全取消了。實在這也和他的歷史哲學相矛盾；因為他相信上帝常在尋求最好的境地，上帝的意志借人類的行為而表現，並且歷史是遵照上帝的意志而進展的；那麼假若他有這種信仰，就不能再承認世界的歷史是循環的。但我們要問，魏寇為什麼弄出了這種缺點呢？其中的主要原因，就是因為他太崇拜羅馬史的偶像。其實羅馬並非即是世界全體，羅馬帝國陷落。並非即是世界的陷落，野蠻民族對於羅馬的侵占，不但給了歐洲社會以新血液，並且在人類的思想與行動上還產生了兩種新的動力那就是古代社會所沒有的那種個人的自由(individual freedom)與民族國家的意識(sense of nationality)。實際上後來的社會都是繼承着從前積累下來的成績而革新前進的並非只是一種循環的往復重演。

第十九章　孟德斯鳩(Baron de Montesquieu)

一、緒論——孟德斯鳩是一位著名的法國人在當時他是一個惟一可以與富爾特(Voltaire)相抗衡的大思想家。他幼年時喜文學但他一生最大的精力都在研究法律政治。他一方面作學術研究，一方面到各處旅行。在歷史的研究上影響最大的是羅馬史，在旅行參觀各國的政治中影響他最深的是英國的政治；這在他的最重要的名著法意(The Spirit of Laws)中便可以看得清楚。

孟德斯鳩的法律及政治原理頗與魏寇相似，他對於古代史及哲學的趣味不似魏寇之濃厚，但他卻比魏寇更實際些，注意當時的政治改革問題，他的文章也遠勝於魏寇；所以孟德斯鳩與魏寇不同，他在當時即享盛名。他在政治思想史上的勢力甚大，他的著名的立法司法行政三權分立說至今仍為各民主國的憲法的楷模，美國的憲法尤其是孟德斯鳩的學說的活標本。更重要的，孟德斯鳩的法律及政治哲學是歷史學派的代表，假若我們問一位略有點政治思想史知識的人，誰是用歷史方法研究政治的大思想家，他一定無疑地回答說，孟德斯鳩。孟德斯鳩是一位法國大革命的先驅者，在大革命之前的半世紀中，最重要而有系統的著作，就是孟德斯鳩的法意，與盧梭的社會契約(Social Contract)，而後者還又多少受些孟德斯鳩的影響。孟德斯鳩的著作規模之宏大，所包含的內容之豐富，以及其理論之明晰而健強，眞不愧爲政治思想史上的一部最偉大的名著。

孟德斯鳩對於當時的重要性，並不在他研究過去的歷史事實，而是在針對着當時的政治問題而研究歷史；他所討論的歷史事實，都與當時的政治有關，拿歷史的事實與教訓來解決當時的政治問題。他詳細地分辨各種政體的不同及其發展，指示出政體與自然環境及國內民情的關係。他這些主張都是針對着他的時代而發的。他曾說：「我們現在依然呻吟於路易十四的惡劣政策之下；種種想使時代開明的計畫，不論這些計畫的智愚，都是有意義的；現在的知識分子都在急遽地反對傳統的宗教信條，都漸漸地對於傳統的政治制度作批評了。」孟德斯鳩對於傳統的宗教信條及政治制度，都是平心靜氣地作明快而精密的批評，駁倒舊有的見解以建立新的合理主張。在他的一封書信中說到他答辯一位神學家的文章時，他說：「我這篇答辯的動人處，並非使讀者看見那些軟弱的神學家們突然顛仆於地，而是使讀者眼看着他們逐漸地滑倒」("Correspondence de Montesquieu," Vol.2, p. 536; "Lettre à mmo du Deffand," 1754)。這種文體不但在他批評神學家的答辯中如此，他全部的法意也是如此的。

孟德斯鳩的思想，乍看來好像有兩種相反的方向：一方面以其爲政治哲學家而傾向於保守；另一方面以其關心於當時的政治而傾向於改革，因爲他尊重一個民族的過去歷史，認爲一個民族的生活是整個的全體，宗教、道德、風俗、習慣、法律、政治等都是息息相關的東西，都是整個民族生活各方面的表現，所以改變一方面就必須牽連到其他的方面。一國的法律及政治制度必須適合於其民族的國情，絕不能憑哲學家的抽象思想而遽行改革，也不能隨便抄襲他國的制度。當他講羅馬人的興亡的時候說：「當一國的政體已經建立了很久，並且政治已經形成了一種固定的情形之後，爲謹愼起見最好不要變動它；因爲這種政體之所以存在的理由，常常是很複雜而不可知的，它既然讓這種政體存在，也能繼續維持這種政體；但假若你要改革一種制度的時候，你只能改變那些按着政治原理已經觀察清楚了的錯誤，至於其他的錯誤只有實行才能發見出來」(Montesquieu: "Greatnes an dDecline of the Romans," Chap. 17)。這是何等的保守色彩！所以當時的富爾特及愛爾威時斯(Helvétius)等攻擊孟德斯鳩的保守性。另一方面，他目擊法國當時威權者的專橫及不合理，國主仍然濫用職權，壓迫人民的合理的自由，壓迫一切新興的教派；這些事情都與孟德斯鳩的人道觀念相悖，他認爲這都是摧殘民族生機的暴力。所以他對於當時的政治及宗教的態度，完全立在一種批評的立場，並且有時作很激烈的反對。孟德斯鳩自有他自己的一貫理論，這兩種傾向不過只從外表上看的現象而已。

二、論法律——孟德斯鳩的法意上第一句話說：「法律在最普遍的意義上就是從事物的本性中所發生的必然關係」(Laws in their most general signification are the necessary relations arising from the nature of things.)。這句話就是孟德斯鳩的法律與政治哲學的基本原理與精神。他認為上帝有上帝的規律，宇宙間的萬物是上帝按着規律而創造的，所以世間的一切東西皆有其法律，物質界有物質界的法律，動物界有動物界的法律，人類有人類的法律。但人類因為能自由行動，並且是可以犯錯誤的，所以人類的法律常有違悖他們的自然法之處，也有時不遵從按着他們的天性之自然所生的法律。孟德斯鳩這種主張在當時曾受過很嚴酷的批評，富爾特及盧梭都說他這種法律的定義是在玩弄玄學上的玄妙(metaphysical subtlety)，愛爾威斯特認為這種混亂的主張早被開明的哲學所分析過了。其實這些批評也並非完全公允，所謂各種的法律者，都是生於事物之間的關係的。宇宙間一切自然現象界的規律，的確也是生於自然界的東西之間的自然關係。人類之間的相互關係，假若完全按着各個人的理性去思想，也有所謂道德上的自然法；不過人類因為有自私或偏見的關係，未必能完全按着公正的理性立法。或未能皆按着自己的理性行動而已。

國內的法律與國際間的法律，都是規定政府與人民或人民與人民，政府各機關及國家與國家之間的關係。孟德斯鳩認為，一國的法律不但規定上述的各種關係而已，又必須與那國的自然環境（如氣候土壤等）及社會生活狀況相適應，然後纔算是比較好的法律。所以孟德斯鳩並不想求得一種可以適用於任何時間及地點的永久法，法律必須與一國的客觀環境相適應，隨客觀環境的變遷而變遷。一位受孟德斯鳩的影響最深的英國政治思想家勃克(Burke)說：「不同的環境，可以使任何一種政治原理，發生不同的色彩與不同的效果」("Reflections on the French Revolution Works, Vol. I, p. 324)這一句話可以作孟德斯鳩的相對論的註釋。不管這種理論是否正確或完善，但這卻正是他們歷史學派的意見；魏寇的政治哲學中就暗含着這種意思，至孟德斯鳩纔給了明白的說明

根據着三種不同的關係，孟德斯鳩把積極的法律（Positive Law，卽人類社會上所立定的法律）分爲三種：（一）國家與國家之間的法律曰國際法（Law of Nations）；（二）一國中的統治者與被統治者之間的法律曰政治法（Political Law）；（三）人民與人民之間的法律曰民法（Civil Law）。

關於國際法，孟德斯鳩所討論的，主要的是戰爭法。他痛駁哥洛涉斯（Grotius）的著名的「戰爭的權利說」（The Rights of War）。哥洛涉斯之所謂戰爭的權利者，卽是戰勝者有權利把戰敗者殺死，假若戰勝者不殺死戰敗者的話，前者也有權利把後者作成永久的奴隸。哥洛涉斯這種理論大概也是根據於當時的國際習慣，當時許多人都認爲這是眞理。孟德斯鳩認爲，這種屠殺的權利完全是哥洛涉斯自己所幻想的，並且與哥洛涉斯所引爲根據的一切原理皆相違背。統治自然界的自然法只欲萬物之生存而不欲萬物之毀滅；人類的理性與良心令大家的行爲都本着「己所不欲勿施於人」的原則；每一國的政治法，都認定其國家既經成立之後卽當永久存在；最後，按人類的自私心講，人類都想把自己所獲得的東西善利用之，而沒有想把它毀滅的。所以孟德斯鳩認爲，哥洛涉斯的戰爭權利說完全建立在一種鄙惡的基礎上，根據於這種基礎而生的那種永久

奴隸說當然也要掃地無餘了。這種主張不但違悖原理，並且也與事實相反。略有常識的戰勝者，也不會對戰敗者施行全體屠殺的權利；假若戰勝者想統治戰敗者的時候，他必須給戰敗者的國家的人民以平等的權利，不然戰勝者也絕不會長久統治。

政治法與民法必須適合於其本國的自然環境及社會情形。孟德斯鳩在他的法意的第一編中說：「一國的法律應當與其國的氣候相關，與土壤的性質相關，與所處的環境及幅員相關，與人民的主要職業相關，看他們是游牧漁獵或農等。法律應當與某國的國體所能容許的人民自由的程度相關，與其居民的宗教相關，與人民的自然傾向、貧富、人口、貿易及風俗習慣相關。最後許多法律之間彼此尚有關係，法律的來源及立法者的用意對於法律也有關係，當時的社會組織與秩序對於法律也有關係。這種種方面的情形法律都應當考慮到(''The Spirit of Laws,'' Bk, I. §3)

孟德斯鳩認為，在這種種關係之中，尤以氣候與土壤的關係為最基本。他以為，氣候土壤可以影響到一個國家的民族性、社會經濟情形、國家的政體、及風俗習慣宗教藝術等這一切的東西都是相關連的。氣候與土壤可以直接影響國民性及政府的形式，再進而影響於人生的一切。所以孟德斯鳩說「人類所處的第一個帝國，就是氣候的帝國」(''The first of all empires is the empire of climate.''—''The Spirit of Laws,'' Bk. XIX, §14) 孟德斯鳩這種主張曾受過許多人的批評，許多人認為這是孟德斯鳩的學說中最脆弱的一部分。富爾特會批評他說，從羅馬帝國陷落以至今日，義大利人及政府，的確有很大的變化，但義大利的氣候仍然是未變的。盧梭很贊成孟德斯鳩這種主張，他說：「我們必須把普通規律與其事物之結果的特殊原因分辨清楚。縱然所有的南方國家都是共和國，所有的北方國家都是專制政府，但我們假若只考慮氣候的時候，我們仍然認爲專制政體適宜於熱帶的國家，野蠻主義適宜於寒帶，合理的政體適宜於寒熱兩帶中間的區域。……自由並非適宜於一切的氣候，所以並非一切民族都能達到自由的。我們越思想孟德斯鳩這種原理，我們越能更深切地瞭解這種眞理」(Rousseau: "Social Contract," Bk. III, Chap. VIII) 孟德斯鳩和盧梭根據於自然科學講政治的地方，讓我們現在的人看來，有時並非完全正確，譬如在法意的第十四章(Bk. XIV)中，孟德斯鳩根據於氣候論英國的國民性及政治，他認爲英國的國民在那種氣候之下，最容易傾向於自殺，並且那種動搖不安的英國人很難永久受一個個人統治，所以非常容易起騷動及革命。此地孟德斯鳩好像根據於倫敦的大霧而立論，事實上英國的自殺案件及社會騷動，也不見得比其他的國家更多。

三、論政府與自由——孟德斯鳩的法意中論政府的部分，位於他的著作的開頭，這是他專講政治的一部分，在當時這部分和他論宗教的部分同其重要，同都引起了許多人的批評。他否認基督教的普遍性，認爲宗教也要適合於一個民族的物質環境及社會情形。孟德斯鳩認爲，一國的政體可以影響其社會生活的各方面，他詳細分析各種政體的性質及其對於民族生活上的影響，證明一個社會的全部生活，最後皆與其國的特殊政體有密切的關係。他把政體分爲三種：（一）共和（republic）；（二）君主（monar chy）；（三）專制（despotism）。共和政體之中又包括民主（democracy）與貴族政治（aristccracy）。他認爲共和政體的基本精神就是注意德性（virtue），最重要的政治德性就是愛國家及愛平等，所以共和國的政府常有公益心，可以專誠地謀公共幸福。這種德性在民主國中可以表現到最高點，貴族政府中也可以表現到相當的程度。君主政體的基本精神是注重尊榮（honor）。在君主國家中，君主的尊貴是全國的唯一維繫，一方面有他高高在上的威嚴使人民畏懼，一方面有這種偶像可以維繫及吸引社會的人心。這種尊嚴雖然是假的，但在實際上亦能達到謀社會幸福的效果。專制政體的基本精神，就是完全藉統治者暴力與被統治者的畏懼心。孟德斯鳩認爲，除非對於落後的民族，或某國的氣候（如熱帶）特別傾向於產生專制政體者外，專制政體是最不能容忍的壞政體；縱然對於適宜於專制的民族說，這也只是勉強地不得不如此而已。因爲專制君主可以隨意爲所欲爲，對於專制君主的唯一牽制，就是宗教對於極端的惡行可以給以相當的懲制；但宗教的制裁也是偶然的，通常總是實行得太晚了。所以人民生在專制政體之下是最沒有保障的。至於其他的政體（君主、民主、貴族），在各種氣候土壤、民族性、及歷史傳統不同的國家，皆可以作成很好的政府；不過我們必須注意，勿使民主國家流爲無政府，勿使君主及貴族政治流爲專制。孟德斯鳩認爲，救濟這種流弊的方法有二：第一，必須一國的政府遵守着初立的憲法，即實行憲政；第二，不要突然施用與一國的基本精神不相容的政策。孟德斯鳩認爲，革命是要付代價的，通常所付的代價總比得到的利益還大些，所以革命是應當避免的；與國情不合的激烈變更只可作引起革命之用，不然也是應當避免的。

我們現在講孟德斯鳩論政治上的自由與政府的關係。孟德斯鳩說得很對，「自由」這名詞的意義至爲含混，許多人都把它用在各種不同的意義上。有人認爲政治的自由，就是把專制的威權來推倒，有人認爲是人民選舉統治者的權利，有人認爲是人民可以持武器使用暴力的權利，最後還有人認爲政治的自由就是本國人民被本國人按着本國的法律統治的意思。有人認爲君主政體中有自由，有人認爲貴族政體中有自由，有人認爲民主政體中有自由；在大彼得時代的俄國人認爲留長鬍鬚的權利即是自由。孟德斯鳩以爲這些都是「自由」的濫用。「在一個受法律統治的社會中，自由只包含着有權利作自己應當作的事，不被他人強迫着作自己不應當作的事。……自由就是有權利作法律所允許的事情；假若一個公民有權利作法律所禁止的事情時，那麼他就沒有自由了，因爲其他的一切公民皆有那同樣的權利」("The Spirit of Laws," Bk XI, §3)。然則，孟德斯鳩所下的政治自由的定義，就是在法律以內自由活動的權利，不過孟德斯鳩所想像的法律當然是最合理性的法律。

政府必須怎樣組織人民纔能得到這種政治的自由呢？如何纔能使這種自由有保障呢？孟德斯鳩對於這個問題的回答簡言之，就是必須「法治」。「法治」政府及全國的人民皆受法律的統治，使執政的個人不得任意行事，不得濫用職權。用什麼方法纔可以作到呢？這就是孟德斯鳩最著名的三權分立說，或牽制與平衡的原則（the principle of check and balance）。他說「長久的經驗告訴我們，無論誰掌握了大權，都會濫用職權，都會把他的威權來施用到極點。……若想制止職權的濫用，必須使權力來牽制權力」（"Spirit of laws;" Bk. XI, §4）。於是他就把政府的權力分為三種：（一）立法（legislative）；（二）行政（executive）；（三）司法（judicial）。這三種權力必須分掌於不同的人之手，屬於三種獨立的機關，使他們互相牽制，誰都不得濫用職權。孟德斯鳩這種學說，一方面根據於他考察當時的英國政治，一方面根據於洛克的三分法。洛克在他的政府論第二篇中，分政府的權力為立法（legislative）、國際（federative）與執行（executive）三種。立法，與孟德斯鳩的完全一致；國際司國際關係，執行司執行國內的法律。孟德斯鳩認為，宜戰媾和、接見使節、防禦外侮、維持公共安寧等可名之行政，執行國內的法律可名之曰司法；故將洛克的三權改為立法、行政、司法。孟德斯鳩這種主張，與傳統的主權論（sovereignty）根本不相容，因為孟德斯鳩根本不主張一國之中必須有一個人或一個機關掌握着至高無上的權威。

孟德斯鳩認為歷史上的政體中，能作到這種互相牽制與平衡的原則的，就是當時的英國政府，這就是英國政治修明、國家富強的祕訣。他在法意上曾詳細地研究分析英國的政體，這是法意上最著名的一篇。其實現在英國的政體，並非嚴格的三權分立，行政機關是從立法機關中產生的。現在完全實行孟德斯鳩的主張的，就是美國的憲法，以及許多效法美國的共和國。當美國獨立建國的時候，正是孟德斯鳩的三權分立說最盛行的時候，美國就按着這種主張制定了憲法。但這種制度的缺點，就是如果立法機關與行政機關落在不同的政黨手中的時候，政府的行動處處受掣肘，常常陷於一種僵局。這一點孟德斯鳩當時亦已見到，他的回答是「人間事務上有一種行動的必然性，這種必然性就強迫着政府行動，並且必須各機關互相調協」(“The Spirit of Laws,” Bk. XI, §16)但無論如何，政府的大權大略說應當分為三部分，並且這三部分應當相當的分立，這已經是大家公認及許多國家實行的事實了。問題就是在這三權應當如何連絡。

最後，我們應當略述孟德斯鳩對於奴隸制度的主張。奴隸制度和他所主張的自由論，是根本不相容的，他堅決地反對奴隸制度，惟獨在這一章裏(“The Spirit of Laws,” Bk. XV)孟德斯鳩似乎有點感情作用，不似平常的冷靜的科學態度。他認為奴隸制度有害於奴隸，因為妨害他們的自我發展；並且有害於主人，因為可以養成他們的殘酷及縱欲的習慣。有人說，戰場上的戰敗者為換取自己的生命計，故可淪為永久的奴隸。孟德斯鳩認為，因為戰敗者投降了之後，戰勝者根本就沒有屠殺戰敗者的權利，故不能以此為奴隸制度的根據。有人說，奴隸是常常因為欠債太多而自己賣身的。孟德斯鳩的答覆是自己賣自己的事根本就不可能，因為買賣總包含着價值的交換作用，假若一個人出賣自己時，那就是說自己毫無所得，他人得了一切。至於生而為奴隸的學說，當然更不能成立，因為我們根本就不應當使他人作奴隸，更不能使他人的子孫生而為奴隸了。假若奴隸制度不能建立在這些基礎上時，那麼奴隸制度的根據就掃地無餘了。孟德斯鳩認爲在歷史上只有一種奴隸狀態還可以說得過去，那就是在專制政體之下人民情願被迫而作工，藉以增加社會的生產，因爲不然，熱帶的人們以作工爲苦，太不歡喜工作了。但這種雙方甘心情願的奴主狀態，一定是一種比較温和的人間關係；縱然這種温和的人間關係，孟德斯鳩以爲也是違背人類天性之自然的，違背「一切人生而平等」的自然法。他在此地似乎違背了他的歷史學派的立場，承認了那種傳統的「自然權利說」了。歷史上也許有某時代或某地點應當實行奴隸制度，孟德斯鳩這種澈底否認奴隸制度的主張，似乎並非歷史方法。孟德斯鳩是人道主義色彩最濃厚的人，他痛斥奴隸制度之不合理，以醫當時的大弊，也許他以爲，假若承認了過去的奴隸制度容或合理的時候，有人認爲現在的奴隸制度也合理呢。所以他就不顧一切地駁斥。

四、結論——孟德斯鳩的中心思想，就是人類社會生活中的一切東西都是互相關連的，一切法律都包含着許多關係。從這種中心思想中，我們可以得到三種推論，（一）現代的一切社會現象都是過去歷史的產物；（二）一個民族生活中的各方面的表現，都織成了一個整個的全體；（三）在這各方面相互的關係中，總不免互相牴觸，所以應當經常地加以調整。第一及第二種推論都傾向於保守方面，第三種推論傾向於改革方面。

孟德斯鳩之注重歷史的因果關係，是他全部社會哲學的基本精神之一。有人以爲，孟德斯鳩通常總偏於某一時代的社會生活之靜止的研究，對於歷史的發展上並未加充分的注意。其實法意的最後五章（從

Bk. XXVII 至 Bk. XXXI）完全是講過去的歷史，他簡直像一位歷史家了，他第一討論羅馬的演變，以下就討論中世紀遍行於歐洲的封建法律（Feudal Laws），他認為這些法律最初頗傾向於無政府，最後又傾向於秩序與調和，並且他還指示出這些法律與現在各地方的法律的關係。他一方面相信一個民族的社會生活的各方面的連繫關係，同時也相信過去的歷史對於現在的關係。

盧梭批評孟德斯鳩說，他拿事實來建立正義（establish the right by fact）；其實孟德斯鳩並非承認一切自然產生的社會現象都是好的，縱然連他所承認的那種對於法律最重要的影響——氣候——所產生的結果，立法者有時也有矯正的必要。他說：「不好的立法者多袒護氣候所產生的罪過，好的立法者老想矯正它」（"The Spirit of Laws," Bk XIV, §5）。孟德斯鳩是贊成社會改革的，不過他認為實行社會改革時，必須根據於某社會中的既存關係（如人類的天性、物質環境、傳統思想與成見等），絕不應當不顧社會的實情而遽行激烈的變化。英國有一位保守黨色彩最濃厚的政治家勃克（Burke）說：「智慧不能創造材料，而是在如何運用這些材料」（Wisdom does not create materials; her pride is in their use.）。這種態度就是孟德斯鳩的主張的很好的註腳。

第二十章　盧梭(Jean Jacques Rousseau)

一、盧梭的生活及思想——盧梭於一七一二年生於瑞士的日內瓦，他的時代正是法國大革命的前夕，那是法國的啓蒙運動(enlightenment movement)最盛的時候。盧梭是一位最有文學天才的著作家，他最初(一七四四——一七五六)在巴黎與狄德羅(Diderot)等之百科全書派(Encyclopedists)相來往，曾在狄德羅所編的百科全書上寫過一篇政治經濟(Diccourse on Political Economy)的論文；但他卻認爲，他自己的主張與百科全書派有點不同。啓蒙運動注意於合理的思辨，攻擊宗教與禮俗等；而盧梭則憧憬於宗教的淨化，醉心於愛國的熱情。盧梭初享大名的時候，是在一七五零年，那時法國地龍學院(The Academy of Dijon)懸獎徵文題名論科學與文藝的進步對於道德的關係(Has the Progress of Sciences and Arts Contributed to Corrupt or Purify Morals?)盧梭應徵爲文，認爲科學與文藝的進步適足以促成人類道德生活的墮落，得獎而馳名於法國。四年以後，他作成了另一篇論文名人類不平等的來源及其基礎(Discourse on the Origin and Basis of Inequality among Men)；在這篇文章裏他攻擊私有財產制度，認爲貧富不均的現象是最不合理的。至一七六二年他出版了他的社會契約(Social Contract)與愛米爾(Emile)，這算他登峯造極的倫理及政治哲學的主張了。我們現在講盧梭的政治哲學，主要地卽以他的社會契約爲根據。

我們必須知道，盧梭是一位窮苦流浪、並且未受過正規教育的浪漫文學家，他本身的行爲及思想上就有許多互不相容的衝突，他一方面想滿足他的慾望與衝動，一方面又堅信宗教上的淨化，所以他時時感覺到自己的罪惡。這種複雜衝突的人格在他的懺悔錄(Confessions)中表現得非常明顯。他說：「我的興趣與思想，好像老在游移於高尙與卑鄙之間。」他又曾說：「我很容易遺忘了我的不幸事件，但我不能忘掉了我的過失，更不能忘掉了我的道德情操。」因爲他常有這種高尙情操與卑鄙衝動之間的衝突，又因爲他那變化無常的困苦環境，所以他的道德及社會哲學也並非完全一貫的。我們大略可以把他的社會思想分爲二期：第一是破壞時期，第二是建設時期。

盧梭第一期的著作中，竭力反對人類的理知作用，認爲當時啓蒙運動所視爲法寶的科學與知識等，都是損壞人類天性之美的東西。他說：「一個用思想的人就是一個敗德的動物」(A thinking man is a depraved animal.)。他高呼「歸返自然」(return to nature)的口號，認爲人性自然就是善的，科學、文學、禮教等都是損壞人性之自然的東西。在他的新愛羅伊斯(La Nouvelle Héloise)的序上，當他講到人類的美的靈魂時，他說：「自然造成他們，我們的制度敗壞他們」(Nature made them; our institutions spoil them.)。他的愛米爾上第一句話便說：「自然的造物者所創造的一切東西都是好的；一切壞東西都是經人手製造的。」

總而言之，盧梭的初期政治思想，肯定了人性自然就是好的，若人類能順其自然而生活，那一定是很美滿而快樂的生活；所以我們可以說他傾向於個人主義及無政府主義。第二期的政治思想，可以以他的社會契約及他的政治經濟論爲代表。他創出了一種「公共意志」(the general will)的學說，認爲社會中的每一分子，都應當絕對服從社會的公共意志，這時又頗傾向於「集體主義」(Collectivism)了。

盧梭的學說自然有些不甚貫澈的地方，這是大創造家所不易免的現象。他講政治原理的目的，總不外如何使大家都得到自由。我們現在主要地以他的社會契約爲根據而講他的政治哲學。

二、盧梭的政治哲學上的主要問題——盧梭在他的社會契約的開端，似乎仍然主張人性自然是好的。他的社會契約開頭的第一句話說：「人類天生是自由的，但他各處都發現了他是在桎梏中。……這種變化是怎麽來的？我不知道。怎樣可使它合理呢？我想我可以解答」("Social Contract," Bk.I, Chap. I)。他在此書的序言上說他研究政治的方法就是「順着人性的自然研究法律應該如何規定」(Taking men as they are and laws as they can be made.)。這都充分地表現他認爲人類的天性是好的，社會應當任各個人的天性自然發展，作成人人自由的快樂社會。

盧梭是大家公認的「自由之使徒，」他認爲自由是至高之善，是人生最可寶貴的東西。他說：「任何人對於他的同類都沒有一種天然的威權」("Social Contract," Bk.I,Chap.IV)「否認一個人的自由就是否認他是一個人」("Social Contract," Bk. I, Chap. IV)。但同時他又認清楚了人類有組成集體社會的必要。第一，因爲人類生活上的障礙物甚多，個人的力量不足以克服那些障礙，所以必須大家團結起來以增加克服障礙的力量；第二，因爲人類在自然狀態中，總不免各恃其體力的大小以保存他個人的利益，組織成了社會以後，即可以用法律代替了個人的武力。不過人類組織成了國家之後，大家就必須遵從一個有威權的政府。不然，這種政治社會是絕對不能維持的。現在盧梭的政治問題就可以看清楚了，那就是人類一方面必須服從政府，一方面又要每人都完全自由。服從與自由(obedience and freedom)是兩個互相矛盾的名詞：既然服從就不得自由，既然自由就是不服從權威。但盧梭的社會契約卻就要解決這個問題，他就想使人人服從威權而同時每人都得到完全的自由。他說：「這個問題就是想找到一種形式的社會，這個社會可以用全體的公共力量以保護每一個成員的生命與財產，並且當每人與大家聯合起來的時候，每人都只服從自己，簡直和從前一樣的自由」(“Social Contract,” Bk. I, Chap. VI)。

用什麽方法可以達到這種目的呢？這就是盧梭的社會契約。盧梭說，這種契約雖然並未見得正式訂立，但在什麽地方都是被大家所公認或默認的。這種契約的條件是：「每人都把他自已及其所有的一切權利讓給全體社會；因爲假若每人都絕對地放棄了他的個人，那麽這種條件對於大家都是一樣的；如此，誰也就不必妨害他人了」(“Social Contract,” Bk. I, Chap. VI)。盧梭在下文中又解釋說：「每人把自已交給全體，就等於並未交給任何人」(“Social Contract,”Bk. I, Chap. VI)。換句話說，就是每人服從社會全體，就等於每人服從他自己也就是每人都絕對的自由。這話乍看起來好像有點似是而非，爲什麼我們旣然服從社會的威權，而同時又可說我們是完全自由呢？我想只有在一種社會狀態之下，可以達到這種情形，那就是政府的一切法令及行爲，必須人民全體贊成。但是這種情形平常並不易辦到，政府旣然強制人民服從，那麼人民就不能有完全的自由。

若想解決這種似是而非之論，盧梭就必須對於他之所謂「自由」下一種特別的解釋。他於是分自由爲兩種；一曰自然的自由(natural liberty)；一曰文明的自由(civil liberty)。他說：「人類因爲訂立了社會契約，所失掉的是自然的自由，那就是每人都有無限的權利，隨其私欲之引誘而攫取他能得到的東西；他們所得到的是文明的自由與對於他們的所有物的財產權」("Social Contract," Bk. I, Chap. VIII)。他之所謂自由，當然僅指後者而非前者。他分辨這兩種自由的原文說：「在從自然狀態變成文明社會的過程中，人類產生了一種極大的變化；他們從前的行爲是受本能的驅使，現在是受正義的支配了，並且給了他們的行爲一種道德性，這種道德性也是他們從前所沒有的。惟有當着義務的觀念代替了肉體的衝動，正義的觀念代替了私慾的時候，那些從前只顧自己的利益的人們，纔開始知道了他們必須按着另外一種原則行動，在順其欲望而行動之前，必須想想是否合於理性」("Social Contract," Bk. I, Chap. VIII)。在這一章的最後他說：「我們還可以說，人類到了文明社會中，才得到了道德的自由，只有道德的自由才能使人類眞成了自己的主人；因爲只服從欲望衝動的指使就是奴隸服從自己立定的法律才是自由哩」("Social Contract," Bk. I, chap. VIII)。

自由這個名詞的意義至爲含混，許多哲學家各有他們不同的解釋。不過按照一般人的常識判斷，所謂我有社會的自由者即是不受任何人的束縛的意思；不論我想作好事或壞事合於道德的事或不合於道德的事，假若我不受他人的任何束縛，那麼我就有完全的社會自由；反之，即無完全的社會自由。現在盧梭的意思是，道德的行爲才算是自由的行爲，只滿足個人的私欲與衝動的行爲就是欲望的奴隸；這當然是自由的一種特別意義。以後的哲學家們，如康德與黑格爾等都繼承着這種主張，所以他們都可以證明，假若一個人服從一個最合理的政府時，那纔是他得到了完全的自由。若想把自由與服從兩個互相矛盾的名詞調和起來，只有把自由解釋成一種特別的意思纔可以作到。

三、公共意志——我已經說過，盧梭的主要政治問題，就在求得一種國家，人民在裏邊一方面服從其政府，一方面又可以得到完全的自由。按「自由」的意義，就是每人順從個人的意志(will)而行動。假若盧梭想證明人民服從理想的國家即是各個人得到完全的自由時，他必須證明服從政府的權威者的意志即是服從各個人自己的意志。於是他便創造了一個名詞叫做「公共意志」(the general will)。他認爲凡一個社會或國家中，除了各成員的私人特別的意志以外，每一個團體還有一種公共意志；這種公共意志完全在謀全體的利益，對於團體內的各成員都一律平等待遇。最理想的社會或國家，應當完全受這種公共意志的統治，大家都服從這種公共意志所立定的法令。公共意志是一個國家的主權者。政府不過只是這種主權者的執行人而已。假若政府的行爲違背了公共意志的指示時，那就是一個篡竊的政府，人民有權利改造或推翻這種不合理的政府，所以盧梭認爲公共意志是居於人民與政府之間的東西；它產生於人民全體的公意，故人民受它的統治就是受自己的統治，亦卽各皆自由執行這種公共意志的人們卽是政府。然則公共意志到底是什麼呢？如何獲得呢？且看盧梭自己的解釋。

第一，盧梭根據着「團體人格」(corporate personality)辯論。他說：「我們每人都把自己的人格與權利來讓給社會全體，而受最高的公共意志的指揮，我們每人在我們的團體活動上，都是與團體不可分離的一部分。……這種聯合成社會的行動，就產生了一種道德的及集體的團體，這個團體的成員卽包括着凡能出席大會投票的一切個人，並且只要大家聯合成了社會之後，這個集體的團體卽成了一體，有了團體人格，並且具有生命與意志」("Social Contract," Bk. I, Chap. VII)。他在他的政治經濟論一篇論文裏也說：「政治團體是一個有生命有道德性的東西，並且有一個意志」。我們曉得，每一個個人都有生活，有意志，有道德的行爲；假若一個社會或國家也同樣是一個集體的個人時，那麼他當然也會有生命，有意志，有道德的行爲。盧梭認爲，國家的團體人格是國家的主權者，它的意志卽是國家的公共意志。

第二，盧梭認爲，公共意志必須來自全體的個人，並且普遍地施用於全體的個人。他說：「眞的公共意志，它的對象及要素都必須是公共的；那就是它必須來自全體，藉以施用於全體」(“Social Contract,” Bk. II, chap. IV)。這就是說，公共意志必須來自大家全體的公意，並且大家必須有公共的目的，這個目的就是謀社會全體的利益；同時公共意志必須有普遍性，可以平等地施用於社會的全體，絕不應當維護一部分人的特權，或特別謀某一部分人的利益而壓迫另外一部分。換句話說，公共意志所立定的法律應當平等地謀全體成員的利益，不分階級，宗教，或種族。

第三，盧梭認為「公共意志」與「全體意志」(the gereral will and the will of all) 不同。他說：「公共意志只顧公共的利益，全體的意志是把個人的利益考慮到的，所以那不過只是特殊意志之總合而已」(The general will regards only the common interest, while the will of all takes private interest into account and is merely a sum of particular wills. — “Social Contract,” Bk. II, Chap. III)。鮑山葵 (Bosanquet) 在他的國家之哲學理論 (The Philosophical Theory of the State) 上，對於這種分別曾作過詳細的解釋，他說，有時在一種會議上，大家皆計較自己的利益，但或者有時大家的私利可以互相一致，因而得到一個全體同意的決定；不過這種意志只可名之曰「全體意志」，而不能名之曰某社會的「公共意志」。所謂一社會的「公共意志」者，必須當大家在會議上的時候，完全不考慮自己私人的利害，而完全為社會全體着想，思慮全體社會的利益到底是什麼，然後才可以得到「公共意志」。盧梭說：「公共意志常是對的，並且常是傾向於謀公衆的利益」("Social Contract," Bk. II, Chap. III)。所以他說，公共意志是絕對不可假借(inalienable)，不可分裂(indivisible)，不會錯誤(infallible)，並且不可破壞的(indestructible)。

第四，盧梭認爲公共意志即是一國的主權者。盧梭仍然繼承着自布丹與霍布斯以來的主權論的觀念，認爲一國之中必須有一個至高無上的主權者；但盧梭認爲這個主權者既非君主或政府，亦非任何一部分人或人民的全體（因爲盧梭認爲公共意志與全體意志不同，）而是那種謀國家全體的利益的公共意志。從此說來，盧梭並非一個貫澈的民治主義者，因爲在某種情形之下也許某一人或數人的意志卽是一社會的公共意志。墨索里尼曾說過，義大利才是眞正的民主國哩！因爲他自己的意志就是義大利的公共意志。希特勒的講演中也常有這同樣的話。一國的主權者既然是公共意志，政府也不過是執行公共意志的一種工具而已；故好政府就是執行公共意志的政府，壞政府就是違反公共意志的政府。

最後，我們還有一個問題，就是這種絕無錯誤、永謀全體利益的公共意志，如何才可以獲得呢？這是最困難的一個問題，盧梭曾貢獻過幾種不同的意見，但沒有一種是滿意的解答。盧梭有時認爲，公共意志就是全體大會上多數人的意志。他說，讓全體人民對於政治皆有相當的情報，但彼此不要互相勸說，那麼在大會中投票表決的時候，「正負互相抵消所賸的那種差數就是公共意志」("Social Contract," Bk. II, Chap. III)。但有時他又說，全體一致的意志未必就是公共意志，那麼在全體大會中投票是否卽能得到公共意志，連盧梭自己也未必敢保證。他說：「作成公共意志的要素並非投票時的數目之多寡，而是被他們的共同利益所聯合起來的」("Social Contract," Bk. II. Chap. IV)。那麼假設某國的統治者果有深知卓見可以明瞭某國的公共利益，而且按着這種原則而行動時，他的意志當然卽是某國的公共意志了；雖然這種主張也許多數人民不能瞭解，受多數人民的反對。所以盧梭的公共意志說並非一定卽是主張民主政治，君主甚或獨裁政府都可以拿公共意志的學說作維護政權的護符。不過盧梭的最高政治理想，卻是主張民治的，他說：「假若有一個神的民族時他們的政府大概是民主的」(If there were a people of gods, their government would be democratic.—"Social Contract," Bk. III, Chap. IV)。

四、對於盧梭政治學說的批評，——我首先要批評的，就是盧梭的所謂「自由」。自由這個名詞眞不知有多少意義，現在我根據我們的常識，把自由的意義大概分爲三種：

1. 意志的自由，人類的意志是否自由，這是一個玄學或哲學上的問題。對於這個問題，哲學上向來就有兩派，一主張人類的意志是自由的，一主張是被歷史及環境等所決定的。我以爲一個人在某種環境之下，對於某種刺激，當有數種可能的行動，假若人類在這種歧途上有自由選擇一途而行的餘地時，那麼人類的意志就是自由的。假若人類的意志是自由的話，誰也不能改變這種事實，除非某人能把人類的理性剝奪，或把他們的生命殺掉。總之，這個問題與政治哲學無大關係。

2. 個人行動上的絕對自由「自由」就是不受拘束的意思。一個人的絕對自由，就是他不受任何自然界及人事上的拘束，可以任意爲所欲爲。在事實上，這當然是不可能的，因爲雖然科學發達了以後，人類已經從自然界中得到了相當的自由，如山川之阻隔，傳染病之侵襲等；但有些自然界的束縛，如地心吸力，自然的死亡等，仍然是不能脫離的，這也非政治哲學所應討論的問題。

3. 社會的自由。社會的自由，即是不受任何人事上的拘束的意思，這正是政治哲學上所應討論的問題。假若人類的社會組織是必要的話，那麼人類生在社會上，根本就不應當有絕對的社會自由。因爲若有一人有行動上的完全自由時，他人的自由就很有受其損害的可能，他人一定要求社會限制那個人的自由，免得使他妨害他人的自由。所以，一個理想的社會或政府，應當努力給每人以最大限度的自由，但不應當使任何人有完全的社會自由；從這種社會自由的意義上說，盧梭及其後世的從者們想證明每人服從社會或政府，而同時每人可以得到完全的自由，那是絕對不可能的一件事。

盧梭若想達到他的目的（即一方面服從社會，一方面是完全的自由），他必然給自由下一種特別的定義；這也正如後世的康德及黑格爾等他們想達到那同樣的目的，因而給「意志」（will）一種特別的意義一樣（下二章詳論）。所以盧梭就有「自然的自由」與「文明的自由」的分別。他認爲人類只有順其道德理性而行動時，才算自由；若順其欲望及衝動而行動時，即是奴隸。其實，假若一個欲望及衝動發達的人，處處受他人的干涉不得隨意而行，時時致他人強迫着作那些自己不願意作的事情，那還能算是他有完全的自由嗎？因為盧梭對於「自由」懷着那種特別的意義，所以他纔有所謂「強迫着他人自由」(forced to the free—"Social Contract," Bk. I, Lhap. VII) 的怪論。

其次，我想批評他的公共意志說。很顯然的，意志只有一個活的個人才有；因為意志是個人決定如何行為的決心，社會及國家的行為亦必須假借許多個人之手，所以決心或意志仍然是個人的。國家或社會並非眞能作成一種人格，可以具有個人的思想、感覺及意志等；所謂團體人格者，至多也不過是一種譬喻的說法而已。那麼所謂公共意志也只是一種譬喻，並非某社會或國家離開他們之所由組成的成員以外，還有一種獨立存在的意志。某一社會中多數（甚或全體）人的意志可以無衝突，大家想達到的目的可以相似，所以大家能互相合作而組成社會；但每人的意志仍是個人的，我們絕不能正確地說某社會的本身還有一種意志。若說一國的執政者應該拋棄了個人的私利與偏見，完全為社會的福利着想，這當然是應當的，這種政府當然是好政府。然而這種好執政者的意志仍然是他個人的。所以，我以為假若只想求得執政者應當如何行為時，並用不着創造些模糊的名詞如「公共意志」者來作根據。那麼盧梭為什麼必須創造這種名詞呢？就是因為他的政治理論上的最大企圖，就是想使「服從威權」與「個人自由」互相調和而且一致。假若我們認清了人類在社會生活中的完全自由為不必要的東西時，那麼這種「公共意志」的名詞就不必要了。

第二十一章　康德（Immanuel Kant）

一、康德與盧梭之關係——十八世紀的歐洲政治思潮，主要的是民主政治的運動，盧梭和康德都是那個時代的產物，他們的中心思想不外自由、平等、人道等觀念。盧梭的主張我們大略已經講過，康德的道德及政治哲學都是繼承盧梭的思想，不過作成了更精密而有系統的哲學而已。康德甚喜讀盧梭的著作，大家都曉得康德曾因讀盧梭的愛米爾而忘記了他平時最規則的午餐時間，因之而使其全街上許多人家的時鐘爲之改錯。康德一生的生活，非常簡單而樸素，據說他的讀書室只掛了一幅圖畫，那就是盧梭的畫像。康德在他的雜記中曾屢次提到盧梭，當他討論上帝的觀念時，他首先論到牛頓（Newton）的萬有引力律，他說牛頓纔從萬物的種種運動中發現了這一個基本原則。繼而談到盧梭，他說：「盧梭是第一個從人類的關係中，發現了那種潛伏的定律，那種深邃的人道觀念；自從盧梭發現了這種定律之後，我們對於上帝纔得了正確的解釋」（Kant: "Werke," Vol. XI, p. 248, Rosenkrantz）。康德在他這些雜記中又一次說：「我的天性就是一個喜歡研究的人。我常在渴求知識，急圖進益，並且對於任何進步都覺得滿意。我曾有一個時期，認爲這一切的東西就是人類的光榮，瞧不起那些無知識的粗人。盧梭纔矯正了我這種見解。那種盲目的自大心消失了，我漸漸地知道尊重人類了，並且覺得假若我不承認人類的權利，不能用這種思想方法以交換與他人之間的價值的時候，那麼我恐怕比一個普通的勞動者還更無用些」(見上書 p. 240。) 從康德自己這些話中，我們可以很明顯地看出康德的人道思想是由盧梭所啓發出來的。

康德認爲，凡人皆是有理性的動物，每人的自身都是目的，任何人都沒有權利可以完全拿他人作他的工具。他反對當時的許多特權階級，他說：「在一個國家之內，任何一個公民對於另外一個公民，按着公理講，都不能有與生俱來的特權」(Kant: "Principle of Political Right"。) 他對於當時的法國大革命，非常之同情而渴望其成功。康德平常都是上午作哲學，下午看報，散步與朋友閒談。當法國的革命成功，建立了共和國的消息傳到德國之後，康德便眼裏含着淚對他的朋友們說：「我現在可以和塞孟(Simon)似的說了：上帝呀，你的僕役可以平安地瞑目了，因爲我的眼睛已經看見你的拯救了」(W. Wallace: "Kant," p. 40。)

二、社會契約與公共意志——康德的政治哲學不但採取了盧梭的理想，並且採取了盧梭所用的名詞。康德在他的政治正義原理(Principles of Political Right) 一篇論文上說：「最初的契約，是一個文明而且完全正義的社會制度所由建立的唯一條件，也是建立一個正當的國家的唯一基礎。」他在他的法律哲學(Rechtslehre 有英譯本名 "The Philosophy of Law," translated. by Hastie) 上說：「一個民族建立成國家的那種行爲，就叫做最初的契約。只有這種最初的契約的觀念，纔能解釋一個國家的組織的正當程序。那就是說，全民族的每人都放棄了他們外面的自由，而立刻可以變成一個共和國的一員，一個共和國就是一個民族聯合成了一個國家。我們並不能說，一個人在國家之中就爲某種目的而犧牲了他的天賦自由的一部分，而倒是他完全放棄了那種野蠻無法的自由藉以得到他的完全無損的正當自由，那就是，依賴着一個國家的秩序而受正義的法律的統馭。那麽他這種依賴的關係是生於他自己的立法的意志，受他自己的統治」(Hastie 的英譯本，"The Philosophy of Law," pp. 169–170)。在這一段裏我們可以很清楚地看出康德與盧梭的共同之點，盧梭曾說過，我們因社會契約而組成了國家之後，我們所失掉的是自然的自由所得到的是道德的自由；並且說，服從最好的國家的威權就是服從我們自己。這正是康德這段話的本意不過康德對於人類的意志，比盧梭卻還有更深邃的玄學的解釋。

康德認爲人類的意志是自由的，凡人都有個「自動的意志」(autonomous will)，這種自動的意志是不受任何束縛而完全自由的，它就是人類的實踐理性 (practical reason)，它的命令就是人類道德行爲上的無條件的命令(categrical imperative)，並且這種無條件的命令，就是人類行爲上的普徧法則 (universal law)。普徧法則就是，若人人都按照這種法則而行爲的時候，其中不含有矛盾及衝突的地方。康德認爲，凡是有理性的動物，皆有實踐理性，即皆知何者爲普徧法則，所以這種普徧法則即在每人的理性之中。最好的國家的法律應該只具體地立定這些普徧法則，故每人皆是立法者，而同時亦皆是守法者。那麽，爲什麽人可以作違反這種普徧法則的行爲呢？康德認爲，人性上有兩種相反的力量：一爲欲望 (desires or inclinations)；一爲義務心(the sense of duty)順前者而作的行爲根本無道德性之可言;完全爲尊重義務而作的行爲,纔是道德的行爲哩。爲什麼自動意志是不受任何條件的決定而絕對的自由呢?這就來了康德的兩重世界的學說。他認爲我們所能知道的世界是現象世界(phenomenal world);本體世界(noumenal world)中之「物體自身」(things-in-themselves),是我們無法知道的。我們的「自我」(Ego)亦然。我們所能知道所能感覺的,是現象界的或經驗界的自我(Phenomenal self);至於本體界的自我(noumenal self),是一種自動的實體,亦即我們的自動意志(autonomous will)之本身,這是超出了人類經驗以外的本體界的事。它既然在人類的經驗之外,當然不受人類經驗的影響,亦不受經驗界的任何事務的影響,所以他是絕對自由的。因此他的道德哲學認爲道德律是先天存在的(a priori),與人類的經驗毫無關係。

因爲凡人都同樣地具有實踐理性,即同知道人類行爲上的普徧法則,在這點上凡有理性的動物都是平等的,所以每一個有理性的人的本身都是立法者,誰都沒有資格以他人純粹作爲自己的奴隸。他的話是:「對待任何人都應以其自己爲目的,切勿以他人純粹爲工具」(Treat every man as an end in himself never as a means only.)。每人的本身都是實體自我界的一員,每人的本身都是他自己的目的,所以在目的世界中,人人都是自由平等的。假若凡人皆能受其實踐理性的支配時,人人的行爲就都能合於普徧法則;那麼,我們就可以達到「目的國」(The Kingdom of Ends)的境界。這就是康德的道德及政治哲學的最高理想。

在康德的倫理玄學中，我們可以看得出康德之所謂「自動意志」者，仍然是個人的意志深藏在每人的自我中。他似乎並未設想到，除掉個人的意志之外，每一社會或國家還有一個所謂「公共意志」存在。但在他的政治正義原理那篇論文中，他卻不知不覺地採取了盧梭的名詞，似乎他也相信盧梭的「公共意志」學說。他說：「公法是對於大家決定何者爲法律所允許，與何者爲法律所禁止的。這種公法是公衆意志的行爲，是一切正義之所從出，並且是不會對任何人作錯誤的處理。因爲……任何其他的意志都不及人民全體的意志有資格作這種決定。若使人民全體來決定全體的事，那就是每人決定每人他自己的事。」這很清楚地是康德受了盧梭的影響，而未加深思，便採取了盧梭的名詞，因之時常用「共同意志」（common will），「公衆意志」（public will）及「公共意志」（general will）這些名詞。

三、否認快樂可以作政治及道德行爲的標準——康德的政治哲學與盧梭有一個最大的不同之點，那就是康德完全否認快樂可作爲判斷政治及道德行爲的標準。盧梭在他的社會契約的序言上說：「我在這個研究中，常想努力調和正義與利益，使公道與功利可以互相一致。」在他的政治經濟論上，盧梭也曾認爲義務即是利益，不過較大的團體的利益，應當超越了較小的團體的利益而已。他說：「公民的義務比參議員的義務更重要些，人的義務又比公民的義務更重要些。」他的意思是說，一個參議員對於參議會的義務，不如立在一個公民的立場上對於他的國家的義務重要，一個公民對於他的國家的義務，不如立在一個人的立場上對於世界的義務重要。從這一點上說，盧梭似乎是「以最大多數的最大幸福」為義務的標準，頗有點近乎功利主義者。康德正與盧梭這種見解相反，認為快樂是經驗界的東西，義務是本體界的無條件的命令；雖然最大快樂與義務偶然可以相合，但人類的義務卻與快樂毫無因果關係。現在讓我們且看康德的辯論吧。

康德認為快樂（或幸福）純粹是經驗界主觀的東西。我們若以快樂為義務的標準時，第一，我們必須曉得何者可以達到最大的快樂。若想曉得何者可以達到最大的快樂時，我們不但要曉得目前的快樂，並且必須統觀全生的最大快樂。人類不是全知的，這種整個的絕對快樂是不可知的，所以不能以此為政治或道德行為上的義務標準。在他的倫理玄學的基本原理（The Fundamental Principles of the Metaphysic of Ethics）上說：「快樂的觀念需要一個絕對的全體，我必須知道我的現在的及將來的一切環境之下的最大快樂。所以若以快樂為義務的標準時，縱然一個最有深知卓見而同時又是最有能力的人（假定是有限的）也絕不能斷定他應當如何行為」（English translation by Abbott, pp. 41-2）。第二，因為快樂是主觀的，人類對於何者為快樂的問題，意見非常紛歧而變動不定，所以立法者根本不能以這種變動不定的東西作為立法的標準。他在他的政治正義原理一篇論文中說：「關於快樂的問題，沒有一個可以普徧施用的原理可以作立法的指導的：因為不但在不同的時間可以有不同的快樂現念，就是連一個人自己的快樂觀念也是時常有衝突及變遷的，因此想對於快樂立定一種不變的原則是不可能的；所以快樂觀念的本身不能成為一種立法原則。」

康德想把道德及政治哲學建立在一種顛撲不破的原則上，想求得一種萬劫不變的絕對原理，所以反對以最大快樂爲標準。我個人也承認，最大快樂（個人的或社會的）並非人類決定一切義務的標準。人與人之間有些歷史上的關係，譬如某人爲我的親屬、或朋友、或債主等。如果我們承認這些人與人之間的關係是事實的話，那麼當我決定何者爲我的義務時，我至少有時要考慮這些歷史上的關係，並不僅考慮我的行爲所產生的快樂數量而已。譬如，假若有二人急待我的救濟，其中之一爲我的老母親，另一爲不相識的青年，但我的能力只能救濟一人；我雖明曉得救濟那位青年大概可以產生社會上的更大快樂，但因爲老母與我有一種歷史上的關係，所以我的義務說不定還是救濟我的老母親。總之，我認爲，我們決定義務的標準，不僅在行爲的結果上所產生的苦樂，並且我們還須顧到人與人之間的各種特殊關係。雖然如此，但我相信，行爲所產生的快樂結果，也是使我們決定何者爲義務的一種重要考慮，甚或有時我即以產生最大快樂爲根據而決定了我的義務。我不贊成康德之所謂義務與快樂（或幸福）毫無關係；我認爲凡義務必須對某人或某些人有點好處，不然那種對任何人都無任何好處的行爲，不就完全沒有意義了嗎？的確，我們既非全知，不能曉得何種行爲在宇宙間產生最大的快樂，但爲什麼不能以我們的知識所能知道的最大快樂作爲決定我們的義務的一種考慮呢？人類的苦樂觀念，的確彼此有些許的不同；譬如有人喜歡看電影，而另一個人卻以被人強迫着去看電影爲苦事。但就大體上說，人類的苦樂觀念都是大略相似的。譬如有東西吃，總比飢餓快樂些，能得安全的生活，總比老在危險中快樂些，這總應當是大家共同承認的吧！國家的法律固不應當干涉到人類生活上的詳細節目，如每週必須看電影多少次，食肉幾斤等；但我不知道為什麼立法者不應當顧及到全體人民所共同承認的快樂？我總以為增進人民全體所共同承認的快樂，是政府的立法者的一種很重要的考慮。

四、康德的正義原則(the Principle of Right)——康德既然以為快樂並非政治義務的標準，那麼，到底什麼是一種永久不變的絕對標準呢？康德在他的政治正義原理上說國家應當建立在以下的三條原則上：

1. 社會的每一個成員都是一個人，有自由權去使用他自己的方法尋求他自己的快樂。
2. 每一成員在法律之前都是平等的，而無世襲的特權。
3. 每一個國家的成員都是一個公民，有自決權去參與國家的主權。

這三條原則是一個基本觀念的三方面，這種基本觀念是什麼呢？就是康德之所謂正義的觀念(the idea of right or justice)。而正義是什麼意思呢？康德自己下定義說「一般的正義可以這樣的下定義，任何人在與他人的自由不相衝突的範圍以內，可以獲得他的自由，只要這種自由是可以並存於一種普徧法則之下的」(Kant: "Principles of Political Right")。康德在他的法律哲學上曾屢次講到這同樣的主張。他說：「正義包含着這一切的條件，在這些條件之下，任何一個人的自由行動在實際上可以和任何其他人的自由行動，在一種自由的普徧法則之下，互相調和」（英譯本 p.45）。這種原則後來曾經英國的斯賓塞(Herbert Spencer)之手而簡單化，名之曰「平等的自由」(equal freedom)。康德認為建立國家的惟一原則，政府及統治者的行為的惟一標準，便是維持這種正義。他說：「這是國家的一切規律之所從出的惟一原則，並且這種原則絕不能受任何其他東西的限制」(Kant: "The Principles of Political Right")。這種正義觀念的具體化，就是那些可以平等地施用於全體公民的法律。

我們固然承認國家的法律應當平等地施之於公民全體，不應對某部分人特別優待；但我認為正義卻並非國家立法者的惟一標準。康德自己也曾說過求快樂是一切有理性的動物的一種共同目的（參考康德的倫理玄學之基本原理英譯本(pp. 38-39)）。人類既然有這種共同的目的，國家立法時為什麼就不應當考慮對於人民所產生的那種大家公認的苦樂呢？我想，也許康德受了他的時代需要的影響，他的主要目的只在攻擊當時的一切特權階級，只想把人與人之間劃定一個不可互相侵犯的界限而已。其實，如果立法的惟一標準就在維持康德之所謂正義時，那麼在這種限制之下，同時可以立出許多不同的法典。譬如，即以人類的財產關係說吧。國家可以立定一種法典，主張凡人皆有同樣的權利，在自由競爭的條件之下，無限的累積私產。這種平等地施之於一切人民的法律，大概就是康德當時所認為的正義；因為康德在他的永久和平(Perpetual Peace)一篇論文中，似乎認為在自由競爭的經濟世界中，假若每人皆追求他自己的最大利益時，結果就自然可以得到社會的調和。但在康德的正義觀念的限制之下，還可以另外立定一種法典。譬如承認社會上的一切自然資源都是社會全體所公有的，每人所應得的財產應與其工作的貢獻及其需要成正比例。這兩種法律系統都同樣地適合於康德的正義觀念，但某種法典在某時某地或爲最好的法律，在另一時地卽爲最壞的法律。然則立法者將按什麼標準來決定這兩種法典的取捨呢？足見除了康德的所謂正義觀念以外，還有其他的考慮，如人民的快樂與幸福，及身體與道德上的增進等。不但在財產分配問題上如此，其他方面如關於教育及婚姻等也是如此。

按康德的意思，好像法律就應當只是那些存在於人類心靈中的普遍法則(universal law)，並且這些法則是永遠不變的，其實這種絕對主義的法律觀是不正確的。我們按照歷史事實的指示，在變化的環境中法律卽應隨之而變化；那就是法律不僅應當顧到人民的「平等的自由」，並且還應當顧到人民的幸福與道德等。

五、論政府的威權——康德主張人民絕對不應當反抗政府的法令。這種主張最顯著地見於他的政治正義原理中。他說：「如果人民可以斷定，某種法律的實際存在，將要剝奪他們的快樂時，他們應當如何做呢？反抗這種法令是否爲他們的義務呢？回答只能說人民應當服從。因爲此地的問題，並非討論人民在某種特殊的制度之下是否可以得到快樂，而基本問題是純粹討論每人所應得的正義。」此文中的另一段，簡直好像絕對擁護任何政府的一種宜傳品了。他說：「任何鼓動人民對於政府的不滿，以至於實際行動的行爲，與任何程度的反叛或暴動，都是國家中的最大的罪惡，因爲他們根本破壞國家的基礎。對於這種行爲的禁止是絕對的。所以縱然最高的權威者，或他的代表人君主，違背了社會的初約，人民都認爲他已經失掉了立法的權利，然而只要人民已經授權於政府，縱然政府如此暴虐，政府也不能允許人民有任何權利與政府對抗」。

康德主張人民絕對不應當反抗政府的理由有二：第一，如果反抗政府作成了一種普徧法時，那麼一定會把國家的威權破壞無餘，世界上根本就沒有國家的存在了。第二，如果人民有權利推翻政府時，那麼便是除掉了那個實際的至尊者以外，另外還有一個至尊者；假若這兩個至尊者之間發生了衝突時，必須另外再有第三個至尊者作裁制；那就是至尊者之上仍有至尊者，這是名詞上的自相矛盾。我認爲康德這些辯論都不能成立。第一，世界上的政府，自最好的以至於最壞的之間，有無數程度上的不同；假若我們承認人民有權改換暴虐政府時，並非卽可以說否認一切的政府。第二，他首先假定政府是至尊者，然後再辯論至尊者之上必不能再有至尊者，這似乎是一種荒謬的詭辯。

這種人民絕對不能反抗政府的主張，並非康德哲學的要義。我以爲一定是康德未經十分深思的作品。若其堅持此說時，簡直可以根本破壞了康德的道德及政治哲學的基本觀念；因爲若在一種暴虐無道的政府之下，尙何自由、平等、與人道之可言呢？

現在我總結一下，康德的政治哲學當然有許多長處，如其着重於人道主義的思想，及反對特權階級的侵待等，這在當時的民主政治運動中頗爲重要。但他過於偏重個人的自由，認爲國家的唯一作用，只在劃定人民與人民之間的自由領域而已；而不知道按諸人類的天性，他們不但要求個人的自由，而且還要求對他人或社會負責任，藉以扶助他人或改良社會。

第二十二章　黑格爾（Hegel）

一、民族精神與德國——大思想家大概都受他當時的社會的影響，黑格爾似乎也不是例外。黑格爾所生的時代，在文化史上是德國的浪漫運動(Romantic Movement)正盛的時代；在政治史上，是德國正受拿破崙的侵略而幾至「國將不國」的時代。這兩種情形對於黑格爾的哲學都有極大的影響。所謂德國的浪漫運動者，主要地是一種文學與藝術上的運動，這種運動的特徵是重在熱情上的直覺與想像，而輕視冷靜的分析的。黑格爾的哲學正是這樣的一種浪漫哲學，他認爲冷靜的分析只能割裂整個的事實，使整個有機的事實化爲枝節破碎的片段；若想理解生動的事實的眞像，必須用理性的綜合方法，穿過各部分而逕去理解有機生長的全體。黑格爾把這種方法叫做辯證法(dialectical method)。因此，我們讀黑格爾的哲學時，不應只求他的文字上的意義，應當理解他的文字背後的精神。現代世界上第一個黑格爾學派的大師柯羅希(Croce)曾說，我們必須把黑格爾當詩人讀。我常以爲這是非常確當的主張。假若我們只從黑格爾的文字上求瞭解時，一定是越讀越糊塗。黑格爾的哲學方法第一步就是求體會全體，他認爲體會到全體的目的之後，才能瞭解其中的部分的意義。所以他的玄學認爲宇宙的全體就是一個整個的合理體系，他把這個合理的原則名之曰「觀念」(the idea)；他的社會哲學就把整個的國家當作一個有機體，認爲國家有一種「民族精神」(Volksgeist)這類民族精神在內部統馭着每人的活動，使每人覺着那就是他自己的精神與自己的目的。這種民族精神的具體表現就是一個民族的風俗習慣、道德法律、經濟組織與政治制度等；並且以國家爲最高及最完全的表現。所以黑格爾說：「國家……是絕對合理的。這種實質的統一體是它自己的動機與絕對的目的。……這種目的有最高的權利以統馭個人，而個人最高的義務就是作爲國家的一分子。」(Hegel: "Philosophy of Right," §258)。

黑格爾爲什麼這樣過甚地頌揚國家呢？當時德國的情形，至少也是形成他這種「國家至上」觀念的原因之一。如果我們能一讀黑格爾早年的論著，這種影響特別可以看得清楚。當時的德意志帝國是由許多小王國及自由市組合而成的。每一個王國都堅持她自己的權利，誰也不願意供給中央政府的需要；所以弄得德國的政治完全是一種地方割據的局面，德意志帝國的軍隊簡直有名無實。當時各王國間的最大衝突就是奧國與普魯士之間的抗衡。結果，招致了法國拿破崙的侵略。當一八零六年拿破崙的軍隊攻到耶那(Jema)城下的時候，黑格爾幾乎被擄，據說他攜其所著的精神現象學(Phenomenalogy of Spirit)的草稿而逃。

黑格爾早年的政治論著，處處表現他對於德國復興的熱烈冀望。因爲當時的英、法、西班牙皆是強盛統一的大國，而德國和義大利卻仍是四分五裂，未能臻於一個現代的國家。在他一七九八年所作的一篇政治論文，名爲登堡最近內部的情形(über die Neuesten innern Verhältnisse Württembergs)中說：「對於一切現狀的沉默，以及在偌大力量的命運壓迫之下的絕望與容忍，已經轉變爲對於另外一種東西之將到來的冀望與要求了。一種更好並且更合正義的情景之將要到來，已經活現地深入於大家的靈魂之中了，對於一種更純潔、更自由的情形的熱望與冀求，已經打動了每個人的心靈，並且使每人的心靈似乎都超越了事實的現狀了。……你可以把這種現象名之曰熱病之發作，但他發作的結果若不是死亡，就是把舊病永斬草除根」。黑格爾雖然常在盼望新德意志之到來，但他卻絕不是一位革命家。他堅信國家的制度與法律，是「民族意志」的具體表現，他這些話一方面是預言，一方面想喚起德國的民族意志。

表現黑格爾的愛國熱誠最濃厚的論文，莫過於他於一八零二年所作的那篇論文，名德國的政體(Die Verfassung Deutschlands)。這正在德國被拿破崙侵略，喪失了萊茵河以西諸省之後。他開首就說：「德意志已經不是一個國家了」。在這篇文章的另一種版本上說：「除了那些根本無所謂政體的專制國家以外，世界上再找不到一個像德意志這樣可憐的國家了。大家現在都公認戰爭已經更清楚地證明了德國並不是一個國家了。富爾特(Voltaire)稱德國爲無政府，假若德國仍可以稱爲一個國家的話，她更適宜於這個名詞；不，她連無政府也當不起，因爲沒有任何人還認爲德意志是一個國家的。」他下邊又說：「德國的政體，就是許多特殊的部分各都從全體中要求權利的一個總合；這各部分的權利都常在那裏覬覦着想使國家毫無任何的權力，這就是德國政體的要義。」

黑格爾時代的德國正如馬開外里時代的義大利，所以黑格爾很讚揚馬開外里，說他是「潛伏在冷靜無情的原理之下的熱烈愛國主義。」他說，馬開外里敢宣言說義大利必須變成一個國家，「國家的最高義務就是維持其本身的存在，國家應該無情地懲罰那些無政府狀態的製造者」（皆見德國的政體中）。黑格爾也和馬開外里一樣，希望德國能產生出一個強有力的軍事領袖在君主立憲的政體之下統一德國。他認為，當時的德國絕不容許靜待人民的同意而自行團結。他說：死肉病(gangrene)絕不能用香水 (lavender water) 來治療，只有在戰爭中纔能看出國家的健康。黑格爾遠在一八零二年就認為，若想把德意志變成一個現代的國家，必須經過一個鐵與血的時代。

黑格爾這些早年的著作，對於瞭解黑格爾的政治哲學非常重要。第一，因為他在這些論文裏都是開門見山的陳述他的意見，不像後來的著作中那樣專門擺弄他那一套辯證法的把戲。在他的德國的政體一文中，他已經說明了國家就是民族意志的表現，並且國家應有無上的威權，不然，若一群人居住在一起，營互助合作的物質生活，那是一個沒有靈魂的社會團體，在黑格爾的社會哲學系統中名之曰「文明社會」(civic society)；而國家卻是一個表現民族精神或民族意志的統一體。第二，在德國的政體一文中，他就表明了辯證發展中的道德目的。他說他的目的是在瞭解事實，表明政治發展的必然性，他看見當時德國的政治情形，不能與德國的民族意志相脗合，所以他便認爲有些政治上的事件完全是偶然的、無意義的；在正常的國家中，一切現象必須與其民族精神相合，以民族意志爲其根本的動力及原則。眼光放遠一點，看國家必然是民族意志的表現，民族意志是國家發展的惟一的眞動力，其他無意義的事件不過是偶然的曇花一現而已，並沒有歷史的意義。

二、辯證法的唯心論——馬克斯主義者把他們的哲學叫做辯證法的唯物論，因此我就把黑格爾的哲學名之曰辯證法的唯心論。因爲馬克斯主義的哲學完全繼承了黑格爾的辯證法，而放棄了他的唯心論，法西斯主義就接受了黑格爾的唯心論，而放棄了他的辯證法。

我現在簡單地把黑格爾的哲學歸結成三條原理：(一)世界是觀念；(二)觀念是發展的；(三)發展的歷程是辯證的。

爲什麽黑格爾說世界就是「觀念」(idea)呢？首先我們必須明白黑格爾的「觀念」的含義。黑格爾的所謂「觀念」，就相當於我們之所謂「原理」或「原則。」我在這一章的開首曾說過，黑格爾的哲學方法總是想先把握着全體，然後再根據這個全體以退而解釋其中的部分的意義。他的玄學就是想先把握宇宙的全體。他覺得宇宙間的萬事萬物都是構成宇宙的一部分，並且在這個全體中各有它們存在的理由與意義；換句話說，就是凡宇宙間存在的東西都可以用理知去瞭解。那麽，足見宇宙萬事萬物的背後必定有一種最基本的原理或原則作主宰，並且這一切的事物都是那種原理或原則的表現，若不然，這個宇宙絕不會造得這樣有條不紊。於是他就把這種原理或原則名之曰「絕對觀念」(the absolute idea)。這種觀念眞是所謂「放之則彌六合，捲之則退藏於密。」

爲什麼一個「絕對觀念」就是世界的全體呢？這就是黑格爾的第二及第三條原理。黑格爾認爲，觀念是發展的，「絕對觀念」是觀念自然發展的最高階段，所以是一個最圓滿最完善的觀念。「絕對觀念」中潛伏着一個很長的觀念發展的歷程，換句話說，就是包含着許多不圓滿的觀念。世間任何一個不圓滿的觀念都是不穩定的，於是自然就發展到它的相反的觀念了；但這一個相反的觀念仍然不圓滿，仍然不穩定，於是就又發展成前二觀念的一種綜合的觀念。這就是辯證歷程中之所謂「正題」(thesis)，「反題」(anti-thesis)，與「綜合」(synthesis)，或簡名之曰「正反合」。譬如黑格爾全部哲學中的第一個觀念，就是「有」(being)。黑格爾認爲這是一個最單純、最抽象的觀念，它不具有任何的實體，也沒有任何的屬性，只是一個單純的存在觀念而已。但「有」這個觀念，自然就會發展到它的反面「無」(non-being)的觀念。這就是「有」的否定。從「有」「無」這兩個觀念的互相嬗變，就生出了第三個觀念——「變」(becoming)，「變」的觀念就是「有」「無」二觀念的總合。黑格爾解釋宇宙的全部哲學都是用這種三叉式的辯證法演成的。他的全部哲學分爲三部分：第一部講「觀念之內部」(the being in itself)，這就是他的邏輯，解釋抽象觀念之發展；

第二部講「觀念之外表」(the idea outside itself)，這就是他的自然哲學解釋宇宙間的一切自然現象；第三部講「觀念之本身」(the idea in and for itself)這就是他的心靈哲學。心靈哲學又分爲三部分：第一部分是主觀的心靈，講他的心理學；第二部分是客觀的心靈，講他的倫理學及社會哲學；第三部分絕對的心靈，講他的美術宗教與哲學。我們在政治思想史中所應當討論的，只限於他的心靈哲學中的第二部分。

統馭世界的「絕對觀念」，表現在人類的道德及社會的活動範圍以內，便是「意志」(the will)。普通人總認爲每人各有他自己的意志作用，他可以自由決定他自己的行爲。但由黑格爾看起來卻不然。他認爲世界就是一個「絕對觀念」的表現，這個絕對觀念表現在一個國家或社會中，就是那個國家或社會的「意志」，通常名之曰「民族意志」或「民族精神」。黑格爾認爲，社會上的各個人雖然都感覺着他們各有自己的意志以決定他們自己的行爲，但如果我們能作更深刻的研究時，我們就會明白操縱他們每個人的行爲的眞正意志，倒是那種統馭全民族的活動的「民族意志」。所謂個人的意志，不過是民族意志藉以表現的些工具而已。「民族意志」所表出來的具體形式，就是一個社會的風俗習慣、道德法律、經濟組織、政治制度等；因爲這些東西並非任何一個人的創作品，也不是受任何一個人的意志的決定，而是社會中自然生長出來的。因此，黑格爾與魏寇及孟德斯鳩相似，認爲一個民族生活的各方面都是互相關聯的一個整體。這點，後來的馬克斯主義者也完全贊成，不過，馬克斯認爲這個整體的核心是某時代的經濟生產狀況，而黑格爾卻認爲是「民族意志」

的表現而已。

「意志」也是順着辯證歷程而發展的。意志最初表現於外界的物質，那就是法律所規定的抽象權利(abstract right)，如財產及契約關係等。其次表現於人心的內部，那就是良心上之所謂善惡是非的道德行爲。最後表現爲意志的客觀的結晶體，那就是種種社會的制度。最低等的社會制度爲以兩性爲根據的家庭其次爲謀大家經濟利益的滿足的互助合作團體，黑格爾名之曰「文明社會」(civic society)，最後，並且意志的最高的發展就是國家(the state)。黑格爾認爲國家就是意志之最具體與最完善的表現，超越了一切比較低等的社會組織（如家庭及社會等，）而成爲一個「民族精神」之活現的實體。

「民族精神」之上，還有一種所謂「世界精神」(world spirit)，這種「世界精神」是統馭世界歷史的。他說：「理性管理世界，所以也管理世界的歷史」(Hegel: "philosophy of History," Engli shtranslation by Sibree, p. 26)。全部世界歷史就是這一個「世界精神」的向前邁進，邁進的歷程就是民族與民族之間的戰爭各民族在「世界精神」邁進的歷程中都有他們的使命，使命達到之後自然就會衰微或滅亡，而讓其他的民族再肩起歷史進化的使命。所以，黑格爾認爲，歷史上各民族的興亡隆替，都是「世界精神」前進中的具體表現。黑格爾的歷史哲學中大概把世界歷史分爲三個階段：第一是東方的專制國家，如中國波斯等，在這種國家裏只有專制君主一人可以自由；第二是古典的國家，如希臘羅馬，在這種國家裏是一部分人有自由；最後並且最高的階段是德意志的國家，這是君主立憲政體，在這種國家裏人人可以得到自由發展或進化。是黑格爾辯證法的一個基本觀念；這點似乎與亞里斯多德相似；亞里斯多德認爲人類的一切行爲及組織都是向着「好」的方向發展。黑格爾則認爲一切的發展，都是觀念或精神的實現，他在他的歷史哲學中說：「發展並非只是一種形式的歷程，而沒有特殊的內容。他是對着一種固定的目的而逐漸地工作。那種目的就是精神的實現。」

三、對於辯證法的唯心論之批評——我在這裏想批評兩點；第一是黑格爾的最基本的原理，認爲世界就是觀念；第二是黑格爾的辯證法。

黑格爾的哲學是承繼着康德的哲學來的。康德認爲我們所能知的，或所能經驗的世界，只限於現象世界；現象世界以外，還有一個實體世界，即是「物之自身」，這是我們所不能知的。黑格爾說，假若實體是不可知的，那麽我們當然毫無根據以斷定其必有；我們之所謂世界者就只是經驗中的世界，所以世界就是觀念。正如勃克勒（Berkeley）所辯論的，我們絕對不能在理知上證明事物之客觀的存在；因爲我們對於外界事物的一切知識，都是來自我們的感官（sense organs），如視覺、聽覺、嗅覺、味覺、觸覺等。）經驗，一切感官經驗都是主觀的觀念，所以我們認識的外界事物，就只是我們的許多觀念之綜合，至於外界事物之是否存在，及其自身的情形如何，這是我們絕對不能證明的，我覺得勃克勒這種辯論是堅強的，只在理知的辯論上無法把他批駁。康德也似乎承認勃克勒的辯論，不過康德於勃克勒的講的感覺經驗以外，又發現了人類心靈的內部還有些先天的繹成知識的能力，這就是他的時空觀念及十二種範疇(categories)。時空與範疇及感官皆是主觀的，仍然不能證明外界實體的存在及其原形。所以到了黑格爾根本就認為世界是觀念了。

那麼，我們如何證明外界的事物並非只是觀念呢？我認為只有用行動(action or practice)來證明。當年勃克勒剛發表了他的人類知識論(Principles of Human Knowledge)以後，有人問約翰遜博士(Samuel Johnson)對於勃克勒的學說的意見，約翰遜博士便用腳猛踢了一下面前的一塊大石頭說：「我以這個回答他！」我想，約翰遜博士的意見也許就是認為只有行動纔能駁倒勃克勒的學說吧？譬如，一位哲學家儘可以想像蠟燭是觀念，燭焰是觀念，他的手指也是觀念，並且他可以想像他的手指的觀念放在燭焰的觀念上，並不能發生不能忍受的疼痛。但假若一枝臘燭的炎炎的火焰果真在他的面前，並且他果真把他的手指放在火焰上，那就疼痛不堪了！這就足以證明手指與臘燭的觀念湊在一起和手指與臘燭的實體湊在一起是絕對不同的，並且也就可以證明了實體與觀念之不同以及觀念之並非實體。我常覺得，以什麼為職業的人們，總以為什麼是最重要的，這就是職業上的偏見。哲學家以坐着思想為職業，所謂思想者就是在那裏玩弄許多觀念。所以許多哲學家特別覺得觀念重要，推到極端，就是認為世界即是觀念。黑格爾就是這種極端派的代表，我認為他這種最基本的原理就不正確。

其次，讓我們批評黑格爾的辯證法。辯證法在歷史上的追溯，黑格爾在他的哲學史中已有詳細的陳述。柯羅蒂(Croce)在他的黑格爾哲學(What Is Living and What Is Bread of the Philosophy of Hegel)上說，則諾(Zeno)是第一個用辯證法以證明萬物之靜止的；黑拉克里托斯(Heraclitus)繼又用這種方法，以證明萬物是活動的。其實我以為所謂辯證法者，按其原文的字義，就是「對話」的意思。古希臘的許多思想家，都是用對話的方法以研求眞理，其中最著名的就是蘇格拉底、與柏拉圖，他們的著作，都是用對話體裁寫的。幾個人在一起辯論的時候，總是有一人首先提出一種意見(正題)，他人又提出與之相反的意見(反題)，於是兩方面反復地辯證，結果就會產生第三種意見(綜合)，這第三種意見吸取了前二種意見之所長，內容可以包括前二意見，但比其中的任一意見都好些，於是綜合又成正題，正題又生反題，反題又生綜合。用這種方法尋求眞理，就叫做辯證法。辯證法是人類思想上追求眞理的自然法則，它不但適用於二人或二人以上的辯論，並且可以施用於一人自己的思想歷程。我們知道思想是一種低聲的言語，思想者通常就是那裏「自問自答」地說話。一人沈思時，通常是先有一個比較模糊的意見，然後又思想到一些反對這種意見的理由，於是就自己反復辯證，最後求得一種綜合的意見。如此遞行，以至求得一種最圓滿的見解。所以我說，辯證法是一種思想上的自然律。

黑格爾認為世界就是觀念，觀念是思想的內容；所以觀念的發展也是辯證的。假若黑格爾的第一條基本原理是真的話，他這種哲學也許有更充足的理由可以成立；不過我們上邊已經批駁了他這種原理了，所以他的玄學的基礎就要發生了動搖。然則宇宙間的萬事萬物為什麼似乎頗有秩序，並且似乎各有其存在的理由呢？我覺得這種事實似乎也不必用作萬物之主宰的「絕對觀念」來解釋。宇宙間的東西大概都是變動，不論是日月星辰，或地球上的生物無生物，只要在多少萬年的歷史中至今還能存在的東西必定是因為它們能適應於其所在的環境。天文學、地質學、古生物學等，不是已經告訴我們，許多不適於生存的東西現在早已滅絕了嗎？這足見現在世界上萬事萬物的秩序，並非因為它們是一個「絕對觀念」的表現，或是生於「自然淘汰」。

四、意志與自由——黑格爾和盧梭康德一樣，認為自由是政治哲學的中心問題，他們總想用什麼方法調和權威與自由，使服從權威與個人的自由歸於一致。他們解決這個問題的方法大略相同，一方面曲解意志，一方面曲解自由。我們從前講過，黑格爾之所謂意志，並非我們普通之所謂一個人的意志作用，而是一個民族或國家的意志。他說，意志的初步表現為特殊的個人的欲望及要求，從許多個人的欲望與要求中進而為一個民族的普遍欲望與要求，這就是他之所謂從特殊性（particularity）中變為普遍性（universality）。這種民族意志，就表現為一個民族的整個生活，它的結晶體就是一民族的風俗習慣、道德、法律、經濟組織及政治制度等。因為黑格爾所講的「真實意志」（the real will）是一個獨立民族的普遍意志，它是一民族中的惟一的活動實體，故不受任何條件的限制與決定，所以這種意志是自由的。黑格爾在他的正義哲學中說：「自由是意志的基本狀態，正如重量之於物體。……因為凡物質均有重量，……重量構成物體，並且就是物體，自由與意志的關係也正是如此，凡自由的就是意志」("Philosophy of Right," §4)。

自由意志的具體表現就是一民族的風俗習慣、道德法律、經濟組織、及政治制度等；所以黑格爾把這些社會制度名之曰「自由之實現的區域」(The realm of realized freedom.—"Philosophy of Right," §4)或「自由之一切條件的具體化」(The actual body of all the conditions of freedom.—"Philosophy of Mind," Wallace's translation, p.104)。所以按照黑格爾的意思，所謂自由者，就是每人服從其所在的社會的一切社會制度的意思，換句話說，就是每人服從其所在社會的一切威權。那麼，這種自由不就變成了霍布斯的「絕對主權論」了麼？黑格爾認為「自由就是有意識的必然」(Freedom is conscious necessity.)。他說：「在世界上具成形體了的自由，就成了一種必然的形式；它那種很深邃的連繫，就是自由原則的體系或組織」("Philosophy of Mind," Wallace's translation, p.103-4)。那麼，他又把「自由」與「必然」兩個互相矛盾的名詞弄成一致了。如果一國真有個所謂「民族意志」的話，如果自由的意義就只指着「民族意志」的自由而講的話，又如果一國的經濟法律政治制度常合於其「民族意志」的話，那麼黑格爾這種自由論當然可以成立了。但可惜這三種假定都有問題。第一，根據我們從前討論盧梭的「公共意志」時的分析，我們根本找不到一國的民族意志到底在那裏。第二，我們平常之所謂社會的自由，就是在事實上不受他人拘束的意思，並非專指「民族意志」的自由。第三，縱介一國真有所謂「公共意志」或「真實意志」，那一國的法律及政治制度也未見得老與那種「公共意志」相吻合，那麼黑格爾這種「自由論」還算眞理嗎？

五、國家與社會——最後，我們講黑格爾的國家論。德國的社會哲學上往往把國家與社會劃分爲兩種不同的意義，這種分辨大概是原於黑格爾。黑格爾認爲，國家是一個「民族意志」的最具體而完全的表現，它是一個大家有統一精神的道德體(moral unity)；其中的習慣、道德、宗教、法律、教育、及經濟政治制度等都是互相調諧的渾然一體；其中的每一人民的意志都與國家的意志相同，每人的理論與實踐完全一致。黑格爾這種國家觀念，主要地是生於他對於古希臘城市國的憧憬，這當然是後世的文學家們所理想化了的希臘。他在他的正義哲學中說：「在古代的國家中，個人主觀的目的和國家的意志完全一致」("Philosophy of Right," §261)。他這種見解表現得最淸楚的，莫過於他早年的一篇論文——叫做倫理體系 (System der Sittlichkeit)。他這篇論文裏描寫他對於古希臘城市國的想像。他說，在那種國家裏，根本無所謂犧牲了個人的意志而服從國家威權的現象，大家根本感覺不到國家的法律所給與的束縛，人人都自然地溶化於國家的公共目的之中，個人的生活就隱藏在民族的共同生活中，根本不感覺什麼是國家，什麼是自我。黑格爾認爲，這纔是眞正的倫理生活，眞正的永久生活哩！

什麼是「文明社會」呢？黑格爾認爲，文明社會的組織，主要的在大家互助合作，以達到各個人的物質生活之安適，調整實業及經濟利益，立定法律及維持治安。爲什麼黑格爾把文明社會與國家分開呢？要解答這個問題，我們必須瞭解黑格爾時代德國的情形，我們從前說過，黑格爾時代的德國，是由許多王國及自由市聯合而成的，並且德國還存留着中世紀以來職業公會(guild organizations)。這些組織都是以營共同的物質生活及安寧爲目的。黑格爾認爲這並不能稱之爲國家。國家的主要功用，是把一個民族作成一個精神及道德的統一體，對內能統一，對外能戰爭。黑格爾很希望當時的德意志帝國能產生一個強有力的中央政府，所以他斥當時的德國根本不是一個國家。他不贊成當時的英法兩國的政治組織。他說，法國那種絕對的中央集權制，使個人之上的唯一組織就是國家，那麼國家也不過是一種大家營團體生活的社會而已。他批評英國的區域代表制政府，說代表不能隨意建立在任意劃分的區域與人數上，應當代表國內各種文明社會的勢力與利益(Hegel: "über die englische Reform-Bill")。黑格爾這種把國家與經濟社會分離的主張，正與後來的馬克斯相似。馬克斯也認爲經濟社會與國家並非完全一致的，通常是經濟社會變遷了以後，而國家的舊制度仍然存在，作成了社會發展的桎梏，最後就起社會革命。

第二十三章　邊沁(Jeremy Bentham)

一、邊沁的時代與生活——邊沁是英國功利主義(utilitarianism)的創始者。功利主義是英國十八世紀後半紀的主要思潮，當時英國多數的社會改革的思想家皆屬之，以後在社會上的勢力日大，英國皆呼之爲哲學的過激派(philosophical radicalism),至十九世紀時在英國的國會裏也占有相當的勢力。功利主義的開山大師是邊沁,隨從邊沁的大將為詹姆斯穆勒(James Mill);李嘉圖(Ricardo)及馬爾撒斯(Malthus)諸大經濟學家亦屬之;最後作殿軍的大師是詹姆斯穆勒的兒子,約翰穆勒(John Stuart Mill)。我現在不能講功利主義的歷史淵源,不過通常人皆以為功利主義在英國的前驅為休謨(David Hume),在法國有海爾費特斯(Helvétius);關於這些考據,有亞爾彼(E. Albee)的英國功利主義史(A History of English utilitarianism),與法人海來威(E. Halevy)的哲學的過激派之生長(The Growth of Philosophical Radicalism)。英國的功利主義至今在社會思想上還有很重要的勢力,通常之所謂社會改良派者,都多少帶點功利主義的色彩。我在這本比較簡略的政治思想史中,不能詳細討論功利主義者們的全體,我主要地只講兩個人,一為邊沁,一為約翰穆勒。

產生功利主義的歷史背境,最重要的為十八世紀中葉以後的工業革命。工業革命推翻了英國社會的傳統秩序,使社會產生了很大的不安,急於求適應新環境,思想界當然也受很大的影響。當時英國的思想界可以簡單地分為兩大勢力,一為傾向於保守者,一為傾向於革新者;邊沁及其信徒是革新派。現在我把邊沁時代的英國社會情形略述一下。

英國工業革命以後,人口驟增,非當時的新興工廠所能收容者。而當時的簡陋工廠,又絲毫未顧到工人的衞生，許多男女及童工皆蝟集於簡陋的工廠中工作的時間毫無限制所以弄出了許多殘廢及疾病全國的貧民及流浪人甚多他們簡直毫無謀生之路。當時救濟貧民的唯一機關卽是各教區(parish)的教會，而教會的資源則仍取之於居民各教區皆想減輕其居民的擔負，盡量地將貧民及流浪人驅之於他區往往因此而發生訴訟，據云每年因此而用的訟費平均總在三十萬鎊以上。流浪人比貧民還苦，脫離了地主的流浪人大家都認爲是潛逃的奴隸，可以被人毆打，可以被人送入監獄。

當時英國的政治情形，甚爲腐敗而無效能。經過了一六八八年的革命之後，雖然在名義上國會已成了最高主權者，但直到十八世紀之末國王仍養着大批的私人及支乾薪的官吏，他們毫無責任，完全是腐化的。除此以外，還有威爾斯親王采邑(Principality of Wales)，蘭開斯托(Lancaster)及康沃爾(Cornwall)公爵邑(Duchy)及柴斯托伯爵邑(Earldom of Chester)等各小朝廷中都有其稅收，並且養着許多無用的官吏。國會選舉時國王及貴族們都賄選操縱，往往少數運動選舉的人卽可獲得議會的多數。譬如在一七九三年「人民之友會」(Friends of people)的一百五十四人，卽弄出了三百零七個國會議員，那已經是議會的多數了。由此看來，當年英國纔實行民主政治的時候，其腐敗混亂的情形也不亞於民國初年的中國。

英國當時的法律，非常粗略而不精確，這是激動邊沁的功利思想的最大刺激。當時的刑法，只有重罪及輕罪(felony and misdemeanor)兩種，還有一種特別的制度叫做「教士之保護」(benefit of clergy)，若判決為重罪而無教士之保護時，就可以處死刑。當時統治英國鄉村的官吏名之曰鄉長(Justice of peace)，這完全為鄉間的紳士所操縱，他們純粹是白盡義務的，毫無薪俸，職權非常廣泛，凡立法司法行政皆可以管理，其中可以作弊之處當然很大。

英國工業革命以後，一時工商業勃興，工商業完全以獲得最大利益為目的，工商管理當然處處要講經濟與效率。邊沁在這種處處講經濟與效率的環境之中，目擊當時的法律之混亂，及政府行政之無效率，自然會產生這種功利哲學，完全想如何可以用最少的人力物力，而達到人民的最大幸福。康德說，我們根本不曉得什麼可以使他人快樂，但在邊沁的環境之下，至少人人皆知道如何可以減少人民的痛苦。有些德國的哲學家批評功利主義是商人心理所產生的哲學，也許不無道理，因為他的確受企業家的心理的影響。

邊沁於一七四八年生於倫敦，他的祖父及父親都是律師，他於一七六三年卒業於牛津大學，學習法律，他父親本想讓他作律師，但他並不願操此業，結果他便專心研究法律，成了一位最熱心的法律改良家。他一生未娶，專努力於寫作及社會改良事業。他的全集經波陵(Bowring)整理出版，共有十一鉅冊，每頁都是雙行小字印成的。其他手稿及未出版的著作尚不在內。他活到八十四歲，死於倫敦。一七七六年出版了他的政府雜論(Fragment on Government)，專門批評當時牛津大學憲法教授勃來克斯通(Blackstone)對於英國憲法的讚揚。此書出版之後，即享盛名，頗引起自由黨謝爾榜勳爵(Lord Shelburne)的注意。至一七八一年邊沁的道德及立法原理(Introduction to the Principles of Morals and Legislation)出版後，謝爾榜勳爵即登門拜訪，並約到他家去玩，以後邊沁常至謝爾榜勳爵家裏去，據云這是他最快樂的時候。他在那裏不但有很快樂的家庭生活及種種游戲，並且可以遇到許多著名的政治家及文人。至一八二四年他創辦了一種雜誌，名西敏寺評論(Westminster Review)，批評政治及鼓吹他的主張。他在法國曾住過相當的時期，他的學說對於法國頗有影響，除了許多人介紹他的著作外，他還自己用法文寫過一本立法原理，一七九二年八月廿六日法國的國會曾決議給他一個「法國公民」的稱號。他在晚年與其黨徒詹姆斯穆勒等創辦倫敦大學。他死後的身體曾按其遺囑以供解剖學的實驗，他的頭蓋骨現仍藏於倫敦大學之大學學院(University College)中，以臘製成之臉，身着其普通的衣服，坐在他的椅子上。

二、功利原則(the principle of utility)——對於功利原則敍述得最淸楚的，自然是邊沁自己的陳述。現在我就引邊沁自己的話，來說明功利原則是什麼？邊沁在他的道德及立法原理的開頭說：

「自然把人類置於兩個至尊的主人統治之下——痛苦與快樂。只有他們纔能指示我們應當怎樣作，並且決定我們將要怎麼作。一方面是是非的標準，一方面是因果的關係，都是緊繫於他們的王位上的。他們管轄着我們的一切行爲，一切言論，一切思想：我們想超脫了他們的管轄的種種努力，都道足以證明及肯定他們的勢力……

「功利原則的意思，就是當我們贊成與不贊成任何一種行爲的時候，完全看它的傾向是否可以增加或減少相關者的快樂……我說任何一種行爲，那就是我不但指着私人的一切行爲；並且包含着一切政府的法令。

「功利的意思，就是可以產生相關者的好處、利益、愉快、完善、或幸福，或阻止相關者悲愁、痛苦、罪惡、或不快。如果相關者是全體社會，那就是全體社會的快樂；如果相關者是某一個人，那就是那位個人的快樂。

「社會的利益，是道德學上的一個最通用的名詞，無怪乎它的意義常常弄模糊了。……社會是一個虛構的團體，它是由於許多個人的成員組織而成的。社會利益是什麼？——就是組合社會的許多成員的利益的總合。

「當一種社會的行爲，其增加社會幸福的傾向，大於其減少社會幸福的傾向時，那就是合於功利原則的行爲。」

邊沁的道德及立法原理上開首一章，就是功利主義派的基本信條。我想穆勒父子，及最近的塞文威克(Sidgwick)大概都同意這種信條。邊沁在同書的第二章中，就討論那些與功利主義相反對的主張，功利主義以快樂爲唯一之好，說人類行爲的是非標準完全在他是否能增加快樂。正與此相反對的主張，就是禁慾主義(asceticism)禁慾主義者以快樂爲唯一之惡，並且深惡而痛絕之。邊沁說主張禁慾主義的人們，大概可分爲兩派，一爲哲學的禁慾主義，一爲宗教的禁慾主義。他們這種信仰的來源，都是想求最大快樂的，不過因爲他們思想糊塗，最後忘了他們的基本能了。他們最初大概都認爲，許多通常之所謂快樂者大概都包含着將來的痛苦，所以一個人能從長計算想得到永久的快樂時，最好不要務目前的快樂。因爲他們思想不清楚，忘記了他們最初之所以主張禁慾主張的原因，所以就咀咒快樂，認爲愛慕痛苦是美德。其實這也不過是他們把功利主義解釋錯誤了而已。假若人類都能貫澈地追求快樂，世界上的快樂愈多，這世界也就更好了。假若人類中有十分之一，貫澈地追求痛苦，那就足以把我們的世界變成了地獄！進一步說，縱然那些迷信自苦是美德的禁慾主義者，仍然是在追求快樂。因爲使哲學家實行禁慾的動力是希望，希望自己得到哲學上的高尚或希望得到名譽與光榮，希望就是對於快樂的遠眺，使宗教家實行禁慾的動力是畏懼，畏懼迷信上的果報，畏懼將來神前的裁判與懲罰；畏懼就是對於痛苦的遠眺。通常說來，畏懼的勢力比希望大些，所以禁慾主義者多半是宗教家。總而言之，這兩種禁慾主義的理論雖然不同，然而其所根據的原則却是一致的——求快樂。

邊沁想把道德及政治哲學放在一個客觀的基礎上，作成一種所謂「道德數學」，完全從行爲的結果上所產生的快樂的數量以決定行爲的是非，於是他就制出了一種「快樂計分」(fecilific calculus)。在他的道德及立法原理的第四章裏，他提出了計算快樂數量的七個標準：(一)快樂的緊張性；(二)時間的延長性；(三)確定或不確定；(四)相近或遙遠；(五)產生性(此快樂是否可以產生其他將來的快樂)；(六)純粹性

(此快樂是否可以產生將來的痛苦)(七)擴延性(此快樂所能影響的人數之多寡)。邊沁所提議的計算方法，就是按着以上的七個標準，把某行爲將來所能產生的痛苦與快樂合計在一起，然後使苦樂互相抵銷，看所餘的快樂或痛苦的數量，快樂中取其最大者，痛苦中取其最小者，總之，以取最大的快樂爲行爲的唯一標準。

以上是邊沁功利原理的梗概。現在我想提出一個簡單的批評。第一個問題是，假設快樂是惟一有價值的東西時，我們的行爲究竟應該產生誰的最大快樂呢？行爲者個人的最大快樂，抑社會全體的或最大多數的最大快樂？邊沁是位「心理的快樂主義者」(psychological hedonist)，他認爲人類的行爲都在謀他個人的最大快樂，他這種思想在他的道德學（Deontology）一書上講得最澈底，不過這部書是由其全集的編輯者波陵所編輯的，未必盡出於邊沁之手筆。在他的憲法典(Constitutional Code）一書上，他也曾說：「每人的任何一種行爲，都是按照行爲者當時的見解，採取那種能達到他自己的最大快樂的途徑去行動」(Bk.I,§2)。在另一方面，邊沁又像是一位「普遍的功利主義者」(universal utilitarian)。他常說「最大多數的最大快樂是人類行爲的是非標準，不論在道德方面或政治方面」(見Bentham: "Fragment on Government," Oxford, p. 93，與Memoirs, "Works," Vol. X, p.79)。這種行爲者個人的最大快樂與最大多數的最大快樂，如何能永久互相一致呢？這是邊沁學說上的一個困難問題。在十八世紀之末的英國，許多人都相信個人私利的自然調和論，那就是說，假若每人都追求他自己的最大利益時，最後卽可得到全體的最大利益。邊沁以及當時的正統經濟學家，都承認這種學說。但現在資本主義發展的事實，已經證明了這種學說並非眞理了。

第二個問題，是快樂是否爲惟一有價值的東西，是否爲惟一的「好？」這個問題已經經過許多大哲學家的批評了，許多人都認爲除了快樂以外，還有另外有價值的東西。所謂快樂者，也不過是一種感情的作用；但我們通常之所謂快樂，大概都有其他的成分與之俱來，如知識、能力、榮譽、戀愛等。如果只有感情上的快感，纔有價值的時候，那麼與快樂俱來的其他成分的本身，就毫無價值之可言了，我們可以用種種方法增加一個猪的快感，但假若一個快樂很大的猪與不甚快樂的蘇格拉底相較時，到底何者的價值更大些呢？傳統的心理學對於人類心理作用的分析，大概分爲理智、感情與意志，這叫做智情意三分法。我們知道，知情意三種心理作用，各有其好的與壞的狀態；理智上有眞僞，感情上有苦樂，意志上有善惡。眞理、快樂、與善行，三者各有其自身的價值。雖然通常在求得眞理或見到善行時，亦包含着多少快樂，但眞理與善行的本身畢竟並非卽是快樂的本身。足見快樂並非惟一的「好」。

第三個問題是，當我們判斷行爲的是非時，是否只考慮它在結果上所產生的快樂呢？我們以前曾講過康德的道德及政治哲學。康德以爲，判斷我們的行爲的是非時，絲毫不應當考慮行爲的結果，只看它是否從尊重義務的觀念出發而已。這當然是正與邊沁相反的一種主張。不過我個人以爲，行爲的結果上所產生的快樂，自然是我們決定義務時的重要考慮之一；但這却並非惟一的考慮！通常當我決定何者爲我的義務時，我不但考慮我的行爲在結果上所產生的快樂，並且考慮我和他人的歷史關係。譬如某人從前曾幫助過我，並且我曾允諾將來報答他，現在他忽然需要我的幫助了。我在此刻思想我是否應當幫助他的時候，我第一自然就想到我與他的歷史關係，常常只由這一種考慮，就決定了我們的行爲；至少我在此刻也並非只考慮我的行爲在結果上所產生的快樂。有人說，大家守信義就能增加社會（即大家）的幸福，所以守信義之所以爲善行，仍然是因爲它在結果上能產生快樂。我承認凡善行大概都能產生點快樂，不管這種快樂是行爲者的或他人的。我所辯論的是，產生最大量的快樂是否爲我們決定義務時的唯一考慮。譬如政府當局發現了空襲時有漢奸放信號，並且這種奸細越來越多，而當局又苦於不能捕獲一二奸細，梟首示衆，以警傚尤。於是當局即捕一有嫌疑之良民，而故加拷打與宣傳，使大家相信其爲漢奸。假若產生最大快樂爲決定義務的惟一標準時，這位當局似乎就應當不顧正義與公道，而處彼嫌疑犯以極刑。但至少有些人依然認爲這並非當局所應作的行爲。

三、政府論——邊沁認爲國家及政府的惟一合理的根據，就是功利原則，所以他不贊成當時的流行學說，如「自然人權」及「社會契約」等。他在他的政府雜論上說，社會契約、自然權利、自然法及正義等觀念，都是些政治上的幻想。他高呼曰：「幻想的時期已經過去了」（"Fragment on Government," Oxford, p.155）！「只有正確認識的及經常使用的功利原則，纔能供給人一種解決這些問題的指南」（"Fragment on Government," Oxford, p.155）。邊沁認爲，人類的一切權利都是政府與法律所賦與的，根本無所謂自然權利。他說：

一政府製造種種權利，以盡他的職務，並且把這些權利授與每一個人——生命安全權，保障榮譽權，財產權，需要時受幫助之權」（Bentham: "Principles of Civil Code," "Works," Vol. I, p. 301）。權利既然完全是被政府的法律所製造的，那麼立法的標準及法律的價值，就應當完全看是否可以產生最大多數的最大幸福。邊沁以爲，許多自然人權論者所主張的那些自然權利，事實上大概都是合於功利原則的；若離開功利原則而講自然權利，那完全是「架空的胡說」（nonsense upon stilts）。同樣，邊沁又反對社會契約說。他說歷史上根本就未曾立過社會契約。縱然我們退一步說，假定國家的起源果眞是生於社會契約，那麼這個問題仍然並未得到澈底的解決。我立刻就要問，爲什麼有這種社會契約呢？爲什麼大家應該遵守這種契約呢？惟一的回答還不是爲謀公共利益嗎？那仍然是功利原則。

雖然邊沁不贊成當時流行的民主政治的理論根據（如自然權利及社會契約等），但他却很熱心地贊成民主政體。他反對英國的君主政體（尤其反對George III），他說國王的利益不能常和人民的利益一致，而且國王還要耗費大量的國帑。他很同情法國的大革命及美國的獨立。他所著的憲法典（Constitutional Code）一書就是計畫一種民主政體。他在一八二四年寫信給他的朋友莫地諾夫（Admiral Morduinoff）說：他的目的就是想把「這個壞世界弄好一點，使世界上都變成些民主國。」他反對英國世襲的上議院，斥爲一種毫無理由的制度；他主張廢除上議院，只留下一個代表人民的立法機關——下議院。邊沁是一位最熱心的社會改良家，凡欲謀迅速改革的英國人，無不憎惡英國的上議院，因爲它是阻礙社會急遽改革的最大障礙。在下議院方面，邊沁也提出了許多改革的意見，最重要者有三點：第一，他主張成年男子的普選權，惟一的限制就是選舉者必須識字。邊沁避免討論女子的選舉權，因爲他覺得當時的女子並沒有這種迫切的要求，所以並非當時的一個緊急問題。第二，他主張下議院的選舉法應該用票選，以避免被少數人所操縱的弊病。第三，他主張議會每年改選，一方面可以制止着議員們，使他們不能假借其地位而謀私利，一方面可以使議員們常和選民接觸，而避免代表與民意相悖的現象。邊沁這三種建議之中，前二者已經毫無問題地被後世所採取了，只有第三種建議好像很少被採取的可能。第一，因爲現在各種交通工具的便利，議員可以隨時與選民接觸。第二，因爲政府之任何較大規模的計畫，決非一年所能完成，若議會每年改選，則政府不易實行較大規模的計畫。

四、法律改革——使邊沁信仰快樂是至高之善的最大刺激，就是英國當時的法律，尤其是刑法。邊沁一生大部分的著作都是講法律的。他以爲當時英國的法律條文雜亂無章，還故意弄上些模糊的專門名詞，使普通人不能瞭解；而司法手續又非常之麻煩而遲緩，普通人簡直沒有那麼多的時間與金錢去求得法庭上的裁判。所以，第一，他主張重新製訂法律條文，他所創造的一個名詞叫做「編纂法典」(Codification)。邊沁信仰法律萬能，他似乎忽略了法律的歷史基礎的重要。他認爲只要政府立定了最合理的法律，法律就可以改造人民。這就是法理學上之所謂「積極學派」(Legal Positivism)。奧斯頓(John Austin)繼邊沁之後，爲這派法理學的大師。邊沁主張法律條文應當簡單而明瞭，使一般人都容易明白；應當舉出些具體例子來作解釋；並且還應當以廉價印行許多小册子分散給人民。邊沁很想得個機會重訂英國的法律條文，但可惜他始終並未得到，所以他不得已只作了些批評及解釋的法學書。不過他卻曾替法國及俄國編纂過法典。第二，他主張重新改革英國的司法制度。當時英國的司法手續很麻煩，人民必須經過辯護士或律師纔能向法官申訴，用費之浩繁，時間之延誤，以及種種不必要的麻煩，使人民簡直沒有能力申訴。邊沁對於當時英國的法官也非常不滿意，他說法律多半是法官們所製造的，目的在維護他們自己的利益；受斷頭刑的罪犯比那些法官們還仁厚些哩！他認為陪審員是制止法官的殘暴的一種制度。他主張法庭上應當只有一個法官，以專責成，許多法官審問一案，彼此互相推諉，是一種很壞的辦法。法官的任命，應當完全以他所受過的訓練及功績為標準，絕對不應當操諸政黨之手，而任用私人。他對於當時英國的鄉長制(Justice of Peace)攻擊不遺餘力，鄉間的紳士根本無法律知識，焉能判斷訴訟呢？

邊沁以為，當時英國的刑法太籠統，沒有詳細分辨懲罰的程度之不同。他非常憎惡英國的立法者，他說立法者，大概是社會的上層階級，他們所規定的刑罰，大概都是有利於他們那一階級的。他認為，審判官必須避免任何階級或黨派的成見，與兩造都無利害關係；懲罰必須按着犯罪的性質、影響、環境、動機、以及被侵害者所受的損害之程度等，以詳細規定懲罰的各種程度上的不同；使法官不要以其感情上的臨時衝動而定犯人的懲罰，必須冷靜地、合理地思量環境的需要，看如何纔可以增進社會的最大幸福。本來懲罰論有許多不同的學說，最重要的有正義論、制止論、與感化論。邊沁是傾向於制止論與感化論的，他認為懲罰的主要目的就在威嚇一般人不要作惡，懲罰的輕重應當完全以社會的功利為斷，過重了足以增加人類的痛苦，過輕了則人不畏法而隨意作惡。

與刑罰相連的還有監獄。當時英國的監獄，簡直是慘無人道的地獄生活，不管罪人的輕重老幼，都放在一個監獄裏，那簡直成了劣德及罪惡的訓練所。邊沁哲學的唯一目的，就是想增加人們的幸福，或減少人類的痛苦；所以他當時也煞費苦心地計畫着改良監獄。邊沁的最著名的改良監獄的計畫就是他的 Panopticon——這是邊沁根據着他的希臘知識而自造的一個字，意義是「看見全體」。這種建築本來是他的兄弟塞繆爾邊沁（Sir Samuel Bentham）所計畫的，他是一位在俄國很著名的工程師。這種建築的形式是圓的，犯人皆在四周工作及住宿，管獄者居於中間，可以看見全體。邊沁在給布勒索（Brissot）的信上說：「這是一盤石磨，可以把流氓磨得忠厚，可以把懶惰人磨得勤勞。」邊沁想使囚犯都受工作的訓練，使他們按時作有用的工作，並且可以分一點紅利，同時教他們一點普通的知識及道德宗教的訓練，使他們出獄之後即變成一個慣於勤勞的工人。邊沁很憎惡「罰苦力」這個名詞，他說，為什麼給勤勞的美德加上這種惡意的名詞，以恐嚇犯罪的人們呢？我不曉得為什麼必須把工作弄得那樣不名譽而且可怕，若能把囚犯訓練得愛工作，那不更好麼？按時的工作，總比強迫的懶惰更是甘美的生活吧？勞動本來是一種娛樂，何必弄得它那樣使人咀咒呢？邊沁本着那種慈善家的人道心，對於他的監獄計劃真可以說是慘澹經營。購買地皮，計劃建築，勸說當時英國的政治家及議員等請他們採用他的監獄計劃。終因國王佐治第三厭惡邊沁，死力反對而未獲成功。邊沁爲此計劃曾費了不少的金錢，據說這個計劃完全失敗之後，國會裏還議決補償了他的損失二萬三千磅。

五、政治經濟原理——邊沁的政治經濟學說是與亞當斯密（Adam Smith）相同的。邊沁曾作過一本書名政治經濟教本（Manual of Political Economy），他在這本書上說，關於經濟學，他附屬於亞當斯密，他是亞當斯密的一個熱心信徒。亞當斯密、邊沁、詹姆斯密爾、李嘉圖等，都是功利派的經濟學家，創其始者是亞當斯密。大體上說，他們都信仰放任主義（laissez-faire）——即自由競爭與自由貿易。他們都相信私利與公利的自然調和論（the natural harmony of interests），那就是說，如果每人皆自由追求他個人的最大利益，結果就自然會達到社會全體的最大利益。亞當斯密在他的國富論（The Wealth of Nations）上說：「在自由與安全的條件之下，每人對於改善他自己的生活的那種自然努力，是這樣有力的一個原則：只有這一條原則，並不用其他的幫助，就能使社會富庶而繁榮，並且可以戰勝許多種阻礙它的工作的那些人爲的愚蠢法律」（Cannon 編訂本 p. 43）。因爲他們都相信「經濟律」可以自己工作，所以根本反對政府干涉社會的經濟生活。亞當斯密尚主張國家應立法制止「重利盤剝」的行爲，邊沁作了一本書名重利盤剝的辯護（The De-

，fence of Usury)認為縱然在這一方面政府也不當干涉經濟上「需要與供給」的自然法。邊沁並非認為重利盤剝是對的，也並非贊成重利盤剝的行為，他不過在證明政府不應干涉此事，蓋干涉的結果恐怕是「非徒無益，而又害之。」邊沁認為政府是一種「必需的罪惡」(necessary evil)；因為法律的干涉是限制人類的自由，限制自由就是產生痛苦。所以政府的一切措置都是惡的，所謂政府應作之事者，不過是兩惡之中選其輕者而已。邊沁在他的政治經濟教本上說，關於社會的經濟生活，「政府最好是什麼都不作，並且也不想作。政府的格言應當是——安靜些」(“Works,” Vol. III, p. 32)。他又說「安全與自由就是實業所要求的一切。農工商業者對於政府的要求是很溫和而有理的，那就如戴根內(Diogenes)對於亞歷山大的要求：躲開我的陽光」(“Works,” Vol. III, p. 32)。

這種政治學說的謬誤，現在已經有事實來充分證明了。放任主義的結果，就產生了現代的資本主義。在資本主義之下，一方面是壟斷金融與市場的資本家，一方面是只有勞動出售的工人，後者的命運是完全操之於前者之手，及隔幾年一次的經濟恐慌。現在多數人都承認資本家與勞動者的經濟利益是絕對不會自然調和的。現在幾乎任何國家都干涉社會的經濟生活，各民主國都有勞工法、工廠調查法、累進所得稅及遺產稅等，至於共產黨及法西斯黨的極權國家，當然更是積極地干涉經濟生活了。英國遠承功利主義之衣缽的非邊社(Fabian Society)，雖然仍以謀最大多數之最大幸福相號召，但在經濟上已經變成國家干涉主義了。其實放任主義並非與功利主義有什麼不可分性，在某環境中說不定實行放任主義可以獲得最大多數的最大幸福，在另一種環境中說不定就應當實行國家干涉。在邊沁的時代，英國工業剛興起的時候，政府的許多法令都是妨礙工業發展的，所以邊沁有那種極端放任主義的主張。如果邊沁生於現在，他也許又極端贊成國家干涉了。

第二十四章　穆勒 (John Stuart Mill)

一、生活及著作——約翰穆勒是詹姆斯穆勒的長子，於一八零六年生於倫敦，一八七三年死於法國的亞維格濃（Avignon）。穆勒所受的教育非常特別，他從小就在家裏受詹姆斯穆勒的嚴格教育，幾乎全部的幼年教育都是由他父親一手教成的。他每日自晨至晚與他父親同遊同息，並且他父親就是他唯一的教師。穆勒三歲即開始學希臘文，至八歲時即讀過許多希臘文的名著，他最喜歡柏拉圖的對話；在此時期，英文數學不過是些副科而已。八歲時開始學拉丁文。穆勒在幼年時期，即對於邏輯、心理學及政治經濟已有了很深的造詣。在十四歲以前，他父親是他唯一的教師。詹姆斯穆勒對於他自己的教學法非常自信，他每天都給約翰穆勒很重的工作，通常都超過了約翰的能力之所能及；散步時即發問題與約翰辯論，指示約翰思想的錯誤；詹姆斯穆勒並且還使約翰在家裏教育他的弟妹，因為詹姆斯穆勒認為，教育他人是幫助自己深刻瞭解的最好方法。所以約翰在幼年卽訓練成了一位小思想家。

十四歲時,他父親送他到法國去住了一年,住在邊沁的弟兄塞繆爾邊沁(Sir Samuel Bentham)家裏,在這一年中他不但學習了法國語言文字,並且熟悉於法國的政治;最重要的是他到法國各處旅行,博識鳥獸草木之名,使他非常歡喜植物學及動物學,並且培養成了他愛好旅行的習慣,這對於他的一生非常重要。回英國以後他父親教他讀杜蒙(Dumont)的立法論(Traités de législation),這是法國人解釋邊沁主義的一本著名的好書。約翰穆勒說:「這本書對於我的生活上發生了一種劃時代的作用,這是我的心靈發展史上轉機之一。」他同時在倫敦大學從奧斯頓(John Austin)學羅馬法,他在十六歲的時候,鳩合了幾位少年同志,組織了一個「功利學會」(The Utilitarian Society),研究邊沁的倫理及政治原理。不久他又加入了一個「思辨學會」(The Speculative Debating Society),這是一夥少年思想家在當時的一位功利主義的大哲學家哥洛德(George Grote)的家裏舉行的辯論會,研究政治、經濟、邏輯、心理學等。這兩個學會對於他的思想發展上都有很大的幫助。最後他又加入了一個「政治經濟學會」(The Political Economy Club),他在這裏邊結識了許多經濟學家及大思想家。

十七歲時,他父親就把他介紹到東印度公司作事——當時他父親就在東印度公司管文書,約翰卽在他父親的手下,主要的職務是擬稿。不久約翰卽成了一位司文書的專家,最後於一八五六年升爲文書處長,至一八五八年東印度公司取消爲止。他退職後卽賴其卹金生活。

約翰穆勒在少年時卽不時地在邊沁所辦的西敏寺評論上發表文章，宣傳功利主義的思想。不過在二十歲的時候，他的精神身體頗失健康，這是他一生的最大危機：原因大概是由於他父親從小對於他所實施的嚴格理智教育所致。他的工作從未間斷，毫無感情的生活，但此時他略讀點滋渥茨（Wordsworth）及葛拉雷支（Coleridge）的作品，這也與他的心理變遷有很大的關係。約翰穆勒在此時始深明培養感情生活的必要，認爲人類生活上的感情與理智應當並重。他從此就變成一位極富有同情心、極愛人羣的人物了。他反對邊沁只知有理智生活而忽略感情的缺點（見其論文集，論邊沁一篇。）他在學術上不但承繼了邊沁及其父親的功利主義，並且還進而作出了許多改良功利主義的創見。約翰穆勒有一次在私人談話中說：「我是一個反對老師的彼得。」這就是說，他之對於邊沁，正如彼得之對於耶穌一樣。

穆勒的生活上的另一件很重要的事，便是他到了中年時與戴樂夫人（Mrs. Taylor）的戀愛。穆勒於一八三零年與戴樂夫人相識，以後他們的感情日篤，每星期必同餐二次。據說這位戴樂先生很大量，每在他們同餐時卽外出，但據穆勒的敍述，他們卻並未作對不起戴樂先生的事情。據穆勒自傳上的描述，這位夫人是極聰明而且極有德性的一位理想女子。她對於穆勒的生活及思想上的影響很大。但據穆勒的朋友嘉來爾（Carlyle）的敍述，穆勒的自傳有點言過其實，這位夫人凡事都追問「爲什麼，」而穆勒卽常供給很滿意的回答。在他們最初戀愛的幾年，穆勒很不得他的朋友們的諒解，因此穆勒有多少年不大與人來往。至一八四九年戴樂夫人的丈夫逝世，他們卽於一八五一年結婚。據穆勒的自傳上說，他的自由論（On Liberty）是他的精心結撰之作，因爲這是他們夫婦二人的精力所作的。我想他們的戀愛事件也許是使他們作自由論的一個動機。

穆勒一生的著作很多。自一八三四年至一八四零年，他是倫敦評論（London Review，後改爲 London and Westminster Review）的主編人，他曾發表過許多重要論文，闡發及修正「哲學過激派」的主義，及批評當時的政治與社會。他的大著作中最先出版的是他的邏輯（"System of Logic," 1843）這本書在當時的邏輯上是一種集大成的著作，至今仍爲邏輯學的要典。其次就是他的政治經濟原理（"Principles of Political Economy," 1848），這是當時在經濟學上集大成的著作，至今仍爲政治經濟學的名著。一八五九年出版了他的自由論，這是衛護個人自由的一種最透徹的著作。代議政府論（Considerations on Representative Government）於一八六零年出版，功利主義（Utilitarianism）於一八六三年出版，這都是他的政治理論上的重要著作。哈米爾頓哲學的檢討（Examination of Sir William Hamilton's Philosophy）於一八六五年出版，這純粹是一本關於哲學的著作。一八六九年他出版了一本討論女權的書名婦女的隸屬（The Subjection of Women）。這大概是受了他的夫人的啓發而作的。他的自傳（Autobiography）是他死後出版的。他的論文集（Dissertations and Discussions）有二卷行於世。

二、穆勒的功利主義——穆勒的功利主義，也和邊沁的一樣，一方面主張每人應當謀最大多數的最大幸福，一方面認爲每人都在追求，而且應當追求他自己的最大快樂。在他的功利主義一書中，他曾屢次說，功利原則並非讓每人只追求他自己的最大快樂。但在他證明快樂爲什麽是好（或有價值）的時候，他卻似乎又認爲每人應當追求他自己的最大快樂了。對於前一方面的主張，我可以隨便引他的兩段話來證明。他說：「判斷行爲是非的功利標準，並非行爲者自己的快樂，而是所有相關的人們的快樂，功利主義要他對於自己的快樂與他人的快樂，可以作大公無私的稱量，就如一位毫無私利的慈善旁觀者一樣」（J.S.Mill: "Utilitarianism," Everyman's Library, p.16）。他又說，功利的「標準並非行爲者自己的最大快樂，而是全體的最大快樂」（同上p.10）。在這些地方，穆勒很明顯地認爲，功利標準是在求最大多數之最大幸福。但在他證明爲什麽快樂是唯一的好（或有價值）的時候，他卻這樣說：「只有一種理由可以證明大家的快樂是值得要求的，那就是每人都要求他自己可以獲得的快樂，這種事實就可以充分地證明快樂是好的：每人的快樂是他自己的一種好，所以大家的快樂就是大家的好」（同上p.33）。後世的哲學家們對於穆勒的這種證明有不少的批評，第一，他以爲人類只要求快樂，此外卽無其他的要求。如果有些道德家說人類還要求德性正義呢！穆勒的回答說，德性與正義原來是手段，用以達到快樂的目的。但因爲德性正義等常與快樂在一起出現，人類又有觀念的聯想作用，所以後來便忘了德性與正義是手段，而愛德性與正義的本身了，正如金錢是達到買東西享受的手段，而守財奴卻以金錢的本身爲目的，完全爲愛金錢而愛金錢了。德性與正義是否完全爲快樂的手段，我在此處無暇詳論。穆勒的明顯錯誤是他從每人「要求」快樂的事實便很疏忽地斷定快樂是「值得要求的」「值得要求的」當然是好的了。其實「要求」與「值得要求」並非同一意義，我們事實上所要求的東西並不見得都是值得要求的，或應當要求的，第二，穆勒的論據仍然是「心理的快樂主義」他說每人都要求他自己的快樂；假若這是事實的話，那麼如何從每人追求他自己的快樂而過渡到每人應當追求他人的快樂呢？這種很粗疏地把「爲我」與「爲他」聯合在一起的辦法，似乎並非一種令人滿意的學說。我想穆勒大概也和邊沁一樣，大家都信仰當時流行的那種私利自然調和論吧？這個問題我們在講邊沁的時候已經批評過了。

穆勒對於邊沁的功利主義，尚有一種改革的意見。邊沁認爲快樂既然是判斷行爲是非的唯一標準，那麼當我們計算快樂的大小時，就只能計算快樂的數量。邊沁說：「如果產生的快樂數量相等，詩與推針戲的價值一樣」(Quantity of pleasure being equal, pushpin is as good as poetry.)。穆勒主張快樂的數量與性質應當同時顧到。他說：「功利原則儘可以承認某種的快樂比他種快樂更值得要求和更有價值些。我們計算其他的東西時，都是數量與性質同時顧到，而計算快樂時卻只顧及數量，那不很荒謬嗎？」(同上 p.7) 他並且用實例來證明說：「作一個不滿意的人有勝於作一個滿意的豬；作一個不滿意的蘇格拉底，有勝於作一個滿意的蠢人。」(同上 p.9) 其實穆勒這種主張並不能與功利原則相容。功利主義者以爲世間只有快樂的本身有價值普通人之所謂其他有價值的東西，都是達到快樂的手段。穆勒現在承認快樂有性質上的不同，好像他認為不管快樂的數量如何，「人」的本身就比「猪」好些，蘇格拉底的本身就比癡人好些。這足見除了快樂之外，世間還有些有價值的東西存在——例如聰明才智。快樂既然有性質的不同，有人一定要問性質的高下應當以什麼為標準呢？如果有標準的話，那麼當我們決定行為之是非時，除了快樂以外還要顧到那另一種標準。如果無標準時，那麼我們就無法斷定何者為高下了。穆勒也曉得這種困難，他的解決方法是訴諸有經驗的人們的判斷。他說，假若有些人對於兩種快樂有同樣的經驗，如果他們都認為某種快樂的性質高於另一種時，那麼前者的性質就是高尚的。這種解釋並未解決了我們所問的問題，他不過把問題推遠了一步而已。我們立刻就又要問這些有經驗的人們的判斷是否有標準呢？若有標準時，我們還是應當顧到那種標準；若無標準時，那麼訴之於有經驗的人們，就等於訴諸盲目的判斷。總而言之，邊沁那種只計算快樂的數量的辦法，不論其是否為真理，尚能自圓其說。穆勒主張計算快樂時有兩種不同的標準——數量與性質。那麼這二種不同的東西，如何計算快樂的大小呢？如果說因為某種快樂的性質高尚些，我們寧願採取某種數量較小的快樂，那麼我們還能說「最大快樂」是判斷行為是非的惟一標準嗎？

三、自由論——穆勒在政治原理上的最重要的著作，就是他的自由論。他的代議政府中所討論的，大概是些實際政治問題，可以說是他的功利原則及自由原則的應用，其中許多已是些過去的問題了。據穆勒自己說，自由論是他們夫婦二人的精心結撰之作，現在大家都承認這是一部維護自由的經典。我認為這本書最精彩的地方是第二章與第三章討論思想與研究的自由及個性之可貴。在這兩章裏他幾乎把維護思想與言論自由的理由說盡了，並且有時甚至於超出了功利主義的論據，以為思想及言論的自由是人類的自然權利。他從各方面證明政府絕對不應當干涉人民的思想及言論的自由。譬如他說壓迫思想言論的自由就等於壓迫真理。重要的理由如下：第一，因為一般人所承認的真理未必即是真理，風俗習慣及社會制度上所擁護的真理常常是錯誤的；若想打破這種錯誤的見解，只有讓大家都有貢獻意見及討論的自由。第二真理愈經過許多人反對便愈加光明，愈顯得正確；如果一種一成不變的真理，簡直無人懷疑或反對時，不久就會變成一種死板而無用的成見了。只有從經常的辯難之中，真理的意義纔能更清楚更堅固。第三，真理通常是多方面的，在不同的意見中說不定各方面皆只見到了真理的一面，自由思想及討論的結果也許可以得到更可靠的真理。不但從真理的觀點說，大家應當有言論思想的自由；從人類的幸福與社會的進化方面看也應當擁護言論思想的自由，他說：「壓迫言論自由的一種特別罪惡，就是它劫奪人類；劫奪現代的人們，並且劫奪他們的後嗣；對於意見不同的人們的劫奪比對於意見相同的人們還要大些。如果這種被壓迫的意見是對的，他們就失掉了改變他們的錯誤而就真理的機會；如果是錯誤的，他們就失掉了一種可以使真理更清楚而活現的機會；因為只有當謬誤的見解與真理互相衝突時，纔可以使真理愈研愈彰，這種利益幾乎也不亞於前一種」（J. S. Mill: "On

"Liberty," Everyman's Library, p.79)。

穆勒是一位貫澈的自由主義者，他竭力鼓吹政府或個人應當對於他人的意見寬容。他自己就是位非常虛心而寬容的人。當他作國會議員的時候，雖然他是哲學過激派的首領，但他常常放棄了他本黨的主張而贊成其他政黨的主張。穆勒很反對一般無寬容精神的人民，他希望社會上一般人都能知道自由之可貴，自由是人間的幸福，並且社會上每人都有他的個性，可以作成一個有種種形式的生活及意見的社會，每人都尊重他自己的意見，同時尊重他人的意見。如果這種目的可以達到，那就眞可以做到古希臘思想上之所謂「朋友的社會」(Society of Friends)了。朋友們的意見儘管不同，然而卻都互相尊重。穆勒最不喜歡一個社會裏的成員都「猿猴式的模仿」(ape-like imitation)，弄成一個千篇一律的單調社會。他認爲達到自由社會的最大困難，還不在政府與國家，而是在如何使人民瞭解自由之可貴，使他們明白自由是文明、文化、及教育上的必需品。如果人人都有了這種瞭解之後，那麼社會干涉與個人自由的界限就容易維持了。

思想言論的自由是穆勒所最擁護的，那麼行動的自由如何呢？穆勒認爲，思想言論究竟是個人的事情，至於實際行爲則有時不但關於自己，並且可以影響於他人及社會。凡人皆有自衛的權利，如果一人的行爲妨害到他人的時候，他人當然有權利反抗。所以穆勒認爲，在行爲上的自由就應當有一種限制，那就是必須不妨害他人及社會。他說「他必須不要妨害他人。」如果他不妨害他人，不去作關係於他人的事情，而只按照他自己的欲望與判斷去作關係於他自己的事那麼准許意見自由的那些理由也應當同樣地允許他的意見付諸實行，損失由他自己擔當」(同上 p.114)。

穆勒把人類的行爲分爲兩項：一是關係行爲者個人的行爲，一是關係於他人或社會的行爲。對於前者，每人應當有絕對的自由；對於後者，應受社會的限制。他說「主要關係於個人的利益那一部分生活，應當屬個於人；主要關係於社會利益的應當屬於社會」(同上 p.132)，穆勒這種劃分國家干涉的範圍的辦法，很引起了許多人的討論。第一，穆勒在理論上和邊沁相似，想把政府的權力降至最低限度，他們都認爲政府的主要作用只在消極地維持社會秩序，而不贊成政府對於人民作積極的誘導工作。穆勒說：「在某些事情上，雖然平均說個人不及政府的官吏作得好，但仍然應當讓他們自己去作，藉以作他們的心靈教育」(同上 p.164)。我認爲，事實上有些事務很可以由政府積極地倡導甚或強迫；譬如凡國民都應當受的義務教育，或須要大家通力合作的公共衛生等。第二，關係於自己與關係於他人的行爲很難劃分。我們可以說凡行爲都可以關係自己，而同時關係社會。譬如穆勒以爲酗酒與懶惰是社會不應當干涉的事情，但酗酒之後毆人，或懶惰而忽其應盡之義務時，社會即應加干涉。不過有些人卻以爲只是酗酒與懶惰就可以間接地影響社會，因爲這種惡習慣可以傳染他人，所以有人贊成政府實行禁酒，甚而言之，有些人以爲思想也與社會有關係，可以影響他人及社會秩序，所以政府應當干涉人民的思想，尤其在戰時爲然。事實上個人與社會的權限很難劃分，國家應干涉的範圍也不易確定。放任主義認為國家不應當干涉人民的經濟生活，而近人則主張國家應當干涉人民的經濟生活，而不應當干涉文化範圍以內的生活（如思想言論及宗教信仰等）。羅素（B. Russell）在他的社會改造原理（Principles of Social Reconstruction）上，把人類行為的動力分為兩種——創作衝動與占有衝動。前者所發出的行為是文學、哲學、科學、藝術、運動、游戲、戀愛等，這些行為的對象是無限的，所以應當有自由；後者所發出的行為是爭財富、占土地、攫權力等，這些行為的對象是有限的，所以應當受社會的限制。最後，還有些人主張，劃分這種界限根本就不可能，並且也不必要，因為國家就是個人的理想生活的實現，個人應當與國家成為一體，個人只有在社會的「公共利益」之中才能得到他的真實利益；所以國家若能盡其應盡之職務時，我們可以說一切都是國家干涉的範圍，也可以說一切都是個人自由的實現。

四、政治經濟原理——我在以前曾講過，功利派的政治經濟學說，大概都是主張放任主義的；這是從亞當斯密、邊沁、李嘉圖以至約翰穆勒諸人的共同主張。不過李嘉圖在他的政治經濟及賦稅原理（Principles of Political Economy and Taxation）上，一方面主張個人私利的自然調和論，一方面在他分析社會各經濟階級的自然發展上，卻又認為各階級的利益不能永遠調和了。他分析社會上有地主、資本家、及勞動者三大階級，若任其自然發展時，這三階級的利益是互相衝突的。譬如，按馬爾塞斯的學說，人口的增加較速於經濟生產的增加，若將來人口增多，貧民必須被生活所迫而耕種貧瘠的土地，而規定米價的成本是以最貧瘠的土地為轉爭，那麼獲有肥沃土地的地主們就坐獲其利了。又譬如工業技術逐漸發達之後，資本家所用於工資上的「流動資本」卽逐漸減少而所用於機器上的「固定資本」逐漸增多，那麼勞動者人口數目日增，而資本家所僱用的勞動者日漸減少，所以工人的生活必定日加困難。

穆勒因爲時代的變遷，他的政治經濟原理更加轉變了，尤其是在他的晚年。他在政治經濟的大原則上，仍然贊成放任主義，仍然認爲「自由競爭」是普通的經濟律。他說：「簡言之，放任主義應當爲普通的實行；除非有某種大利益的要求，每次離開放任原則都一定要產生罪惡」(J.S. Mill: "Principles of Political Economy," Bk. V, Chap. XI,§7)。但是他對於功利主義的傳統思想，把國家干涉人民的權利降至最低限度的主張，卻漸漸發生動搖了。他不但主張國家應有政府規定的教育制度，而且還贊成國家應有計劃地強迫移民，藉以提高貧民的生活。他想避免貧富階級的懸殊，所以主張國家對於私產的占有、繼承及遺贈上也應加以相當的限制。他認爲私產（尤其土地）的惟一合理的根據，就是使人能使用他的機能，以促進社會的進化；並非僅每人使用各種方法盡量地占據使他人變爲貧無立錐之地。所以他主張廢除長子的特別繼承權 (primogenitus)，縱然在普通的繼承與遺贈上，政府亦應加以限制。(參考 "Principles of Political Economy," Bk. II, Chap. II, §4)。對於當時工業發展的情形上，他看見工業的「流動資本」漸變爲「固定資本」，使許多勞動者失掉了謀生的方法，所以他主張政府應立法以實行救濟那些失業與無業的工人。在穆勒的老年，他對於貧民及工人的同情心越來越濃厚，簡直離開了當時流行的民治主義者的見解，而傾向於一種模糊的社會主義了。他這種思想的變遷，在他的自傳中講得非常明白，他說：

「當我從前是一個極端的邊沁學派的時候，我對於社會改良的意見絲毫並未超出了那些舊派的政治經濟學家的主張。今日的所謂私產與繼承，我們大家都認爲是立法的準繩；對於減輕這種制度所產生的不平等，我只提出了長子特別繼承權的辦法。至於對於有人生而富貴，多數人生而貧賤的那種不公平的現象，更進一步的改革辦法，我當時總以爲是些幻想，並且只希望教育普及了之後，大家可以自動的節制生育，使貧民的生活略改良些。總之，我那時是一個民治主義者，一點兒也不是一個社會主義者。我們（譯者按：指穆勒及其夫人）現在已不似我從前之相信民治主義了，因爲教育至今仍然是如此不良，我們對於一般大衆的無知，尤其是他們的自私與殘暴，不禁發生恐懼；我們對於改良社會的最後理想，早已超過了民治主義了，我們毫無問題地是屬於社會主義者了。我們絕對不贊成多數的社會主義計劃中所主張的那種社會對於個人的過量干涉，但我們卻冀望着在將來的社會裏，不復有懶惰者與勤苦者的分野；不工作者不得食的規律，不只施用於窮人，而且可以公平地施諸一切人；勞力所生產的物資的分配，不似現在之如此被偶生於富貴之家的人們所占據，而是按着大家所公認的公道原則分配；並且大家不復認爲人類爲社會的利益而努力，而不專爲其個人，是一件不可能的事情。」

在這一段話裏，我們可以很清楚地看見穆勒思想的轉變，從一位極端的邊沁主義者，漸漸地變成一位模糊的社會主義者。他說他這種思想在他的政治經濟原理的第一版中就提到過，在第二版時就更清楚更完全，在第三版中就絕無任何含混了。（參考穆勒的自傳。）我認為穆勒在晚年之所以漸棄放任主義原則而趨於社會主義思想者，第一是因為當時英國的經濟情形已經漸走上資本主義之路，第二是因為一八四八年法國革命以後，一般人的意見的轉變。穆勒到了老年，還預備作一本書討論社會主義，惜其未成而卒；但他所起草的計劃，卻由戴樂女士（Miss Taylor 按即穆勒之義女）交兩週評論（Fortnightly Review）雜誌發表過。他在這個起草的計劃上，依次批評聖西孟（St. Simon）、佛利埃（Fourier）、歐文（Robert Owen）及路易布朗（Louis Blanc等）社會主義者，但無一字道及與他同住在倫敦的一位最大的社會主義者馬克斯。總之，穆勒老年只憧憬於社會主義的理想，但並未能切實地計劃達到社會主義的方法。

在這裏我要附帶講一下的，就是英國現在的費邊社（Fabian Society）。這個學會至今只有四五十年的歷史，大家都曉得他們是社會主義者。追溯費邊社的思想的來源，他們雖然一方面是受了馬克斯的影響，但同時在另一方面他們還是繼承穆勒的衣鉢。英國到了維多利亞女皇時代，放任主義已經成了政治經濟上的主要勢力了；當年由國家干涉而產生的痛苦，已經變為由國家放任而產生的痛苦了。所以費邊社的人們完全放棄了放任主義的主張，而積極主張國家對於經濟生活的干涉了；由國家的消極的強制作用（coercive function），而變爲積極的服務作用（service function）了。費邊社的思想是英國工黨的理論基礎，他們和馬克斯的不同之點，就在馬克斯主張無產階級以武力奪取政權，而費邊社則主張用議會政治的方法，逐漸達到社會主義的社會。

第二十五章　馬克斯（Karl Marx）

一、社會主義運動與馬克斯——社會主義到了十九世紀的初年纔形成了一種實際的社會運動，馬克斯主義就可以說是歐洲的社會主義思想的結晶。爲簡單起見，我們可以把歐洲的社會主義運動分爲兩個階段。第一階段的社會主義者，大概都是些慈善家及道德家，在英國與法國差不多同時作成了一種社會運動，許多人都認爲近世的社會主義是兩個大革命的產兒——一爲工業革命，一爲法國大革命。英國自十八世紀中葉的工業革命以後，因爲當時的工廠簡陋不堪，而政府又無勞工立法，所以產生了些人間的痛苦，如無限制的工作時間，齷齪黑暗的工廠與工人住處，榨取婦女童工等。到了一八零零年，有一位英國的社會主義者歐文（Robert Owen），就開始試驗他的「新蘭那克」（New Lanark）。他集資辦一大工廠在其中實行他的社會主義計劃，使工人的工作時間縮短，並且有種種爲工人及其子弟謀利益的設備，而結果他的工廠的工作效率卻最大。歐文之後，英國的許多篤信基督教的人們繼之而作社會主義運動，這就是英國之所謂基督教的社會主義者

（Christian socialists），其中最著名的代表就是莫里斯（Maurice）及金斯勒（Kingsley）。法國的社會主義者大概都是繼續法國大革命的精神而進行的一種運動。法國大革命是以自由平等博愛相號召的，有些人都認爲大革命以後並未眞能達到當初的目的，社會上的人仍然是不平等、不自由，並且不博愛。聖西孟（St. Simon）在一八零二年發表了他的日內瓦書札（Geneva Letters），佛利埃（Fourier）在一八零八年發表了他的四種運動的原理（Theorie des quarter movements）這都是鼓吹社會主義思想的。其後普魯東（Proudhon）及路易布朗（Louis Blanc）都是法國主張社會主義的健將。這個階段的社會主義運動，主要的皆在英國與法國在一八五零年以前，英法兩國的社會主義運動是分別進行的。

第二階段的社會主義者就以馬克斯與安格斯（Engels）爲代表，這就是普通之所謂的科學的社會主義，以與從前的空想的社會主義相對。馬克斯主義的運動開始於十九世紀的中葉，一八四八年馬克斯與安格斯合作的共產黨宣言發表，一八六七年馬克斯出版了他的資本論第一卷。馬克斯主義的原理完全根據於馬克斯對於資本主義制度的分析，馬克斯認爲商品的價值完全生於勞力，而資本家所支付的工資常少於勞動者所生產的價値數量，這就叫做資本家榨取工人的「剩餘價値」。因爲資本家可以搾取工人的「剩餘價値」，所以資本家的資本就愈積累愈雄厚，結果在自由競爭的市場上就發生大資本家「獨占」（monopoly）的現象，小資產階級就漸被淘汰而淪爲無產階級的工人。所以馬克斯認爲，順着資本主義的自然發展，將來的社會上一定逐漸形成兩大陣營：一爲越來越占少數的資本家，一爲越來越占多數的工資勞動者。社會上的大多數人絕對不甘於永久被少數人所壓迫，而且資本主義發展到極端之後就會妨害生產的進步，所以工人遲早要起革命，以推翻資本主義制度而實行社會主義。這種社會主義不似從前的社會主義者只根據於一種慈善或道德的思想，而是供給了社會主義一種社會科學的根據，所以名之曰科學的社會主義。

馬克斯的社會哲學可以說主要地受三方面的影響。第一個來源當然是黑格爾。因爲當馬克斯少年的求學時代，黑格爾的哲學正盛行於德國；所以當馬克斯在波恩(Bonn)及柏林求學的時候，他也是一位很熱心的黑格爾派的信徒。黑格爾死後，德國的黑格爾學派中就分裂爲右派與左派。右派的人們大概都篤信黑格爾的唯心論，比較偏重於宗教哲學；左派的人們就繼承了黑格爾的方法，然而偏重於唯物論，其中的重要人物即是費爾巴哈(Feuerbach)及馬克斯等。馬克斯常說費爾巴哈是一位劃時代的思想家。馬克斯與安格斯的哲學又都是修正費爾巴哈的，這點可以參考安格斯的費爾巴哈論及馬克斯所草的論費爾巴哈的大綱十一條。(附於安格斯所著的費爾巴哈論之後)馬克斯完全接受了黑格爾的辯證法，而放棄了他的唯心論；所以馬克斯全部哲學的間架都與黑格爾相似，但內容卻不同。譬如黑格爾認爲一個社會的社會生活的各方面(如政治、經濟、法律、風俗、道德、宗教以及藝術科學等)都是互相關連的一體，馬克斯的主張亦是如此；不過黑格爾認爲其所以能成爲一體的原因，是因爲這都是一個合理觀念的表現，而馬克斯則認爲他們都受其社會的經濟生產狀況所決定。黑格爾與馬克斯都相信歷史的發展是必然循着辯證歷程前進的；但黑格爾認爲其所以如此的原因，是因爲客觀的「觀念」決定歷史的進程，而馬克斯則認爲是客觀的生產能力及生產關係。黑格爾認爲歷史的辯證進展是由於民族間的戰爭，而馬克斯則認爲由於階級鬭爭；黑格爾認爲世界歷史進展的最高點是德意志的國家，而馬克斯則認爲是無產階級的專政及無階級的社會；黑格爾呼籲德國人的愛國主義，而馬克斯則呼籲勞動階級的大團結。所以馬克斯說：「我的辯證法不但與黑格爾的不同，而且是正相反。……他的辯證法是頭向下站着的，若想從這個神秘的殼子中發現合理的心核，必須再把它倒轉過來」(Karl Marx: "Capital," Chicago ed., Vol. I, p. 25)。

馬克斯社會哲學的第二個來源是法國的社會主義者。馬克斯離開德國後即至法國，當時法國的社會主義思想甚囂塵上，馬克斯很贊同這種理想，但不贊成他們的理論根據，尤其不滿意他們的經濟理論。

第三個來源就是英國正統派的經濟學。馬克斯後至英國研究英國正在風靡一時的經濟學，如亞當斯密、李嘉圖等。原來英國的哲學家洛克就主張勞動價值說（參考 Locke: "Two Treatises of Civil Government," Bk. II, Chap. V）亞當斯密的經濟學中也含着勞動價值說的種子。而李嘉圖的政治經濟及賦稅原理中，又曾分析在經濟發展的進程中各階級的利益的衝突。於是馬克斯採取了法國社會主義者的理想，保留了黑格爾的辯證法，根據着英國正統派的經濟學，就作了共產黨的聖經——資本論。

二、唯物史觀——馬克斯主義的政治學說的一個要點就是他認爲政治學是不能離開經濟學而獨立的，不，政治學是以經濟學爲基礎。對於政治必須以經濟爲基礎的理由解釋得最爲深入淺出的，莫過於安格斯於一八八三年馬克斯下葬時的講演。他說：「馬克斯發現了一種簡單的事實，那就是人類必須先有了衣食住行以後，纔能對於政治發生興趣。……這就是說，那種直接維持人類生活的物質生產，是政治制度及法律關係的基礎」。馬克斯和安格斯在他的著作上屢次敍述這同樣的理論，但大家所公認的關於唯物史觀原理的最簡要的敍述而且爲許多馬克斯主義學者所聚訟的中心的，就是馬克斯在其早年的一本著作——政治經濟批判（A Contribution to the Critique of Political Economy）的序言中的一段話。我們爲討論方便起見，姑將這段話分爲兩節：第一先討論社會構造的橫的關係，即人類各種社會活動之間的相互關係；第二討論社會發展的縱的關係，即馬克斯主義者所信仰的歷史發展的必然性。

馬克斯在他的政治經濟批判的序言上，解釋唯物史觀的第一節說：「在人類所進行的社會生產中，他們就形成了某種的生產關係……這些生產關係相當於物質生產能力之發展的某種階段。這些生產關係的全體，就造成了社會的經濟構造——這就是法律及政治上層建築的真正基礎。……物質生活上的生產狀態，就可以決定社會、政治及精神生活的大概的性質」。

這一段話很容易產生一種誤解，那就是正如許多馬克斯主義者所主張的，人類在社會上的一切活動，政治、法律、宗教、藝術等，都是嚴格地受某社會的生產狀態所決定，而忽略了各種社會制度的本身的發展，及其間之相互的影響。一國的法律及政治制度固然要受其社會的經濟生產狀態的影響，而同時也受其國的政治及法律的歷史，及其政治家與立法者的影響。某一社會的經濟狀況固然可以影響其社會的法律及政治制度，但既定的法律及政治制度也可以影響其社會的經濟生產及組織。按馬克斯原文的本意，似乎也並未認爲經濟生產狀態可以決定社會的一切，不過只決定其「大概的性質」而已。

安格斯到了晚年，自己也承認這種誤解的來源一部分應當由馬克斯及其本人負責，一部分是因爲他們的信徒們把他們的學說推到了極端。他在一八九零年九月廿一日給布洛何（Bloch）的信上說：「我們的信徒們有時過度地着重於經濟因素，這是馬克斯與我都應當負一部分責任的。我們當時必須加重經濟的中心性質，以與那些反對者相對抗，而我們又沒有時間、地點、與機會，以公正地判斷其他因素在歷史的進程中的相互影響。」他在一八九三年七月十四日給梅嶸（Mehring）的信上說：「有一點，馬克斯與我都沒有充分地注意到，並且關於這一點我們二人應當同受責備。我們二人曾經並且必須竭力主張政治法律及其他意識形態上的觀念都是導源於基本的經濟事實。結果，我們就忽略了形式的方面，那就是說這些觀念爲其本身的內容而生的影響。」由此我們可以看出馬克斯與安格斯的所謂「上層建築的學說」的真義。他們並不完全如一般機械的馬克斯主義者只顧盲目地用死公式，而忽略了客觀的事實。譬如有些死用馬克斯公式的人們主張，生產工具決定生產關係，生產關係決定法律及政治制度，最後又進而決定哲學宗教藝術等一切的社會意識形態。他們完全忽略了各種社會現象之間互爲影響的關係，尤其不曉得各種所謂「上層建築」皆須顧到其本身的歷史與內容。馬克斯與安格斯都是相信辯證法的，按安格斯所作成的辯證法的第一條原則，就是矛盾中的統一，或相反中的相互作用。黑格爾與馬克斯都是根據着這條原則以瞭解人類社會生活的整個性，不過黑格爾認爲這種整個性的來源是「理性」，而馬克斯則認爲受經濟生產狀態的決定而已，但馬克斯與安格斯也承認各種社會現象的相互影響，並且經濟生產狀態也不過只能決定各種上層建築的「大概性質」而已。

其次，我們討論馬克斯在他的政治經濟批判的序言上解釋唯物史觀的第二節。他說：「在人類所實行的社會生產中，他們就自然進入於某種生產關係，這並非他們的意志作用使然的。這些生產關係相應於他們的物質生產能力發展中的某一階段。」當「物質的生產能力」與現存的生產關係——亦即法律上所承認的財產關係——發生衝突的時候，」並且生產關係變成了生產能力的桎梏的時候，「那就來了社會革命的時期了。……當生產能力尚有餘地可以發展的時候，舊社會秩序一定不會崩潰；更高的新生產關係，在它的存在的物質條件尚未在舊社會的母胎中成熟之前，是一定不會實現的。」

馬克斯在這一段話裏，顯然是用盲目的生產力來解釋歷史的進展，因此就產生了許多對於唯物史觀的誤解。有人認爲按照馬克斯的主張，歷史的進展完全受物質生產能力所決定，換句話說，就是完全受生產技術的發展所決定。又有人認爲馬克斯是一位「經濟命定論」者，他主張物質生產能力在舊社會制度之中發展到極端之後，舊社會制度自然就會崩潰；在生產能力尚未達到極端之前，人類對於社會革命的努力，似乎是白費氣力。但如果我們知道了馬克斯一生的事蹟，及參讀過其他的著作，我們就會知道這種「生產技術決定論」及「經濟決定論」，顯然並不是馬克斯學說的本來面目。馬克斯與安格斯雖然有時不免過度地加重於歷史的必然性，藉以宣傳社會主義是歷史進展的自然結果，但他們卻始終並未忽略了人類有意志的努力是社會進化的一個重要條件。他們在歐洲的社會革命尚未到來之前，就終身爲社會主義革命而奔走號呼，這就是他們反對「經濟決定論」的明證。馬克斯在他的拿破崙第三政變記（The Eighteenth Brumaire of Louis Bonaparte）上曾說：「人製造他自己的歷史，但他卻不能隨意製造，他們不能從他們自己所選擇的環境中製造，而是從他們目前所在的環境中製造的。」馬克斯在這種很明顯地承認客觀的環境與人爲的努力，對於歷史進化上有同樣的重要。若只有客觀環境上的需要而無人類的努力，當然不會創造有意義的歷史；相反，若只有人類的努力而無客觀環境上的需要，則人類的那種努力也是白費的。這仍然是辯證法的第一條原則，所謂相反之中的相互作用。

另外還有些人執着於馬克斯在他的政治經濟批判序言上的那幾句簡單的敍述，認爲經濟生產狀態的進展，爲決定歷史進行的唯一因素，而忽略了我們已經反復說明的那種各種社會現象之間的相互作用。我們縱然承認多數的歷史變遷都包含着它們的經濟因素在內，但我們很難承認一切的歷史變化都只是生於經濟的原因。安格斯在他的晚年，曾重述唯物史觀的原理，他說：「唯物史觀的意義，是主張實際生活上的生產與再生產，分析到最後，可以作成歷史的決定因素。馬克斯和我，都未曾作過更進一步的主張。現在若有人來曲解唯物史觀，認爲經濟是歷史的唯一決定因素，那就是把我們的主張弄成毫無意義，抽象而荒謬的學說了。」在這裏安格斯似乎修正了唯物史觀的學說，承認決定歷史的因素甚多，而經濟也不過是其中之一種「決定因素」而已，

縱然我們接受了安格斯這種最後的修正，我覺得唯物史觀的歷史哲學，似乎仍然還有可以討論的地方。第一，所謂歷史變化者，到底是指那一種類的變化呢？若如馬克斯把以往的歷史只分爲四個大時代——亞細亞的古代的封建的及資本主義的——這種大變化的主要原因當然是經濟的；因爲他所講的這四種歷史變化，根本就是社會的經濟變化。至於其他的歷史變化，有時很難說經濟生產狀態是主要原因。譬如中國歷代的換朝，總不能不算是歷史的變化了。而各朝代之間的生產狀態並不見得有什麼變化，換朝的主要原因，有時是因爲君主的弱小與大臣的野心。第二，所謂「決定的因素」者，到底是什麼意思？最重要的因素呢？抑爲必不可缺的因素呢？羅素(B. Russell)在他的自由與組織(Freedom and Organization)一書上，有這樣一段批評

唯物史觀的話。他的大意說，按照馬克斯與安格斯的分析，共產黨革命必須先在英法等工業先進國家中成功，而事實上卻先成功於工業落後的俄國。如果托洛斯基所作的俄國革命史可靠的話，我們不能否認俄國革命成功的一個重要因素，就是由於天才的列寧的領導。但假若當時德國政府中的某部長，偶因身體不適而拒絕列寧返俄，那麼俄國的革命也許就不會如今日之成功。羅素又舉了一個例，說當法國大革命時，普奧聯軍會舉八萬精銳以實行干涉，不料普奧聯軍的統帥非人，故至法境而戰敗於瓦爾麥（Valmy）。如果當時普奧聯軍統帥得人，也許早已把法國革命的軍隊打散了。他最後還舉了一個最有趣的例子，他說，假若英國的國王亨利第八當年未與安娜波倫戀愛，也許沒有現在的美國。因為就是為着他們的戀愛，英國纔與教皇破裂的；於是英國就未接受教皇的命令——把美洲完全送給西班牙與葡萄牙。如果英國依然是一個天主教國家時，現在的美國說不定就是西班牙美洲的一部分了（B. Russell: "Freedom and Organization," pp. 228—9）。我認為，羅素對於唯物史觀的批評是值得考慮的。

三、國家的起源及其特徵——馬克斯主義的國家論，幾乎和以前一切的政治思想家都不同。不同，並不見得就是互相衝突。因為馬克斯主義者的國家論中所想解答的問題，根本就和其他的政治思想家不同。從前的許多政治思想家所討論的，大概偏重於國家應當如何，並且按照他們對於國家的理想而下國家的定義。馬克斯主義者雖然也有他們所想像的國家或社會（如共產社會），但當他們討論國家時，卻撇開「國家應當如何」的問題不談，而專講國家在歷史的事實上「是」如何或「曾經是」如何，並且根據着這些事實來下國家的定義，以及預言國家將來的命運。馬克斯個人對於這個問題，並未作過專書討論，討論這個問題最詳細的是馬克斯的朋友及共同工作者，安格斯。安格斯在他的家庭私產及國家之起源(The Origin of Family, Private Property and the State)上說：「國家並不是自古長存的。從前許多社會並沒有國家，並且也沒有任何國家或國家武力的觀念。」(Kerr's ed., p. 211)。安格斯之所謂沒有國家組織的那些社會，就是指着那些原始的民族及部落社會而言。據安格斯的研究，這些原始社會完全是同血統的結合，他們的公共武力就是那種社會的人口的全體，除此以外，並無如國家之有特殊的強制武力。嗣後私有財產制度成立，社會上就逐漸形成了不同的階級，於是原始的氏族及部落社會就逐漸消滅，而國家即建築在這些廢墟上。安格斯從歷史上證明，凡國家的出現，都是因爲那個社會內部已經形成了壓迫及被壓迫的階級。他說，雅典、羅馬、及德意志國家，就是國家之形成的三種主要形式。雅典可以代表一種最簡單而最古典的形式，他的國家組織是生於他的宗族社會內部已經形成了階級分裂之後。羅馬在古代有些外來的人們居住在那裏，那些外來的人們就名之曰「平民」(plebs)，他們只有政治上的義務而無權利，於是羅馬舊日的氏族組織就成了一種特殊的貴族。其後平民階級革命，推翻了羅馬的氏族組織，然後纔建立成國家，而取消了氏族與平民的分別。最後，講到德意志國家的成立，那是因爲日耳曼人征服了羅馬帝國，獲得了偌大的外國領土之後，舊日的日耳曼氏族組織不能統治了，於是纔建立了德意志國家（參考前書p.205）。總而言之，按照安格斯研究的結果，在古代尚未形成階級的社會中並無所謂國家的組織，國家是與階級社會同時來的。

那麼國家與原始社會的重要區別是甚麼呢？安格斯認為有四種最大的區別，並且這四種區別也就是國家的四種特徵，第一，國家的成員是以領土而定的，並非如原始社會之以血統而定；那就是說，凡世居於某國的領土以內的居民，不論其屬於任何血統，都是某國的國民，第二，國家的武力，不復如原始社會的公衆武力之完全與其人口的全體相吻合了，而是離開了人口的全體而特別組織的一種強制武力與這種武力相連的，還有監獄及拘留所等。第三，原始社會大概都是大家共同生產，共同享受，而國家則立定了一種賦稅制度，以吸取人民勞力的一部分生產，藉以維持國家的武力及官僚或其他的特殊階級。第四，因為國家的官吏有收稅權，並且可以支配國家的武力，所以國家各機關的官吏們就形成了一種有特權的統治階級（參考前書 pp. 206—208）。

國家的主要性質既然是一種強制的力量，而其起源又是因為社會已經形成了不同的階級，那麼那些在經濟上占優勢的階級，總比較容易變成一國的統治階級。統治階級把持政府，製造法律，創立制度，以維持他們本階級的利益，他們的行為至少必須與他們的利益不相衝突，所以安格斯說，古希臘的城市國是奴隸的主人的國家，羅馬帝國是奴隸的主人及富人的國家；中世紀的國家是封建地主與貴族的國家；近代工業革命以後的國家，已經轉變成資產階級壓迫勞動大衆的工具了（參考前書 pp. 208—209 及 Engels: Socialism: "Utopian and Scientific," Allen ed., p.79）因爲統治階級與被統治階級的利益衝突，並且凡人都不甘心永遠受他人的壓迫，所以被壓迫的階級，老在時隱時顯地反抗其統治階級，到時機成熟之時，即用暴力或漸進的方法革命，以推翻原來的統治階級。這就是國家的政權由一階級轉變爲另一階級的過渡時期。譬如，法國的大革命就是法國的政權由貴族之手轉入於平民之手的劇烈變化，而英國及比利時的平民革命則是漸進的。安格斯承認當國內的兩大階級相持不下的時候，國家的公共武力也可以暫持中立的調解態度；但這種偶然的現象，並不能改變國家擁護階級利益的基本性質。

根據安格斯對於國家的起源及其特徵的分析，我們可以得到馬克斯主義者對於國家的定義如下：國家就是在某種領域之內的一種最高的強制力，被某階級掌握着以壓迫其他階級。列寧解釋馬克斯主義的國家定義時說：「按照馬克斯的意見，國家就是一種階級支配的機構，一階級用來壓迫另一階級的工具」（Lenin: "State and Revolution," Lawrence ed., pp.8—9）。這種國家的定義，縱然不同國家應當如何的問題，僅從國家在事實上是如何的觀點上看，似乎也有點言之過甚。若有人說自古以來的國家除了強制作用以外，都多少有點保護及扶助人民的作用；統治階級至少有時想改良貧民的生活，馬克斯主義者對於這種反駁的回答常喜舉牧羊者的例子。他們說，牧羊者必須把羊養得肥胖，並且保護着他的羊不讓狼吃了，藉以達到翦羊毛與吃羊肉的目的。那麼牧羊者保護其羊羣的行爲，是爲他自己的利益呢？還是爲羊的利益呢？若有人問，共產黨革命了以後的國家，是否仍然是階級壓迫的工具呢？馬克斯主義者的回答是：是的。因爲按照馬克斯的分析，共產革命成功之後，必然是無產階級專政，無產階級仍然利用國家這種工具以壓迫並且消滅資本階級的存在，藉以達到馬克斯主義的目的——無階級的社會。若有人再問，那麼在將來的無階級存在的社會裏國家又是如何呢？馬克斯主義者的回答就是在漸達到無階級的社會的進程中國家的強制作用就逐漸消失了。這就是他們的「國家萎去的學說」。

四、階級鬬爭與無產階級專政——安格斯在他所著的馬克斯傳（Biography of Marx）上說：「至今的全部歷史都是一部階級鬬爭史。那就是說，在一切複雜錯綜的政治鬬爭中，實際上的要點，都是某階級在爭奪社會與政治的支配權——在朝的階級掙扎着維持政權，在野的掙扎着取得政權。」馬克斯也說：「一切的階級鬬爭都是政治的鬬爭」(Marx: "The Poverty of Philosophy," Kersed., p. 189)。按照馬克斯主義的分析，自有國家以來的社會都是階級社會，不管社會上的階級如何錯綜複雜，你總可以分析爲剝削與被剝削的兩大陣營，或稱爲壓迫與被壓迫的兩階級。在古代羅馬有貴族、武士、平民、奴隸；在中世紀有封建地主、佃戶、農奴、行會主人、散工、學徒；在現代的資本主義社會中，社會的全體逐漸分爲兩大陣營——資產階級與無產工人。凡人都不甘心永遠被剝削或受壓迫，所以這些階級之間常在進行着時隱時顯的鬬爭，並且都以攫取國家的政權爲鬪爭的最後目的。

按照馬克斯和安格斯的分析，現在資本主義社會裏的國家，不過是資產階級的一個委員會，以處理全體資產階級的公共事務而已（見馬安合著之共產黨宣言）將來資本主義往前發展的結果，因爲資本逐漸集中的關係，於是資本家就愈來愈少，而無產階級的工人也就愈來愈多；所以將來的無產階級革命是必然的。但在無產階級革命之後，是否無產階級工人皆謀其個人的私利，仍如從前歷史上的革命形成一種「以暴易暴」的新階級社會呢？我認爲這個問題，只有拿馬克斯主義的道德目的來，纔可以得到充分的解答。

馬克斯在一八五二年致其友人威特末（Weydemeyer）的信上說：「現代社會上之有階級的存在，早已被中產階級歷史家所發現了，我個人的貢獻只有以下三點：（一）階級的存在是與某種物質生產狀態相關連的（二）階級鬥爭必然要產生無產階級專政（三）這種專政只是消滅一切階級的一種過渡階段，最後是要達到一個自由平等的社會」馬克斯這不明說他的最後目的，就是實現一個人人自由平等的社會嗎？有些馬克斯主義者們，自認爲他們的社會主義是純科學的，他們之所以信仰社會主義以及社會主義革命之必然成功，完全根據於馬克斯對於資本主義制度之客觀的分析，並不包含在何道德上的「是非」判斷。其實如果我們能細讀馬克斯、安格斯，二人的著作，我們在字裏行間處處都可以發現他們的道德判斷的成分。第一，他們最喜用「剝削」與「壓迫」等字樣，只看這些名義之中就充分地也含着剝削者壓迫者對於被剝削與被壓迫者的不公道！第二，他們喜講「階級鬪爭」與將來的「無階級的社會」，處處都暗示着階級社會的野蠻，與無階級的社會的文明。譬如馬克斯在他的政治經濟批判的序文上說：「資本主義的生產關係，是生產的社會進程中的一種最後的衝突形式，……但在資本主義社會中的生產力量的發展，就會產生解決這種衝突的物質條件。人類社會的史前時代將與這種社會制度同時而結束！」請看馬克斯認爲有階級的社會是如何的野蠻！將來共產主義革命成功以後的社會是何等的文明！第三，他們認爲只有共產主義革命成功了之後的社會，人類纔能得到真正的自由平等。且看安格斯描寫共產主義革命成功了以後的社會時，是何等的興奮吧！他說：「社會握取了生產工具之後，商品的生產就宣告結束，生產者就不復受生產品的操縱了。社會生產的無政府狀態，就被有意識的計畫組織所代替了。個人競爭生存的階段從此即告結束，到了這個時期，在某種意義上，人類纔得最後脫離了禽獸生存的世界，而進入真正的人類世界。……因爲人類變成了他們自己的社會組織的主人之後，他們纔開始變成了自然界的真正有意識的主人。……這就是人類從必然的領域跳到自由的領域中了」（Engels: "Anti-Dühring," Part III, §2）。安格斯這不也是明說共產主義革命的目的在使人人得到自由嗎？

但用什麼方法纔能最有效地達到這種最公道與最文明的自由平等的社會呢？馬克斯主義者的回答，就是實行無產階級革命及無產階級專政。在無產階級專政的期間，國家就逐漸沒收資本家的資本，把社會上的重要生產工具收爲國有，然後大家各盡所能以從事於經濟生產，再由國家按着公道的方法分配給個人享受。無產階級專政並非共產黨的一種永久制度，按馬克斯等的意思，這也不過是由資本主義至共產主義社會的進程中的一個過渡階段而已。在這個過渡期間，無產階級就利用國家爲工具以消滅一切階級，而達到一個自由平等的無產階級社會。

爲什麼必須經過無產階級專政的階段呢？馬克斯主義者總喜歡說這是歷史上的必然性，非人力所能改變的。但是社會民主黨及英國的工黨等，則相信不必經過無產階級革命及專政的辦法，只用民主的合法手續，使佔社會多數的工人及其同情者繼續選舉社會民主黨或工黨執政，他們就可以用漸進的方法達到共產社會。如果這種辦法有任何可能性，那麼馬克斯主義者所謂之歷史必然性就不攻自破了。我認爲馬克斯主義者與其說無產階級專政的階段有歷史上的必然性，倒不如說有道德上的必然性，說不定還更恰當些。因爲在資本主義的社會中，佔社會多數的無產工人，的確是過着一種半奴隸式的生活，甚至有些失業及無業的工人簡直不得溫飽，而在資本家方面，則時因生產過剩而鬧經濟恐慌，甚或限制生產，焚燬棉麥以維持物價，欲取締這種不合理的社會制度，最有效的辦法就是無產階級革命及專政。因爲資產階級大都喜歡維持現狀，或維持某階級的利益，只有無產階級是社會上的最低的階層，他們纔急迫地想打破一切社會階級的存在，所以只有讓他們專政的時候，纔能於最短期間，用最有效的方法打破資產階級的存在，以實現一種自由平等的社會。如果用其他的方法也可以達到這同樣的目的，但那[illegible]目的的這個長久的時[illegible]內，佔社會多數的無產工人仍須繼續忍受着他們那種痛苦的生活現在世界上的共產黨員之所以那樣熱烈地爲主義而犧牲，就是因爲他們有一種宗教性的狂熱，他們都認爲他們的鬬爭，目前雖然只在解放被壓迫的階級而其最後的目的，則爲剷除一切階級以解放世界的人類所以安格斯說「貫徹這一種世界解放的行動，是現代無產階級的歷史使命」(Engels: "Anti-Dühring," Part III, §2)

五、國家之委去——最後我們應當討論馬克斯主義的國家萎去的原則馬克斯主義者這一種主張，是針對着無政府主義的主張而來的無政府主義者皆以自由爲「至高之好」他們的最高目的在使人人自由他們都認爲，政府是拘束人類自由的一種東西，並且是人類獲得自由的一種最大障礙，所以他們主張工人革命之後，立刻取銷國家的政府組織，使各區域及各職業團體自己成立他們的自治組織，毫無武力強制的作用，而人人「各盡所能，各取所需」以達到一種大家雍容和諧的自由平等社會無政府主義之著名的大師，要算俄國的克魯泡特金(Kropotkin)了，他認爲生物都有互相合作的本能，譬如螞蟻蜜蜂等都沒有強制性的政府然而大家仍能自由組織以營共同生活，他認爲現在人類的一切反社會的行爲，都是由於罪惡的社會制度所產生的，所以取消了國家的政府以後，人類必定能實現大家互助合作，各盡所能，各取所需的理想社會，馬克斯主義贊成無政府主義的最後理想，但不贊成無政府主義的辦法；他們以爲若工人革命以後立刻取銷國家的組織那一定是一種社會的混亂；所以他們主張先經過無產階級專政的過渡階級，藉以消滅社會上的階級的存在，並且養成人民的社會主義的思想及生活習慣；然後國家的強制作用就逐漸消失了，而國家也就隨之而逐漸萎去。安格斯說：「無產階級執政之後，即把生產工具收爲國有。……國家對於社會關係上的各種干涉，逐步地就變得不必要了，於是國家便自己停止了作用。管理人的政府就被管理物質生產的行政機關所代替。國家並不是被『取消』的，而是逐漸萎去的」(Engels: "Anti-Dühring," Part III, §2)。

這裏安格斯之所謂「管理物質生產的行政機關」，似乎仍爲「管理人」的一種政府，我想他大概覺着這兩種政府的作用，有特別偏重於管理「人」一方面的，有特別偏重於管理「物」一方面的；前者是使用國家的強制力，後者是生於人類自發的合作，但無論其偏重於那一方面，政府總還是需要的；無論政府所管轄的範圍多麼小或多麼大，在那個被管理的區域之內，仍似近日之國家。馬克斯很聰明，他說他不想談將來在共產社會中，國家到底採取何種形式的問題(Marx: "Critique of Gotha Programme," Lawrence ed., p. 45)。而安格斯則主張廢除了國家這個名詞而代之以社會(community)這個名詞（見其於一八七五年三月十八至二十八日致 Bebel 的信中。）我以爲國家換爲社會，似乎只是名詞上的更易，而國家的組織似乎仍然存在。

我覺得關於這個問題，還是馬克斯講得最清楚。當他批評格拉登(Emile de Girardin)的社會主義及其意義(Le Socialisme et l'impôt)的時候說：「共產主義者之所謂廢除國家，不過是廢除了階級以後的一種邏輯上的推論而已;因爲只有到那個時候,纔可以不需要一階級擁有有組織的武力來壓迫其他的階級」—(Marx: "Literarischen Nachless," Vol. III, p. 442)這就是說,因爲馬克斯主義者所下的國家定義,是一階級壓迫其他階級的工具,所以到了將來無階級的社會裏,則這種定義的國家當然也就沒有存在的餘地了。至於人類社會上將來是否還有政治組織,我想馬克斯的回答是肯定的,因爲若按民族解放與自決的原則,世界上的各民族皆應有相當的自治權,這還是今日吾人普通之所謂國家的形式;若世界上的人類能組成一個大聯邦,甚至一個世界政府,那仍舊可以稱爲一種國家,不過在將來的最理想的國家中,國家的強制力可以逐漸減少,而每個人的自由逐漸增多而已。

第二十六章 法西斯主義

一、法西斯主義之起源及解釋上之困難——法西斯主義的運動是針對着共產主義運動而發的。現在實行法西斯主義的最著名的國家,就是義大利與德國。在墨俊里尼尚未進軍羅馬以前的義大利,與在希特勒尚未執政時的德國一樣,都是共產主義運動最盛的國家,法西斯主義就是在「反共」的旗幟之下興起的。雖然法西斯主義者自認爲他們有高尚的道德目的,絕不受低級的經濟條件所決定,但只要我們一研究它的起因時,仍然可以知道它自有其興起的經濟及社會背境。第一,法西斯主義起於經濟上及政治上被壓迫的國家。所

是

以法西斯主義國家都是些極端的國家主義與擴張主義法西斯主義的始祖國是義大利義大利人口口聲聲地說，他們是歐戰的勝利者和約的失敗者（Won the war, but lost in peace.）其次是歐戰後一敗塗地的德國，凡爾賽條約在政治經濟及軍事上把德國重重地束縛，如果時機到來自然容易激成一種反抗力。歐戰後德義兩國的一般人民的窮苦艱難，與英美法諸勝利國相比，簡直有天淵之別。德義當時所處的那種劣等的國際地位，也是稍有自尊心的人們所難以忍受的。這是法西斯主義興起的國際原因。第二，從法西斯國家的內部說，不論義大利或德國，法西斯的黨員大概都以小中產階級為其基礎——薪俸僱員、小商人、及農民等因為這一階級在歐戰後最感受通貨膨脹及經濟不景氣所產生的痛苦，他們一方面受國內的資本家及統治階級的壓迫，一方面又受以共產黨為領導的工業無產階級（如工會等）的威脅；他們的生活最單調，前途最黯淡。許多沒有出路的中產階級的青年，更容易走上法西斯之路。羅素（B. Russell）描寫他們的生活說：「我們試想那些居住在四郊，每日到城內工作的廣大群衆，我們乘火車到倫敦的時候，一定經過一個極廣大的居住區域，那區域的幾千萬戶人家，大概都自認為不屑與勞工階級為伍；又因為終日在城裏給僱主作工，自己亦無暇參與地方政治；他們唯一有幾機的自主生活，便是於週末在家裏修理房屋後的小園地。在政治上他們嫉妒國家對於勞工階級的幫助，雖然他們也貧苦，但又要假裝富人，怕加入社會黨或工會而失了身分。……假若這些人們有精力表示他們的不滿時，法西斯運動便是一個很好的出路」（Revolt Against Reason, "Political Quarterly," Jan, 1935)第三，雖然法西斯主義的基礎好像建立在小中產階級上，但在實際行動上，他們卻一方面拉攏資本家，一方面吸取工人。雖然我們得不到文字上的證據，但法西斯在各國的運動，大概在經濟上都由資本家暗中接濟。這並非資本家為他們自己的利益而喜歡法西斯主義，而是他們畏懼共產黨的威脅，想利用法西斯運動以拆散工人的團結。在另一方面，各國法西斯運動初起的時候，大概都自稱為社會主義者，都自謂他們的政策是限制大資本家的財產，而謀工人的利益。墨梭里尼最初即是一個工團主義者，希特勒也稱他的政黨為「國家社會主義德意志勞工黨」。儘管他們在得了政權以後可以隨便行動，但在他們初起的時候，卻很能吸取一部分工人。

以上是法西斯興起的背景，我現在再講一下研究法西斯主義政治思想的困難。法西斯主義只注意行動而不注意理論；他們以有熱情的行動為第一要義，假若有什麼理論時，那種理論也不過是對於已作的行為的一種理論的解釋而已。直到今日，世界上的法西斯主義並沒有一種固定的理論基礎，各國的法西斯主義皆按其本國的情形及其領袖的意見而定其理論與性質。義大利的法西斯當然與德國的並不完全相同，當年道而夫斯(Dolfus)執政時的奧國，也是一種法西斯主義，軍閥統治之下的日本普通人也認其為法西斯主義。既然法西斯主義有許多不同的種類而大家都缺乏固定的理論基礎；所以我們很難從佔有偉大勢力的法西斯主義中得一種明瞭而正確的理論解釋，許多自由主義者因為法西斯在各國都是壓迫人民的言論思想自由，干涉學術的研究及宗教信仰，和一切社會自由組織，所以便以為法西斯運動是世界的末路，他們都認為，法西斯運動妨礙人類文化的進步，提倡大家的感情衝動，阻止人類理性的發展，恐怕結果要使人類重返於從前的野蠻狀態。馬克斯主義者認為法西斯主義是資本主義的最後階段；因為資本主義已經到了要崩潰的時期了，用自由與民主的口號已經不能維持舊有的秩序了，於是便生出了一種最野蠻，最專橫的法西斯作風，想破壞世界上的共產國際運動，而維持資本主義的舊經濟制度，有些贊成法西斯主義的人們，如英國的巴納斯（Major J. S. Barnes）在他所著的法西斯主義（"Fascism," Home university Library 有中譯本）上，就對於法西斯運動大加頌揚，認為這是人類精神的復醒。他以為，自歐洲文藝復興之後，個人主義逐漸發展，大家根本不相信任何權威，思想界被各種懷疑派所充斥，完全是一種無政府的狀態，社會上毫無團體的組織與訓練，一任個人主義思想澎湃橫流；法西斯運動就在重新建立社會的新秩序，樹立社會的威權，還到有秩序有紀律與社會團結的境地。以上所舉的這三派對於法西斯主義的見解，也不過只表示大家對於法西斯主義有「見仁見智」的不同而已，當然世界上還有無數的紛歧見解，我不願歷數了。我現在的目的，不過在說明大家對於法西斯主義，簡直有互不相容與互相反對的解釋，所以若想得一種客觀的解釋是非常困難的。不幸法西斯主義者們自己又無一種大家共認的理論著作，可以作我們討論的根據，因此，我以下僅將我自己所見到的，與所知道的知識臚列起來作一種敘述而已。

二、行動先於理論——馬克斯主義雖然也主張理論與實踐的一致，但他們仍然認識了理論的重要。他們以為只有理論而無行動時，則那種理論是空虛而不能證實的；只有行動而無理論時，則那種行動是盲目而無理性的。所以馬克斯主義的政治哲學，經過了馬克斯安格斯及列寧等的發揮，再加上世界各國社會主義學者的研究與討論，現在已經成了一種貫徹的學說了。自馬克斯以下世界各國的共產黨，都深知「理論是行動的眼睛」，必須先建設了貫徹的理論以後，纔能開始下命令實行，換句話說，就是他們的行動必以理論為根據，所以不管馬克斯主義的理論是否健強，但在任何情形之下，我們總可以知道馬克斯主義者的理論是什麼。與共產主義正相反的法西斯主義則不然，他們不主張先講理論，而主張先有直接的行動。義大利與德國的法西斯主義者們，至今還沒有一種貫徹的社會或政治哲學；假若有的話，那也是非常的模糊，取之於許多不同的來源，藉以適應於種種偶然的環境上。他們反對大家對於理論作冷靜的分析與研究，墨梭里尼曾說：「我憎惡那些冷靜的分析者，我們是用熱血來思想的。」德義兩國的法西斯主義運動，主要地是受愛國家或愛種族的熱情所驅使，常常顯露一種「歇斯得里」的口調，至於理論之貫徹與否，他們是不大在意的。

墨梭里尼在他的法西斯主義之社會及政治原理（The Social and Political Doctrine of Fascism 這是一九三二年出版的第十四版義大利日用百科全書上的一篇論文，印有英譯單行本）上開首就說，自法西斯運動的開始以至一九一九年三月在米蘭（Milan）組織棒喝團時，他的心目中毫無理論。他說：「我自己的理論老是一個行動的理論」(My own doctrine has always been a doctrine of action.)以下又接着說:「法西斯主義並非精密地思想出來的理論的一種產兒,而是產生於行動上的需要,它自始就是偏重於實踐而不重理論的。」當他在作法西斯主義及共產主義之比較時說:「法西斯主義根據於事實,共產主義根據於理論。……我們不想烏煙瘴氣地討論理論,我們要具體而實際。」義大利有一位法西斯主義的理論家羅寇(Alfredo Rocco)——曾作過巴都瓦大學(University of Padua)的法商教授,法西斯興起前是一位極端的國家主義者,法西斯革命後作過司法部長——在他的法西斯主義的政治原理(The Political Doctrine of Fascism)上說:「我的政綱……是行動,而不是空談。誠然,法西斯主義最注重行動與感情,而且法西斯主義必須永遠如此。如果不如此的話,它絕對不會有那樣的推動力,絕對不會有現在的革新力,說不定早已變成了少數人獨坐冥想的資料了」(英譯本 p.10)。

德國的法西斯領袖,似乎更沒有作成一套法西斯理論的能力。有一次一位國社黨的講演者在大會上講:「我無論在什麼時候,一聽到人家講『文化』這個名詞,我立刻就想拿我的手鎗」(見 C. E. M. Joad: "Guide to the Philosophy of Morals and Politics," p. 612 and p. 657)。因為他們自己沒有多少知識,所以他們根本就討厭人家講學問或理論。德國國社黨初興的時候,於一九二六年曾宣佈過他們的黨綱二十五條,這是國社黨左派的費德爾(Gottfried Feder)起草的,國社黨曾宣言這二十五條是絕對不能更改的黨綱,但自希特勒執政之後，就無人討論這個問題了。除了這二十五條以外，還有些國社黨的經濟政策與方案等，大概也是費德爾所作的這些方案好像完全站在中產階級的立場，一方面仇視資本家，一方面救濟無產階級工人；這當然也早已成了些廢紙了。現在德國的法西斯理論，就是希特勒的意志與語言，除此以外更無任何社會或政治哲學。德國的戈林將軍（General Goering）曾對許多律師講演說：「正義與希特勒的意志，完全是一個東西」（Joad 前書 p.608）。德國的狄亞赫主教（Bishop Dietrich）曾說：「因為希特勒是上帝給我們的，所以凡不遵從希特勒的人們就是罪惡的」（同上）。當年巴威略（Bavaria）的內政部長瓦果納（Wagner）曾說：「凡是希特勒所決定者都是對的，並且永遠是對的。凡對於德意志民族有用的都是對的，凡有害的都是不對的」（前書 p.646）。這都足以證明德國的法西斯黨更缺乏理論的基礎，完全以不學無術的希特勒的言語為金科玉律。

因為法西斯主義是一種實用主義（參考 W. Y. Elliot: "Pragmatic Revolt in Politics"），他們不主張研究理論，而主張直接行動；他們的團結並非建立在某種理論上，而是以大家對於共產黨的共同畏懼與憎惡而結合成的一種集團。他們初與的時候，雖明言以中產階級為基礎，但以後卻逐漸與大地主及資本家合作，以圖維持政權及壓迫共產黨的活動。這樣雜湊而成的政黨，又以並無多少知識的人作領袖而使全國崇拜服從，當然很難產生一種貫徹的政治哲學。所以，雖然法西斯在世界上已經成了一種最有力的政治運動，但迄無一種一定的法西斯理論。凡一國的政府漫無理性，內則結黨壓迫民衆，外則實行侵略鄰國的，大家都認為有些法西斯的色彩。

三、反理知主義——羅素在一九三五年的政治季刊(Political Quarterly)上，發表過一篇文章，名曰對於理性的反抗(The Revolt Against Reason)。這篇文章主要地在解釋德國的法西斯主義之理論來源及其哲學。他說：「我想我們平常之所謂理性，大概有三種特徵：第一，理性靠用理論來說服，而不用武力來壓迫；第二，說服他人時用辯論的方法，辯論者相信他的辯論是對的；第三，作成意見時，盡量用觀察與歸納的方法，竭力避免用直覺。」他以下就追溯法西斯思想的來源。據他的主張，法西斯主義思想是來自菲希特(Fichte)、嘉來爾(Carlyle)、馬志尼(Mazzini)、尼采(Nietzsche)以及圖瑞士克(Treitschke)、克蒲陵(Rudyard Kipling)、張伯倫(Houston Stewart Chamberlan)、伯格森(Bergson)。他說：「這一派作法西斯理論基礎的思想家，有某種共同的特點。他們大家都依靠意志力，而不注重感情與認識；他們以為權力重於快樂，武力重於辯論，戰爭重於和平，貴族重於平民，宣傳重於客觀的科學研究。」

羅素所講的這些反理知主義的特徵，正是現代法西斯主義的基本精神。我們只要一讀墨梭里尼及希特勒的著作及講演，隨處都可以得到充分的證明。第一，法西斯主義者認為，若想明瞭實際的人生及社會，便不能靠理知上的思辨，只能利用實行家所具有的那種本能上的洞見與直覺，如宗教家的識見及農民的智慧等。世界上儘有許多哲學家作這種主張的，如法國的柏格森，與義大利的甄泰爾(Gentile)等。他們都以為人生是一個流動不息的完整歷程，只能用綜合的直覺可以接觸人生的眞相，絕對不能應用抽象的分析。英國有一位法西斯主義的理論家，巴納斯，在他所著的法西斯主義一書中，分析義大利法西斯主義的基本精神，在於一般義大利農民的一種「人生及世界觀」(Weltanschauung)。他說這種人生及世界觀主要地保存於義大利農民的生活中，這是一種文藝復興以前的生活態度，有天主教的基本精神，但並不迷信，也不完全受教士的支配。他們頭腦清醒，勤苦工作，節儉而守紀律，並且非常的尊敬權威者。最重要的，是他們彼此之間非常的忠實而誠懇，尤其注意於父母子女之間的孝敬之道。他們的人生觀是綜合的，直覺的，而不是利用抽象的言語來表示的。巴納斯以為這種直覺的態度是義大利農民的本色，並且也是法西斯主義者的人生及世界觀的基本精神（參考 Barnes: "Fascism," Chap. III）。墨梭里尼本人的出身就是來自田間的，所以他非常喜歡農村生活及農村文化的一切特點。義大利法西斯主義之所以提倡樸素而健康的生活，反對冷靜的分析及思辨，按巴納斯的意見，其根基即在義大利農民的這種人生及世界觀。

第二，法西斯主義者注重信仰與宣傳，而不主張用理知的思辨與客觀的研究。我們在上一節裏說過，法西斯主義從最初就是只有行動而無理論的，所以墨梭里尼講到法西斯的精神時說：「法西斯主義雖然缺乏那種有美麗的定義、有精詳的解釋、有標題有節目的理論，但我們有一件更重要的東西——信仰」（見其法西斯主義之社會及政治原理）德國國社黨之注意信仰與宣傳比義大利法西斯更有過之而無不及。德國的國社黨根本就不承認有客觀的眞理，他們認爲凡有利於德國的發展及光榮的都是眞理，不然都是壞的僞的。譬如許多德國的國社黨都認爲愛恩斯坦的相對論是壞東西，因爲這是猶太人所發明的。希特勒在他的我的奮鬪上說：「國家應當把科學視爲增加國威的工具。不但是世界史，就是連文化史也應當站在這種觀點上教授青年。一個發明家之所以偉大，不僅因爲他是一個發明家，而更重要的是因爲他是一位本國的同胞。無論對於那一件事的讚揚，必須摻雜上民族的自傲心，因爲那件事的作者是我們本國的國民。我們必須從德國的歷史中選出一些最偉大的人物來，給青年一種很深刻的印象，作成製造青年那種不可動搖的民族意識的基礎」(Hitler: "Mein Kampf," Part II, Chap. II)。

第三，法西斯主義讚揚武力與戰爭，而反對和平；主張英雄主義，而反對民主政治。墨梭里尼的演講中，表現他崇拜武力的最精彩的話是：「雖然文字是很美麗的東西，但是來福鎗、機關鎗、軍艦、飛機與大礮卻更美麗得多哩！」(Joad: "Guide to the Philosophy of Morals and Politics," pp. 638—639) 墨梭里尼又在他的法西斯主義之社會及政治原理上說：「法西斯主義……不但認爲永久的和平不可能，並且認爲不必要。……只有戰爭纔能使人類的能力達到最高度的緊張，纔能使一個勇敢的民族得到高貴的光榮。」墨梭里尼與希特勒之主張英雄主義，主張自我犧牲以追求更遠大的目的，更是在他們的著作及演說中到處可以找到的。希特勸鼓勵大家發揮那種「更野蠻的意志力」(the mere savage will-power)墨梭里尼之竭力稱讚「征服的意志」(the will to conquer)是大家聽慣了的些口頭禪。墨梭里尼在他的法西斯主義之社會及政治原理上曾明白地反對人類平等及民主，他說：「法西斯主義根本反對多數人只因爲他們是多數就可以統治人類社會；它反對用按期選舉的方法所得到的一個數目就可以成爲政府；它堅決地主張人類那種永久不變的不平等，這種不平等是有利於人類社會的，絕對不能用普通選舉的機械方法而勉強使大家永遠平等。」這種英雄主義的思想，也是歷史上常有的。最著名的，莫過於英國嘉來爾的「英雄崇拜論」(Hero and Hero-worship)，他認爲歷史完全是少數英雄所製造的；德國的哲學家叔本華(Schopenhauer)認爲意志力是宇宙一切的基本勁力；尼采也竭力鼓吹強者的道德及超人主義。現在有許多人認爲這些哲學家是法西斯主義的理論來源，其實這都是些偶合的現象，並非因爲墨梭里尼與希特勒熟讀了這些哲學家的著作然後纔產生的法西斯主義，不過他們在崇拜盲目的力量及反對理知的思辨上，偶然相同而已。

四、國家與種族的神謎——法西斯主義反對理知的思辨與客觀的眞理，所以他們的理論基礎只能建立在一種迷離惝怳的神謎」(myth)上。神謎是似有似無、似眞似僞的一種東西，不必有確切的根據與客觀的證明。如果一個人在直覺上信仰某種神謎的話，這種信仰就可以給他一種熱情與勇氣，使他不顧一切地傾全力以追求他的目的。義大利法西斯主義的神謎是「國家」，因爲他們相信義大利是羅馬帝國的後繼者，義大利的使命就是恢復從前羅馬帝國的紀律、統一與光榮。德國國社黨的神謎是「亞利安或諾地克種族」(Aryan or Nordic Race)，因為他們相信德國的民族是亞利安種，亞利安人是世界上最優秀的種族，是創造世界文化的主人。所以他們自認為國社黨的使命，就是統一歐洲所有的亞利安人種，創造一個大德意志帝國，驅逐非亞利安人種（尤其是猶太人）於國外，以保持亞利安種族的純潔，而負擔世界文化創造者的使命。義大利的國家觀念，和德國的種族觀念，連他們本國的法西斯主義者都承認是些神謎，所以不需要證明，他人也沒有反對的餘地。

墨梭里尼於一九二二年在拿波爾(Naples)講演時說：「我們已經創造出我們的神謎來了。神謎是一種信仰，是一種熱情。它不見得就是事實。它之所以可成為實體者，就是因為他是一種與奮劑，一種希望，一種信仰，並且能給我們以勇氣。我們的神謎就是國家，我們的神謎就是國家的偉大」(H. Finer: "Mussollini's Italy," pp. 596 f.)！為什麽墨梭里尼相信神謎呢？這大概是從一位法國的工團主義者索勒(George Sorec)學來的。我們知道墨梭里尼早年是一位工團主義者，甚服膺索勒的學說。索勒著有暴力的回憶("Reflxions sur la Violence: English translation by T. E. Hulme, New York)一書，他是一位坦白的反理智主義者，他認為自然界與社會上的進化，完全不是受理智的領導，而是盲目的意志與衝動向前邁進的結果。他從馬克斯的哲學裏採取了黑格爾的神秘進化論，又摻雜上德國大玄學家哈德曼(Edward von Hartmann)的下意識說，與法國大哲學柏格森的直覺論。索勒從這種直覺論中得出了一種學說，以爲世界上有許多想像的東西(images)可以刺激人類的衝動本能而促成社會的進化，這種想像的東西就是他之所謂「神謎」，索勒以爲當時無產階級的「神謎」就是「總罷工」。他主張我們不必對於這種神謎去作冷靜的分析或去研究它的實踐性，它自然就會刺激人類的感情與意志力而使大家結成團體以發洩大家的氣力。墨梭里尼採取了這種神謎的學說，但爲適應於義大利的環境，所以把索勒的「總罷工」的神謎，改變爲義大利國家的神謎。許多義大利法西斯學者的歷史觀，都認爲義大利的法西斯黨是遠承羅馬帝國的淵源，近繼義大利統一運動的精神，以建造新的義大利帝國。所以羅寇在他的法西斯主義之政治原理上主張他們應當把歷史重寫一番，表明自羅馬滅亡之後，就是無政府主義的開端，法國大革命及民主政治是文化墮落的極點，自從日耳曼民族南侵之後，把羅馬人崇拜權威及紀律的思想掃蕩一空，而代之以日耳曼人的個人主義與自由主義。羅寇說，天賦人權與自由主義絕對不是拉丁民族的正統思想，義大利統一運動的時期以及現代的法西斯運動都是恢復義大利政治上的傳統思想，那就是羅馬的舊精神。

希特勒的實際目的雖然與墨梭里尼相似，他們都想統一國內及擴充領土，但德國卻創造了另一種神謎。希特勒的國社黨想打破凡爾賽條約以來的歐洲各國的疆界，想把德國的領土擴充至一切有亞利安人的地帶——如中歐的奧匈及羅馬尼亞，東歐的波蘭捷克及烏克蘭，甚至北歐的丹麥瑞典挪威及芬蘭等在一九二零年國社黨初成立時所宣布的二十五條黨綱中，第一條就是：「我們要求世界上的一切日耳曼人聯合起來，作成一個大德意志帝國，以享受民族自決的權利。」因爲要達到這種目的，所以他們不主張如義大利似的崇拜「國家」的神謎，而主張崇拜「亞利安民族」的神謎。這種見解在希特勒的我的奮鬪中，各處都有狂熱的表現。德國國社黨的主要理論家盧森堡(Alfred Rosenberg)，著有二十世紀之神謎(Der Mythus des 20ten Jahrhunderts)一書，以鼓吹他們的種族之神謎。希特勒在我的奮鬪裏說：「我們必須瞭解的主要原理，就是國家並不是目的，而是一種手段。國家是人類建設更高級文化的基礎，但他絕不能創造更高級的文化。一個有創造文明的能力的種族，才是更高級文化的創造者呢！世界上說不定有幾百種形式的國家，但是假若保存文化的雅利安族滅亡以後，世界上絕對不會有現代這些高等國家的文化」('"Mein Kampf,'' Chap. II)。

考德國國社黨這種種族神謎論的來源，要遠溯於十九世紀中葉的一位法國外交家葛賓南(Count Arthur Joseph de Gobinean)。他在一八五三至五五年出版人種不平等論（Essai sur l'inégalite dé Races Humaines）一書，他主張文化的進展並非決定於自然或社會環境，而是決定於種族。亞利安種族是世界上唯一完全開化的種族——亞利安種的代表，在亞洲是波斯人，在歐洲是條頓人。葛賓南之後，有一位加入了德國籍的英國人，名張伯倫者（Houston Stewart Chamberlan），在一八九九年出版一書，名十九世紀之基礎("The Foundation of the 19th Century,'' English translation by John Lees)，力主德國的條頓種之優秀，用種種方法證明近代世界的最大發明——科學、藝術、宗教、哲學、政治、經濟——都是現在德國的條頓種之供獻。但在德國國社黨裏實際發生勢力的，卻是盧森堡的二十世紀之神謎。希特勒本來是慕尼黑市上的一位畫匠，並未受過高等教育。國社黨裏邊影響希特勒最深，並且可以說是創造國社黨理論的有兩個人，一爲右派的盧森堡，一爲左派的費德爾，前者供給國社黨以哲學的基礎，後者供給國社黨以經濟改造的方案。希特勒執政之後，左派的人們大概都被驅或被殺戮，於是盧森堡就成了唯一的理論家了，至今他還是國社黨的理論權威。盧森堡最著名的貢獻，就是他以爲整個世界史是一部種族鬬爭史。他認爲亞利安種是世界上最優秀的種族，這個種族發祥於北歐，有一部分移居於印度、波斯、希臘、羅馬等地，這幾個古文明國的文化都是亞利安種族所創造的。近代歐洲史上的鬬爭，就是亞利安種族與羅馬帝國沒落後的「雜亂種族」相鬬爭。過去歷史上的偉大供獻，都是純粹亞利安人種所創造的，所以現在必須保持亞利安種族血統的純潔。那些「雜亂種族」弄出了些道德及政治觀念，以與亞利安種族相對抗，他們主張什麼博愛、人道、民主，與馬克斯主義，以與日耳曼種族的理想、光榮、品性、獨立及責任等觀念相對抗。他說：「民主政治與馬克斯主義的似是而非之論，都是建立在一種最野蠻、最鄙卑的唯物論上，他們有意地贊助無政府運動，但同時又自己誇張他們的人道主義，與他們如何愛那些被壓迫與被剝削的人們」（"Der Mythus," p.192）。希特勒的我的奮鬬和盧森堡的二十世紀之神謎互相照應，如出一轍，盧森堡與希特勒都認爲法國的人種已經成了黑白二種民族的混合種了，並且又受猶猾的國際猶太人的嗾使，立定了陰謀，在歐洲的中心破壞白種人的文明，所以他們的計畫是，以堅強團結的德意志作歐洲的中流砥柱，聯合斯坎地那威亞的小國，並且與安格魯撒克遜的英國聯盟，擴張至多腦河流域，以及波蘭與烏克蘭。這種計劃就是德國國社黨最初的外交政策的中心。

德義法西斯黨的神謎論，當然是不合科學的，他們不過根據於一種「實用精神病學」而創造有利於他們本國的一種迷信而已。義大利的法西斯理論家說，德意志民族的南侵所帶來的個人主義，是破壞羅馬文化的致命傷；德國的法西斯又認爲南歐的拉丁種族，已經是與黑種人混合了的雜種，簡直可以使人類文化墮落。他們既然各把他們的理論根據之於神謎，只想訴諸人類的感情衝動，而非訴之於理智，那麼，我們自然也無法根據理智去反駁。盧森堡說：「一個種族或民族的生活，並非按着邏輯發展出來的哲學，也並非依照自然律而生長的歷程，而是一種神秘綜合的結構，或一種靈魂的活動，這是不能用理性的推論去解释或用因果關係去說明的。……講到最後，無論那種超越了形式及理知批評的哲學，與其說那是一種知識，倒不如說是一種肯定——一種精神的或種族的肯定，一種性格的的價值的肯定」("Der Mythus," pp. 114 f)。

五、領袖原理——法西斯主義的理論，大半都非出於他們自己的創造，而主要地是來自他們的仇敵的主張。他們左邊的仇敵是馬克斯主義；右邊的仇敵是民主政治。假若我們已經曉得馬克斯主義及民主政治的理論了之後，自然就會推想到法西斯主義的梗概。譬如馬克斯主張唯物論，法西斯主義就主張唯心論；馬克斯主張一切政治制度都是經濟關係的反映，法西斯就認為國家是經濟組織的領導者及管理者；馬克斯主張階級鬬爭是資本主義社會的必然現象，法西斯就主張用國家的權威來調和各階級的利益。民主政治的基本信條是自由平等，而法西斯則反對人人應當有自由與平等的觀念；民主政治相信代表人民的議會，而法西斯則主張絕對信仰領袖。他們認為人類天生就是不平等的，人類這種聰明才力不平等的現象，正可以使人類社會組織成一種層層領導的系統，使全國的人民最後都服從一個惟一的領袖。墨梭里尼在他的法西斯主義的社會及政治原理上說：「法西斯主義反對民主政治，民主政治是一種荒謬的傳統思想，他們以政治上的平等為名，而實行大家都不負責任之實。」希特勒反對自由平等的言論更為激烈。他認為亞利安人種是天之驕子，其他的人種天生就應當作亞利安人的牛馬！在他的我的奮鬬上說：「若想要更高等的文化的發展，我們就必須有那些低級文化的人們的存在；因為只有他們纔能代替現代的生產工具，若無這種生產工具，那麼高等文化簡直就不可能。在原始的社會裏，人類的文化並不大靠牛馬工作，而主要地是靠僱用文化低落的人力……因為最初拉犂耕田的是奴隸，其後纔是牛馬哩」("Mein Kampf," Part I, Chap. XI)！希特勒及其國社黨徒以為世界上的人類根本就不應當受平等待遇，德意志民族征服了其他民族之後，就應當把他們當作牛馬看待。不但如此，在同一亞利安人種的國家中，人類也並非彼此平等的，絕對不應當用民主的投票及多數議決的方法治理國家；必須把有意志力的幹部組織成一個自上至下的系統，以領袖發布命令來統馭全國，那纔是最好的政治哩！希特勒說：「我們這種運動的原理及組織，都是反對議會政治的，那就是說，不論在原則上與組織上，根本反對多數投票的辦法，因爲這種辦法足以降低領袖的地位，使領袖變成只執行他人的意見的人物了。我們這種運動認爲事無鉅細都應當絕對服從領袖的權威，領袖是負完全責任的」("Mein Kampf," Part I, Chap. XII)希特勒認爲一國的領袖並不必有道德及學問，最重要的必須是一個曉得羣衆心理的煽動家。他說：「大理論家很難成爲一個大領袖，一個煽動家倒容易具有大領袖的條件。……若一位只以煽動爲能事的煽動家，能把他自己的意志與羣衆相交通時，他也必須是一位心理學家」("Mein Kampf," Part II, XI)。

法西斯主義者根本不相信人類的理智可以操縱社會，他們認爲政治的力量全靠用種種方法刺激人類的感情衝動；他們不相信制度與法治，而相信領袖個人的威權。對於法西斯領袖原理解釋得最好的，恐怕要算羅寇的法西斯主義的政治原理中的一段了。他說：

「法西斯主義堅決地主張，政府必須信託給那些超脫了自己的私利的人們，並且這些人們必須深切地瞭解這種社會團結的統一性，與其過去的歷史及將來的願望。法西斯主義不但反對人民主權論的成見，而代之以國家主權論，並且認爲一般大衆根本不曉得什麽是社會的利益，因爲捨棄了個人的私利而謀社會全體及歷史上的更高的利益，是只有少數具有特別天才的人們纔可以作到的事。先天的稟賦與後天的教養，都是造成這少數領導者的重要成分，更重要的，恐怕還是這些稀世偉人的直覺力和他們的傳統主義及由歷史上繼承來的性格。我並非說簡直不讓大家參加國家的政治生活。正與此相反，我却以爲凡有悠久的歷史及高尚傳統的民族，縱然是社會上最下級的分子，也能在本能上辨別何者有利於國家民族；他們這種判斷，在歷史上有大危機的當兒，大概可以證明是正確的。」

法西斯國家的政體，老實說，是某種形式的貴族政治。他們不承認流行的人民主權論，認爲一國的多數人民簡直不曉得什麼是民族利益，並且根本沒有表示他們自己的意見的能力。他們所主張的「國家主權論」也不過是法西斯黨幹部人員的主權論而已，因爲他們相信只有法西斯黨的領袖及其幹部纔曉得國家的利益，纔可以代表國家的公共意志哩！這種以國家中的某一特殊部分的人們作爲永久的統治階級的政治，還不是一種貴族政治的形式嗎？

六、極權國家論——極權國家（totalitarian state）的定義到底如何，至今尙無人用精確的文字寫出過。有人謂法西斯國家是極權主義的國家，又有人認爲共產主義的國家也是極權主義。法西斯及共產黨現在對於國家權力的實際運用大略相同，卽把國家的權力擴充至極點，可以干涉及統制人民的任何活動——社會、經濟、思想、藝術、宗教信仰等。但這兩種主義對於國家的終極目的却完全不同：法西斯以國家的本身爲目的，個人不過是服從國家的工具而已；共產黨則完全以國家爲手段，在自資本主義至共產主義的過渡期間，利用國家的強制力以達到無階級的社會，及其目的達到之後，強制性的國家卽逐漸萎去。大概極權國家這個名詞的來源，是對於注重自由的民主國家而言的。自文藝復興之後，學術思想及宗教信仰上的自由，即爲各民主國家的憲法上所共同承認的原則。法西斯認爲這是破壞社會團結的個人主義，破壞集體信仰的懷疑主義。於是他們就擷取了黑格爾的「國家的本身即是目的」的主張，認爲國家是有思想有意志的，並且有至高無上的權利，強迫人民的一切活動都與國家的意志一致。墨索里尼在他的法西斯主義的社會及政治原理上說：「法西斯認爲國家是絕對的東西，國內的一切個人或社會團體都是相對的，只有在其與國家的關係上方能發生意義。……法西斯主義的國家本身即有意識，並且有它自己的意志與人格。……法西斯主義的國家已經可以操縱全國的經濟活動了，並且要利用國家所創造的那種團體社會及教育制度使國家的權力達到民族生活的各方面，……全國的一切政治、經濟及精神活動。」

學術思想及宗教信仰的自由，爲文藝復興以來人類爭自由的成果。所謂寬容的態度，是歐洲經過了千餘年的宗教及政治戰爭纔得來的。但現在極權主義的國家却主張干涉人民的一切社會、政治、學術及宗教的自由；甚至於根本否認客觀的眞理，完全以有利於其國家種族的主張爲眞僞的標準。法西斯主義是最無寬容精神的，德國茨陵格亞（Thuringia）的長官在一九三三年的國社黨地方大會上講：「我現在命令你們，對於其他的一切主張都不要寬容，在將來的茨陵格亞必須只有一種政治信仰。……國社黨之所以有權利要求大家不要寬容，是由於統一全國的思想與行動上的必然性」（Joad: "Guide to the Philosophy of Morals and

Politics," p.697)德國國社黨的宣傳部長會說「只要在德國有任何中立的或無政府的藝術，那就是我們的工作還未作完」(同上書 p.65)。義大利法西斯國家的格言是「一切在國家裏，一切爲着國家，不容任何東西反對國家」(All in the state, all for the state, nothing against the state.)。這是最能代表極權國家的精神的好標語。這種作繭自縛的態度正如一個蠶蛹在繭裏說「一切在繭裏，一切爲着繭，不容任何東西反對繭。」

德國國社黨的極權國家論，是建立在種族的偏見上的。希特勒想用種種方法刺激德國人的種族團結的本能，並且利用國家作工具以擴張亞利安種族的雄威。亞利安人種是文化的創造者，國家是保存及維護文化的工具。希特勒以爲過去德國的弱點，生於內部種族的分歧，以及德國人缺乏「種族團結的本能衝動」，所以他認爲現在應當團結起來以抵抗危害亞利安文化的公敵。他說：「假若德國也和其他民族一樣，歷來就有種族團結的觀念時，則德意志帝國已早成了今日世界的主人了。」世界的歷史也許就另走了一條道路。現在許多盲目的和平主義者們想用哭泣與悲傷所達到的那種目的，說不定早已達到了。世界的和平，絕不是用那些滿臉淚痕的婦女的撫慰就能達到的，必須賴有一個有統治能力的民族，武力戰勝了世界之後纔可以達到，用武力征服了世界之後纔能產生更高的文化」("Mein Kampf," Part. II, Chap. II)。

不論極權國家的理論是根據於國家的至上或優秀種族，但他們却用同樣的方法干涉人民的一切活動，增加國威及擴充領土。墨梭里尼說：「法西斯主義的國家，必須認爲自己是一個大帝國——那就是說，一個直接或間接統治他國的大國家。……因爲在法西斯主義者看來，帝國的生長或國家的擴張，是國家活力的表現；不然，就是國家衰微的象徵。一個正在興起的民族，或經過了一個時期的衰微而又復興起來的民族，必定是一個帝國主義者，反對這種主張，就是民族衰亡的現象。」總而言之，法西斯主義的國家，在理論與實際上，都是要侵略他國，奴役其他民族的，所以他們無時不把其國的人民置於一種緊張的戰時狀態中，希特勒不時樂稱普魯士軍隊的紀律爲「自上至下的威權，自下至上的責任心」他想把全德國的人民完全造成普魯士軍隊的紀律與精神。墨梭里尼也曾宣言說：「在法西斯主義的國家裏，國民與軍隊完全是同一的名詞」(Joad: "Guide to the Philosophy of Morals and Politics," p.658)。

參考書目

一 普通參考書

1 F. Pollock: "History of the Science of Politics."

此爲最簡要精確之入門書，全書不過百餘頁，學者若能精讀此書，即可得政治思想上之概括知識；商務有中譯本。

2 C. R. Morris: "A History of Political Ideas."

此亦一甚扼要之小書，可引起學者對於政治理論之思考。

3 D. Burns: "Political Ideas," 4th ed.

此書乃根據政治及社會史以講政治學說者，對於一學說之歷史背景講述甚好，爲一袖珍本小書。

4 G. H. Sabine: "A History of Political Theory."

此爲最近出版之最好政治思想史著作，對於歷代大思想家之敍述及批評皆甚精確，尤以講黑格爾與馬克斯二章爲佳誠最近政治思想史上之一偉著也。

5 W. A. Dunning: "A History of Political Theories."

此爲美國大學中之普通教科書全書共分三卷第一卷爲古代及中世紀第二卷爲從馬丁路德至孟德斯鳩第三卷爲從盧梭至斯濱塞此書最爲平易爲最易讀之入門佳著。Dunning 教授死後其門弟子等又續著一卷專講現代政治思想可作此書之第四卷商務有中譯本。

6 C. E. Vaughan: "Studies in the History of Political Philosophy," 2 vols.

此爲講近代政治哲學之最好名著上卷自浩布斯至休謨下卷自勃克至馬志尼前者爲盧梭以前之政治思想家後者爲盧梭以後者此書現已絕版頗不易得作者又搜集盧梭之全部政治著作編爲"The Political Writings of J. J. Rousseau"二卷爲法文原著但每篇之前皆有 Vaughan 之長序此爲研究盧梭政治思想之最要典籍。

7 R. W. Carlyle and A. J. Carlyle: "A History of Medieval Political Theory in the West," 6 vols.

此爲講中世紀政治思想之最有威權之巨著從一九零三年至一九三六年間連續出版六册。

8 F. J. C. Hearnshaw 教授主編之社會及政治思想講演集至今共出九册此爲在倫敦大學

Kin'gs College 舉行之講演，每一專題皆請對此題最有研究之學者講演，由 Hearnshaw 教授總編其成。此爲研究中世紀及近代西洋政治思想史之最好參考資料。其各册之名稱如下：

(1) "Medieval Contribution to Modern Civilization."

(2) "Social and Political Ideas of Some Great Medieval Thinkers."

(3) "Social and Political Ideas of Some Great Thinkers of the Renaissance and Reformation."

(4) "Social and Political Ideas of Some Great Thinkers of the 16th and 17th Centuries."

(5) "Social and Political Ideas of Some Great English Thinkers of Augustan Age."

(6) "Social and Political Ideas of Some French Thinkers of the Age of Reason."

(7) "Social and PoliticalIdeas of Some Representative Thinkers of the Revolutionary Era."

(8) "Social and Political Ideas of Some Representative Thinkers of the Age of Reason and Reconstruction."

(9) "Social and Political Ideas of Some Representative Thinkers of the Victorian Age."

二 現代政治哲學名著

學者若欲對於政治理論深造時，可依次序而讀下列各書。此皆現代政治哲學上之名著，研究政治思想史者，必須精讀者也。

1 L. T. Hobhouse: "Element of Social Justice."

此書最爲平易近人，爲經驗派政治理論之佳作，可作政治哲學之入門書。商務有中譯本。

2 B. Bosanquet: "The Khilosophical Theory of the State."

此爲闡發黑格爾派政治哲學之名著，可作現代唯心論政治哲學之代表作，學政治哲學者必讀之也。

3 L. T. Hobhouse: "The Metaphysical Theory of the State."

此爲經驗派批評唯心論者之名著，乃針對鮑山葵之書而作者也。學者讀畢前書後，必須繼讀此書，以明政治哲學上之兩方面主張之長短。

4 T. H. Green: "Lectures on the Principles of Political Obligation."

此書之著者，亦爲英國之唯心論大家，然亦採取英國之傳統的功利主義見解，以「公共利益」(common good)爲最後之結論。著作思想至爲精密，爲不世出之偉大佳著，惟初學者讀之未免有困難耳。

若能參讀其所著之 "Prolegomena to Ethics" 則更佳矣。

5 E. F. Carritt: "Morals and Politics."

此書可代表現在牛津大學之實在論者之主張及其研究之結果。H. A. Prichard, W. D. Ross, 及 H. W. B. Joseph 等皆屬之。

6 R. M. MacIver: "The Modern State."

R. M. MacIver: "Community."

此可代表以社會學的眼光而研究政治理論者，亦政治哲學上之一新發展也。

三　專門著作

1 A. E. Zimmern: "The Greek Commonwealth."

此書爲講古希臘之政治及經濟情形之最好著作，欲知希臘思想之歷史背景者，不可不讀也。

2 E. Barker: "The Political Thought of Plato and Aristotle."

此為討論柏拉圖及亞里斯多德政治思想之最佳名著，作者初擬作一書以專講亞里斯多德，然欲明白亞氏之主張，必先明白其老師柏拉圖，故此書先討論柏拉圖之主張，嗣後見討論柏拉圖之分量過多，故定此書名。此書現已絕版，頗不易得。蓋以 Barker 本人並不滿意此書，擬重寫為二册。其第一册名"Greek Political Theory: "Plato and His Predecessors"" 早已出版，但迄今尚無第二册。

3 "The Dialogues of Plato."

此為柏拉圖之全集，乃牛津大學教授 B. Jowett 所譯，也現已公認此為標準譯本矣。

4 "The Republic of Plato."

最近之最好譯本，為牛津大學之 A. D. Lindsay 所譯，而由 Everyman's Library 所出版者，附有甚好之序言及摘要。此外 J. L. Davies 及 D. J. Vaughan 之譯本，亦為著名之善本。此為柏拉圖思想之精華，亦極有趣味，學者當精讀而深思之。有中譯本。

5 R. L. Nettleship: "Lectures on the Republic of Plato."

此為闡發柏拉圖理想國一書之最佳著作。學者讀畢理想國之後，再精讀此書則可瞭解柏拉圖思想體系之梗概矣。

6 B. Bosanquet: "A Companion to Plato's Republic."

此爲對柏拉圖理想國之闡發及批評之書，作者原意使讀與 Davies 及 Vaughan 之譯本，同時並讀也。

7 R. H. S. Crossman: "Plato Today."

此書之著者爲牛津大學之一少壯青年，乃立於現代民主之立場以敍述及批評柏拉圖者也。讀之最有興趣，可一番閱也。

8 Aristotle: "Politics."

標準英譯本爲 B. Jowett。Welldon 之譯本亦頗好。學者最好能與亞氏之倫理學同時讀，蓋亞氏認爲其政治學乃爲其倫理學之續編也。

亞里斯多德之 Nicomachean Ethics 有 Peters 的譯本，極好。最近牛津大學之最大亞里斯多德學者 W. D. Ross 亦有譯本，已爲大家公認之善本。Everyman's Library 之譯本，附有 J. A. Smith 之序言，亦好。

此二書皆有商務中譯本。

9 W. D. Ross: "Aristotle."

此爲闡發亞里斯多德哲學之佳著，其第七與第八章，乃討論亞氏之政治學者，可參考。

10 R. D. Hicks: "Stoic and Epicurean."

此爲解釋斯多亞學派及伊壁鳩魯學派哲學之最佳著作，欲明斯多亞學派之哲學背景者必讀之。

11 E. V. Arnold: "Roman Stoicism."

此書乃 Cambridge Press 出版，評述斯多亞派對於羅馬政治的影響。

12 J. Bryce: "Studies in History and Jurisprudence," 2 vols.

此書爲 Bryce 之論文集，頗値一讀。內有一篇論 "The Law of Nature" 者，乃研究羅馬及中世紀思想家之自然法觀念也，頗可參考。

13 "The Republic of Cicero."

塞西羅是羅馬著名的政治思想家，Republic 及 Laws 二書爲其政治思想之重要著作。前者有 G. W. Featherstonhaugh 之舊譯本，後者有 C. W. Keyes 之譯本。最近又有塞西羅的 Republic 之新英譯本名 On the Commonwealth，爲 G. H. Sabine 及 S. B. Smith 二人合譯，最爲善本。

14 Seneca: "Epistolæ."

羅馬之第二位大政治思想家，即孫內嘉。其 Epistolæ 一書，有 R. M. Gummere 之英譯本，共三冊。此外尙有其 Moral Essays 一書，對於政治思想亦重要，有 J. W. Basore 之英譯本，亦三冊。

15 Otto Gierke: "Political Theories of the Middle Ages."

此爲講中世紀政治思想之最簡要之書，全書約百頁，爲 F. W. Maitland 由德文譯成者，並附有極有價値之長序。學者若只欲得中世紀之政治思想常識，而不欲多費工夫者，讀此小書足矣。

16 J. J. Baumann: "Die Staatslehre des h. Thomas von Aquino."

此書爲講聖泰瑪斯政治思想之佳著，一八七三年德國 Leipzig 出版，一九〇九年新版帶附錄。無英譯。學者若不通德文，可讀 Carlyle 之「西洋中世紀政治學說史」及 Hearnshaw 所編之「中世紀數大思想家之社會及政治理想」二書中，論聖泰瑪斯之章足矣。

17 E. Emerton: "The Defensor Pacis of Marsiglio of Padua."

此書爲英文著作中講馬塞流之佳著，一九二零年在美國出版（Cambridge, Mass.）。學者可同時參考 Carlyle 之「西洋中世紀政治學說史」及 Hearnshaw 所編之「中世紀數大思想家之社會及政治理想」。

18 Machiavelli: "The Prince."

有英譯本數種，Luigi Ricci 之譯本，並經 E. R. P. Vincent 校訂者較好，在牛津大學出版之

World Classics 叢書中。商務有中譯本，名霸術。馬闊外里之全集，有 E. Detmold 繙譯之 "The Historical, Political, and Diplomatic Writings of Niccolo Machiavelli," 4 Vols., Boston, 1882.

19 P. Villari: "The Life and Times of Niccolo Machiavelli."

此爲討論馬闊外里之最好著作，有 Linda Villari 之英譯本，共二册。

20 J. N. Figgis: "The Divine Right of Kings," 2nd ed., Cambridge, 1914,

此爲講君權神授說之權威著作，業政治思想史者必讀之書也。

21 Thomas Hobbes: "Leviathan."

浩布斯爲近代政治思想之開山祖，思想最爲精密，學者至少必讀此書之第十三章至三十一章。牛津大學出版部印本最好。

22 L. Stephen: "Hobbes."

此爲講浩布斯之生活及思想之最佳小書。

23 G. P. Gooch: "Political Thought in England from Bacon to Halifax."

此爲講英國一段政治思想史之小書，Home University Library 叢書之一，入門書，可讀。

24 D. G. Ritchie: "Natural Rights."

此爲論天賦人權之最有權威著作，學政治理論者不可不讀也。作者尙有一書名 Darwin and Hegel，爲其政治及哲學之論文集，每篇皆甚精彩，亦學政治理論者必讀書之一也。

25 Spinoza: "Chief Works."

凡斯賓諾莎之倫理學及政治學著作皆在焉。R. H. M. Elwes 英譯，二册，收於 Bohn's 哲學叢書中，今已絕版，只能購舊書。至其 Ethics 一書，則譯本甚多，以 white 之譯本爲最佳。

26 R. A. Duff: "Spinoza's Ethical and Political Philosophy," Glascow, 1903.

此爲解釋斯賓諾莎之論理及政治原理之佳著，頗可參考。

27 J. Locke: "Two Treatises of Civil Government."

此書共二篇，第一篇不甚重要，第二篇必精讀之。蓋此篇爲討論民主政治之理論根據者，至今之講民主政治之哲學根據者，尙未有過於洛克此篇者也。法國之盧梭及孟德斯鳩皆受洛克之影響。

28 F. Pollock: "Essays in the Law."

此書內有一篇講洛克之政治哲學者，名 "Locke's Theory of the State" 甚精彩，可參考。

29 H. J. Laski: "Political Thought in England from Locke to Bentham."

此亦爲 Home University Library 之一小書，講述此一段之英國政治思想史者，爲頗好之入門書，可參考。

30 G. Vico: "Scienza Nuova."

此書無英譯本。關於 Vico 之政治思想，可參考 C. E. Vaughan's: "Studies on the History of Political Philosophy," Vol. I, Chap. V, 及 B. Croce: The "Philosophy of Giambattista Vico (R. G. Collingwood 英譯本)。R. Flint 作一小書，名 Vico 在"Blackwood Philosophical Classics"叢書中，解釋魏寇之生平及哲學系統甚好。

31 Montesquieu: "The Spirit of Law."

此爲近代膾炙人口之政治及法律哲學名著，不可不選讀也。有 Nugent 的英譯本，在 Bohn's 哲學叢書中，共二册。

32 J. J. Rousseau: "Social Contract and Other Political Essays."

盧梭爲西洋政治思想史上之中樞人物，以前之政治思想至盧梭總結，以後之政治思想由盧梭開始。其所著社會契約一書，雖每章只有寥寥數行或數頁，然各處皆滿布新的啓示，學政治思想者，必入手一編，熟讀而精思之也。Everyman's Library 中有 D. G. H. Cole所編譯之本，並載有盧梭之其他重要政治論文，甚好。

33 E. H. Wright: "The Meaning of Rousseau."

此為大家公認之講盧梭之佳著，可參考。

34 "The Political Writings of J. J. Rousseau," 2 vols.

此為 C. E. Vaughan 教授所編輯者，為法文原文，但每篇之首，皆有極好之長序，此為研究盧梭政治思想之必備書也。

35 "Kant's Principles of Politics," Black, Edingburgh, 1891.

此為英國 W. Hastie 搜集康德之政治論文，而編譯之書，內有論文四篇：

(1) "The Idea of Universal History from a Cosmopolitical Point of View."

(2) "Principles of Political Right."

(3) "The Principles of Progress."

(4) "Perpetual Peace."

此為康德政治思想之要籍，可惜現已絕版，頗不易得。此外尚有 Hastie 譯之康德的 "Philosophy of Law," 亦可參考。

36 Kant: "Fundamental Principles of the Metaphysic of Ethics."

此爲康德之道德哲學原理，亦可謂其政治哲學之原理也。頗不易讀。有 T. K. Abbott 所譯之單行本。

37 Hegel: "Philosophy of Right" (S. W. Dyde 英譯本)

此爲黑格爾之道德及政治哲學之最重要典籍，即所謂極端惟心論政治學說之代表也。學者必須番閱之。惜此書之英譯本早已絕版，極不易得，若學者不能得此書，而又不能讀德文者，則可讀 Wallace 所譯之 Hegel's "Philosophy of Mind"，此爲黑格爾所著之 "Encyclopedia of Philosophical Science" 之第三部分，亦載有黑格爾之道德及政治哲學大綱也。

38 Hegel: "Philosophy of History."

黑格爾之歷史哲學，亦極重要，宜參讀之。此書有 J. Sibree 之英譯本，在 Bonn's 哲學叢書中，亦絕版。

39 Hegel: "Schriften zur Politik und Rechtsphilosophie."

此爲黑格爾之政治及法律哲學論文集，內有其早年之著作甚多，研究黑格爾思想之發展者，不可不讀此書，惜無英譯本耳。

黑格爾哲學最難讀，通門徑書，最好先讀 T. W. Stace 之 "Philosophy of Hegel," B. Bosanquet 之 "The Philosophical Theory of the State"，乃現代解釋黑格爾政治哲學之權威著作也。

40 H. A. Reyburn: "Hegel's Ethical Theory."

亦解釋黑格爾道德及政治哲學之佳著也。凡初讀黑格爾而不能瞭解者，可先讀此書。

41 J. Bentham: "An Introduction to the Principles of Morals and Legislation."

邊沁為英國功利主義學派之開山大師，此書乃其最重要之作，學者至少必讀其開首之數章也。並宜參讀其 "Fragment on Government," Montague's edition, Oxford。

42 J. S. Mill: "Utilitarianism."

J. S. Mill: "On Liberty."

J. S. Mill: "Considerations on Representative Government," Everyman's Library 一册包此三書。

穆勒為發展功利主義之大師，其「功利主義」一書，為學道德及政治哲學者，必須精讀之要籍。「自由論」乃穆勒夫婦精心結撰之作，至今日論自由之佳著，尚無過於此書者。學者必精讀之「代議政府」及其 "Principles of Political Economy" 皆可參讀。

43 E. Halevy: "The Growth of Philosophical Radicalism."

法人 Halevy 爲研究英國十八九世紀史之世界權威者，此書乃詳敍功利主義之起源及長成，甚有價值。有 M. Morris 之英譯本。

44 L. Stephen: "The English Utilitarians," 3 vols.

此書爲研究英國功利主義學派之權威著作，惜現已絕版，頗不易購耳。

45 W. L. Davidson: "Political Thought in England——from Bentham to J. S. Mill."

此爲 Home University Library 叢書之一，乃專講英國功利主義者也，爲最清楚簡要之入門書。

46 E. Barker: "Political Thought in England——from Herbert Spencer to the Present Day."

此亦 Home University Library 叢書之一，爲講最近代英國之政治思想書，此書極好，尤以論 T. H. Green 一章爲佳，學者必讀之。

47 H. J. Laski: "Communism."

亦 Home University Library 小叢書之一册，爲共產主義之入門書。

48 A. D. Lindsay: "Karl Marx's Capital."

此爲牛津大學出版部之 World Manual 小叢書之一，甚可一讀。

49 E. Burns: "Handbook of Marxism."

此爲研究馬克斯主義之最好典籍，凡馬克斯安格斯等之重要著作，皆有極扼要之節錄。共產黨宣言爲全文，此宣文可爲馬克斯主義之政治學說概論，學者亦細讀之。

50 Mussollini: "The Social and Political Doctrine of Fascism."

法西斯主義雖盛行於世，但無公認之理論典籍，此爲墨索里尼爲義大利百科全書所撰之論文一篇，今已公認爲法西斯主義之理論根據。有英譯單行本行世。

51 J. S. Barnes: "Fascism."

此亦 Home University Library 小叢書之一，爲瞭解法西斯主義之入門書。

52 Hitler: "Mein Kampf."

德國法西斯（卽國社黨）之經典爲此書，前有英文節譯本，名 My Struggle。現美國有全譯本行於世名 "Mein Kampf"。

敬啟

『民國專題史』叢書，乃民國時期出版的著名學者、專家在某一專題領域的學術成果。所收圖書絕大部分著作權已進入公有領域，但仍有極少圖書著作權還在保護期內，需按相關要求支付著作權人或繼承人報酬。因未能全部聯系到相關著作權人，請見到此說明者及時與河南人民出版社聯系。

聯系人 楊光
聯系電話 0371-65788063
2016年3月28日